世界教育思想文库

教学机智
—— 教育智慧的意蕴

THE TACT OF TEACHING
THE MEANING OF PEDAGOGICAL THOUGHTFULNESS

[加] 马克斯·范梅南 著

李树英 译

教育科学出版社
·北京·

目录

英文版序 / 1

第 1 章　迈向智慧教育学 / 1

引言 / 1
一门新型教育学的可能性 / 3
  记住教育者的替代父母的关系 / 5
  在教师身上我们寻找什么？ / 8
  对作为生活实践的教育学进行反思 / 11

第 2 章　教育学的概念 / 13

情境 / 13
  教育学意向改变了事物 / 18
  教育学的使命鞭策着我们并使我们充满活力 / 24
关于"教育学"的理念 / 27
  教育学使我们的心向着孩子 / 30
  教育学所关心的是孩子的自身及其发展 / 33

第 3 章　教育的时机 / 36

教育时机期盼着成人行动 / 36
  事实和价值对于理解如何进行教育性的行动是很重要的 / 41
  但是在教育的时机中事实和价值都无法告诉我们怎样去做 / 43
  方法和哲学对了解如何进行教育行动很重要 / 44

但是在教育的时机，方法和哲学思考都无法告诉我们怎样

　　做 / 45

教育学对生活经历的背景十分敏感 / 46

　　教育学要求我们对孩子的生活进行反思 / 51

　　儿童需要安全和保护，才能去冒险 / 53

　　儿童需要支持才能获得独立 / 56

　　孩子们需要我们的方向指引，才能找到他们自己的生活方

　　　向 / 57

　　张力和矛盾属于教育学的体验 / 59

第4章　教育学的性质 / 63

教育学的条件 / 63

　　爱和关心孩子是教育学的条件 / 63

　　对孩子的希望是教育学的条件 / 65

　　对孩子的责任感也是教育学的条件 / 66

教育体验的性质 / 69

　　教育情境 / 69

　　教育关系 / 70

　　教育行动 / 75

第5章　教育学的实践 / 80

教育学理解是一种敏感的聆听和观察 / 80

　　非判断性理解 / 83

　　发展性理解 / 85

　　分析性理解 / 87

　　教育性理解 / 89

　　形成性理解 / 91

　　信任的同情心促成了教育学理解 / 92

反思和行动的关系 / 94

行动前的反思 / 97

行动中的反思 / 101

教育情境中的智慧性行动 / 104

对行动的反思 / 110

常规化的和习惯性的行动可以是充满智慧的吗？ / 113

教育学上的适合性是心灵加身体的机智 / 116

第 6 章　机智的性质 / 119

普通机智和教育机智的关系 / 119

关于机智的历史注释 / 124

虚假的机智 / 128

机智的方面 / 131

机智意味着指向他人的实践 / 132

充满机智就是"打动"他人 / 136

机智不可以事先计划 / 138

机智受见解的支配同时又依赖于情感 / 139

机智支配着实践 / 140

第 7 章　教育机智 / 142

教育机智是怎样表现出来的？ / 142

机智表现为克制 / 142

机智表现为对孩子的体验的理解 / 145

机智表现为尊重孩子的主体性 / 146

机智表现为"润物细无声" / 148

机智表现为对情境的自信 / 150

机智表现为临场的天赋 / 151

教育机智做什么？ / 153

机智保留了孩子的空间 / 154

机智保护那些脆弱的东西 / 155

机智防止伤害 / 157

机智将破碎的东西变成整体 / 158
　　机智使好的品质得到巩固和加强 / 159
　　机智加强孩子的独特之处 / 160
　　机智促进孩子的学习和个性成长 / 162
教育机智如何实现它的目的? / 164
　　机智通过言语来调和 / 165
　　机智通过沉默来调和 / 168
　　机智通过眼睛加以调和 / 170
　　机智通过动作加以调和 / 173
　　机智通过气氛加以调和 / 175
　　机智由榜样加以调和 / 177

第8章　机智与教学 / 179

教学中机智的重要性 / 179
　　机智能对意想不到的情境进行崭新的、出乎意料的
　　　塑造 / 180
　　机智在孩子们的心灵上留下痕迹 / 181
实践的首要性 / 183
　　机智的教师更易于发现困难 / 184
　　机智对孩子的兴趣感兴趣 / 187
　　机智的纪律产生自律 / 189
　　幽默的机智创造了新的可能性 / 191
　　智慧行动的机智结构 / 195

第9章　结论 / 200

教育学与政治的关系 / 200
教育学和文化 / 202
教育学是自我反思的 / 205

参考文献 / 208

英文版序

　　本书是为那些初为人师者所写，对他们所从事的，毫无疑问是人类最重要的工作，他们还需要帮助和鼓励。本书是为那些有经验的教师和儿童教育专家所写，他们或许能因此受到鼓舞而对他们日常的专业生涯进行更多的思考。本书可能也适合那些对自己的职业使命焦头烂额或缺乏信心，因而希望重新检讨一下自己的责任的教师。本书是为那些想知道自己对孩子们的责任心是否有些想当然，从而忽略了真正需要帮助的孩子的教育者所写。尤其重要的是，本书是为那些对教育感兴趣的父母所写：父母是孩子们最早的教育者。

　　一个优秀的教育者是如何造就的呢？有人可能学了所有课程开发方法（curriculum methods）和所有教学技术却仍然是一个拙劣的教师。善于思考的教师是怎样做的呢？哪些知识有助于反思性的教育学呢？本书不只是用头脑而且是用心，更确切地说是用整个身心来表达，不是从理论上而是在实践中来讨论这样的问题。

　　我写作本书旨在取得以下效果：新教师可以感到本书不仅引导他们更善于反思，并为他们提供许多源于生活的经验，这些经验使得对教育学的反思首先是有意义的，并且是可以实现的。有经验的教育者从书中能找到其个人经验的实例，从而希望以一种深思的方式再次回顾这些经验。更重要的是，我希望本书能帮助我们优先考虑孩子们的幸福，认真地对待年轻人，始终能从孩子们的角度来考虑教育方面的问题。

　　某些读者可能会感到本书过于理想化，有种道德说教的味道，对教育智慧和机智的期望是不现实的。我不会为关心孩子们的这份热情而感到歉意。但这份热情是脚踏实地的、适度的、实用的。它是我们对孩子们的责任心的一部分。在大多数有关教学和教育的文献中，生活直觉的部分严重地被低估或忽略了。

在一些具体实例和教学实践中，感情、道德、理智无法处理好，我提出了一种独特性的理论能够解决这一问题。一切教育都是极其规范性的（normative），准确地说正是因为这一伦理基础，我们的教育实践才是智慧性的（thoughtful）和反思性的（reflective）。在我们与孩子们的相互交往中，不管愿不愿意，我们总是在区分什么对孩子适合，什么对他们不适合（相比较而言，教育研究则通常对区分什么有效、什么无效更感兴趣）。然而，甚至（或者说特别是）最好的教育者也常常用一种我们大家都感到匮乏且无法进行价值判断的知识，来调和他们的教育实践。

这本书并未穷尽一切，而只是具有介绍的性质。自然，没有一个文本是完整的。尽职的读者是不会仅从非重要的方面来批评一个文本的。充满教育热忱的读者总是试着作出富有收益的批评。诚然，父母、教师的最好的教育影响不是来说教、批判或击败对方；相反，这种最好的影响应该是富有力量的，是通过活生生的生活展示出来的，它能让人看到什么是教育影响的魅力。

本书的篇章按一定顺序组织，以便读者能获得教育学实践和意义的连续感。不同的章节亦可分开来读，以便将它们与实际生活相对照，并激发更深入的洞见，求得不同的解释。

在描述教育经验的时候，我还试着将之与经过时代检验的主题，以及欧洲和北美的教育学传统和教育思想中最近的学术评论相联系起来。我尝试着将这些主题与我认为在我们面临新世纪时教师所应具备的素质结合起来。作为一名父亲和一名教师，我与教育者们一直保持着个人的联系，与自己的孩子以及别人的孩子保持着不断的接触，并从中获得灵感和活力。

第 1 章 迈向智慧教育学

引 言

何谓儿童？看待儿童其实就是看待可能性，一个正在成长过程中的人。

珍的父母合不来。这一点早在6岁时她就知道了。它使得家庭气氛很紧张，有时在家里会感到很不开心。接着，有一天，她的父母宣布了解除婚姻的计划。为了孩子，他们决定分手之后双方住得近一些。珍和她的弟弟可以选择跟爸爸住或者跟妈妈住。

那是几年前的事儿了。爸爸搬了出去。珍现在和妈妈住在一起。

珍读六年级，老师发现珍特别成熟。或者是她显得比班上其他同学经历的更多一些？每天孩子们都要花上半个小时写日记。有时孩子们写些诗歌，有时写一个小故事。有时他们把日记本当做一个表达自己的感情并和老师交流的空间。放学之后，老师将所有的日记本收上来带回家批改，并给每一篇日记写上评语。老师读到珍写的故事："今天我心情有点儿不好。昨天晚上我给爸爸写了一封信。我真的好想他。往常，特丽莎会来安慰我让我高兴起来，可是她生病了。我知道爸爸也很想我。我只希望我能同时住在两个地方，或者正常地与生活在一起的父母居住。我很高兴现在他们打电话时友好多了，可是，这并不能改变爸爸住得人远的事实。我知道，我现在过得很正常——比如我的身体很好，还有一个可爱的家……可是又不真是这样。我想今天您发现了一个孤独的孩子！"当老师用一些体贴关心的话给珍的日记写评语时，她又一次为自己的行为感到惊奇。作为一个教师，像珍这样的小孩她认识很多，有许多比珍的境遇更糟。可是，为什么在珍身上她却总是像一位母亲一样地作出反应呢？

与他们的父辈和祖辈相比，今天的年青一代生活在一个支离破碎的世界——家庭变得更加不稳定，离婚已司空见惯，邻居们搬迁愈来愈频繁，且愈来愈缺乏邻里相帮的意识，学校少了人情味多了竞争性。同龄孩子搞起了对立的小帮派。尤为甚者，电视、无线电台、报刊和其他的新闻媒介使成人的形象过早地充斥年青一代的生活空间——性、暴力、毒品、全球危机与冲突，五花八门。许多父母和教育者们对于一些音乐录像上疯狂的、极具性挑逗的图像对正在发育的幼小观看者身心的影响感到十分不安。他们认为在我们这个以消费为目的、以信息为基础、以广告为驱动的文化中，我们的小孩在尚未成熟之前看到和经历得太多。技术，以计算机、录像机以及其他通信革新的形式，同样也急剧地改变着现代生活方式。过去，孩子们在达到更复杂的阅读水平之前，在有机会阅读更成熟的文学作品之前，成人生活的方方面面对他们而言都是秘密，现在却成了儿童生活中的主导话题。这使得一些教育者暗示儿童和成人之间的边界已逐渐模糊，而童年时代，作为人生发展的阶段，也在逐渐消失。

信念、价值观、宗教信仰、生活条件、理想以及生活方式呈现出多变性、复杂性、多元性，变得支离破碎，充满矛盾和冲突。正是这样一个残酷的现实，使今天年轻人的生活成为一种偶发性的经历。偶发性的生活是一种不确定的、无法预测的生活。它随机遇而变，受突发事件和无法预见的环境左右。生活在现代社会的年青一代常常必须对早期的压力和不成熟的期望作出反应，这种压力和期望来自成人，他们希望孩子们过快地成长，而这似乎是不可能的、不切合实际的。然而，尽管如此，或者说正是由于这种偶发性，年轻人的生活才充满了刺激性、趣味性和挑战性。

现代的孩子出生在一个能在有限的范围内体验生活的各种可能性的社会中——当然这些可能性对于所有的孩子来说是不一样的。甚至那些生长在充斥着贫困、青年失业、酗酒、吸毒、娼妓、暴力、犯罪以及其他种种现代生活的危险环境中的儿童,也同样能够体验到生活中一定的开放性选择和可能性。①

一门新型教育学的可能性

在过去的年代,由于出生在一个特定的社会环境里,人们十分清楚自己应成为什么样的人,谁可以信赖,什么样的事可以做。与过去不一样的是,现在的儿童不得不生活在不确定的环境中。他们必须对他们的生活作出积极的选择,唯恐不能出人头地或一事无成。现代的孩子必须主动地认识到他或她出生在充满可能性的环境中。他或她就是包含可能性的实体。成长、成人和成为受教育的人,实际上就是将人的偶发性转换成责任感和义务感——你得选择你的生活。这就意味着教育学的使命,就是从教育的意义上投入儿童工作,赋予孩子们权力,使他们积极塑造和改变自己生活中的各种偶然性。②

一个人充满偶然性既有消极意义也有积极意义。从消极方面来看,它是指今天许多儿童生长在一个不确定的世界上,一个充满了太多相互矛盾的世界观、价值观和目的的世界上。这种困境意味着儿童飘

---

① 从全球观点来看,许多孩子在生活中缺乏发展的前景和成长的开放性,人们可能不同意这一点。可这一点却是毫无疑问的,尤其是那些生活在因剥削的经济结构和压迫的社会政治体制而产生的绝望环境下的孩子们。我想起了巴西政治教育者保罗·弗莱雷(Paulo Freire)对我讲过的一句话。他说:"是的,在北美,一些成人和孩子生活在贫困中。而许多南美孩子的情形却不同。'贫困'对他们而言是一个奢侈的术语,他们生活在痛苦和绝望中。贫困和痛苦之间还有所不同。"

② 在此,我并非持存在主义哲学观。在我们的社会和政治文化当中对人类的自由有着明显的限制。然而,在我看来,年轻人生活的环境受到矛盾的世界观、生活的竞争观、对照鲜明的理解观、自相矛盾的价值观、区域和更大范围之间的相互冲突的哲学观,以及其他一些倾向于产生分化、瓦解、破裂和分离效果的影响的冲击,最近几年更是如此。因此,年轻人在家庭的、社会的、种族的以及文化的标准上与他们自己的传统处于更加不确定和矛盾重重、更具反思性和批判性的关系中。

浮不定，陷入一种（自我）毁灭的生活方式。从积极意义上说，每一个年轻人都必须作出生活的选择与承担责任和义务，必须与他们的前途的可能性和潜力和谐一致。儿童是他或她自身前途和命运的真正意义上的代理人，从个体和社会的角度上看都是如此。因此，着眼于儿童生活的新型教育学理论和实践，必须把握好如何与儿童和青年保持一种体贴和坦率的关系，而不是一味地遵循传统的信念、过时的价值观、陈旧的规章制度，以及一成不变的惩罚。着眼于儿童生活的教育学是一项面对一个在我们周围不断变化的世界，一个不断地为我们改变着的世界而不断更新的大工程。

确实，当我们自问属于这个地球意味着什么时，我们也必须严肃地问自己属于我们的孩子又意味着什么。新旧世纪之交的生活给父母，给教师和其他的专业教育者带来了意想不到的和无法预见的挑战。这当然不是说，我们应该抛弃所有正受冲击的有价值的文化结构。比如说，在这个商业化的社会习俗和更具流动性的人际关系的新时代里，维持从前的那种家庭凝聚力已变得十分困难。这并不意味着那种更为紧密的家庭结构现在或者以前是错误的，也不意味着我们应该放弃这种想法，即孩子尽可能地需要父亲和母亲，以及其他的亲戚。这些人在儿童走向成人的旅途中发挥着积极的作用。新型的教育学必须面对时代变化的挑战，同时时刻准备捍卫，或者以新的形式来重建儿童成长过程中所需要的价值观和价值框架。

自然，生活将以新的现实和新的面貌进入 21 世纪。其中有一些现实是人类生活中令人鼓舞的和具有积极意义的试验。可是，我们也必须同时认识到，那些人类亲密性的领域正在受到来自消费者的、经济的、科层体制的、企业的 (corporate)、政治技术和意识形态方面的压力和冲击。教育即成年教师和父母与年幼儿童或学生之间的交往生活过程，这一教育概念可能会在一种日益强化的管理性的、企业性的、技术化的环境中完全消失。教育和抚养儿童的行为如何才能够作为一种丰富的人类文化活动继续保持下去呢？

这本书既是写给新教师的，也是写给有经验的教育者的。但是本书的角度和方法有些与众不同。在本书里，教师替代父母的关系（*in loco parentis relation*）被作为探求教育学理解和洞察的源泉，这种理解和洞察整体地关注专业教育者和儿童的生活世界（lived world）。在我一直进行的与教师和年轻人的对话中，我总是对这样一种情况饶有兴致：他们谈到的富有意义的教育经验经常发生在班级中的课程经验的边缘或以外。尽管如此，我们可不能错误地以为，发生在教学过程边缘的教育生活经历与课程和教学的核心过程并不存在根本联系。

记住教育者的替代父母的关系

即使是在目前父母和家庭的影响日益削弱的时代，父母在孩子的幸福和发展中仍然承担着主要的责任。谁有权力削减父母对孩子的幸福和成长所负有的责任和能力呢？然而，在我们生活的时代，许多儿童和青年在他们的生活中很少得到父母的支持和影响。[①] 有工作的、多数时间不在的父母；处在不同的分离阶段或者破裂的家庭；没有足够的经济来源或对孩子缺少关心的单亲家庭；家庭暴力和对小孩的忽略；贫困不堪的邻里环境；酗酒和吸毒……所有这些都是我们在学校所遇到的许多孩子的生活环境。

与此同时，也有许多孩子成长在各种各样的现代家庭环境中，家庭气氛稳定，父母和其他的成年人常常围绕在他们身旁，与他们进行十分有意义的分享和交互。尽管如此，这些孩子同样也生活在一个对人类的生存能力和地球的生存产生危机感与绝望感的时代。教师们正与一群来自多元化背景和有着不同的广泛经历的孩子生活在一起。这些教师对这些被托付给他们照看的孩子履行着一种"替代父母"（*in loco*

---

① 请参考，比如，E. Shorter（1977），*The making of the mordern family*. New York: Basic Books.
人口统计学家们预测加拿大40%的新婚家庭将以离婚而告终。美国所有出生儿童中有50%的人将在单亲家庭里度过他们全部或部分的人生。目前在加拿大，所有家庭中13%是单亲家庭，不到15%的家庭属于传统家庭，即父母中一方在外工作，一方在家看孩子。其余的家庭中，父母双方都在外工作。因而，照看孩子现已成为一项被列入国家预算政策和国民生产总值的事业。

parentis）①的职责。自然，人们期望这些教师教授这些儿童各种不同的学科。其他的儿童专业工作者也有其特定的教育任务。他们的教育学责任与他们作为咨询专家、学校管理者、心理学家、儿童护理工等所肩负的特定任务相联系。

教师的含义就是他们必须不断地提醒自己留意自己与孩子之间的"替代父母"的关系。专业教育者必须尽可能协助儿童的父母完成其主要的育人责任。换言之，在父母的这一主要责任之外就是教师被赋予的"替代父母"的职责。因此，父母和孩子之间的恰当关系，为教师与学生之间的教育关系提供了丰富的信息。随着学校和其他儿童护理机构承担起愈来愈多的以前只是在家庭内部履行的责任，专业教育工作者更需要对"替代父母"关系所牵涉的内容进行更深刻的反思。

确实如此，学校，作为一个文化政治机构，需要与其承担的"替代父母"的职责很好地调和起来。成人的责任就存在于儿童对一个受到保护的环境的需求之中，有了这种安全的环境，他们才能发展出一种自我责任的成熟性。学校机构也从法律上给教师"替代父母"的责任作了界定。从传统的角度看，学校的边界线一般都被看做是家庭的亲密无间的安全感和外面的更为危险的社会开放性之间的过渡性空间。② 但是，在现代社会里，我们无法向孩子保证这种安全的家庭的存在；即使这种家庭存在，我们也无法保证这种家庭的"亲密无间"是源自对孩子的正确爱护。因此，学校的"替代父母"的责任不仅仅是为儿童迈向外面的更大世界作准备，而且还在于保护儿童避免家庭的亲密空间中可能存在的虐待危险和种种缺陷。

一些人认为现代社会里自私和贪婪不断滋长。因此，需要专业教育者培养一种充满关爱的学校环境，这是为了我们的孩子们，最终也是

---

① 请参考 M. van Manen（1990），"*In loco parentis.*" Lecture at the University of Utrecht in memory of M. J. Langeveld. April 26, 1990.

② 请参考，比如，H. Arendt（1978），*Between past and future*. Harmondsworth: Penguin Books, pp. 173–196.

为了我们的社会。① 同样地，学校努力奋斗的任务，不仅是使我们的孩子作好充分准备以迎接外面的大千世界的各种挑战和危险，而且也是培养我们的孩子对亲密无间和道德责任的需求。这两点是成功的家庭生活的先决条件，而许多家庭却发现越来越难以将这两点给予孩子。换句话说，学校这样的教育机构更需要指向为人父母的规范，这些规范可以说父母们自己都似乎已经忘记了。父母们受到社会的原谅；而学校却常受到攻击，被认为没有恰当地培养儿童他们将来为人父母所要具备的那些责任感。

教学的本质和做父母有着深层次的联系。然而，这些联系却很少为人所探索。在北美的教育文献中很少提及父母这一词汇，这一点尤其引人注目。好像在这些教育理论家的心目中，儿童的教育不是整个成长过程的一个有机的组成部分。甚至英语词汇也折射出教育（主要指在学校中进行的学校教学过程）与抚养儿童（通常被认为是在家或家庭周围进行的父母对孩子的培育过程）的隔离。在英语词汇中，没有一个单个的单词可以描述培养孩子的整个道德、智力、身体和精神的复杂过程。②

抚养孩子和教学均来自同样的最基本的教育学经验：保护和教导年青一代如何生活，学会为自己、为他人和为世界的延续与幸福承担责任这一神圣的人类职责。此外，我们还常常忽视学校内部和外部世界的其他相似之处。例如，在学校里坐在我们跟前的孩子与我们在街上看到的是同样的孩子，他们在学校里学习的方式从本质上说与他们在大街上和在家中的学习方式是一样的。这些，我们的教育工作者是否经常忘记了？

儿童不是空空的容器，他们来到学校不只是让教师通过特别的方法给他们灌输课程内容。而且，来上学的儿童必定来自某个地方。教师

---

① 请参考，比如，J. Bruner (1982), Schooling children in a nasty climate. *Psychology Today*, pp. 57–63.

② 在我的母语荷兰语中，*opvoeding* 一词是一个普遍的概念，几乎同时指教学（教育，包括学校教育）和为人父母（家庭抚养孩子）两方面的努力。

需要了解一下孩子们带来了些什么，他们目前的理解程度、心境、情绪状况如何，他们是否已准备好了应付学科学习和学校世界。

教育者不仅能够从与家长的共同之处中，而且能够从为人父母和做一名专业教育者的差异中学到许多教育学的知识。比如说，像父母一样，教师常常能建立起对他们学生的深厚感情和喜爱。他们觉得对他们所管辖的儿童负有责任。他们对他们所教的孩子寄予希望。最后，教师让他们的学生展翅高飞。尽管如此，他们的学生在未来的生活中仍然会想起他们的老师来。父母和孩子的教育关系，以及教师与学生的教育关系，这两者之间有什么相似之处，又有何差异？对此，专业教育者需要反思。

在本书里，我将不时地列举家长的教育经验和教师的教学经验方面的例子，以不断地提醒我们自己作为教师与我们所教的儿童间的"替代父母"的关系。作为父母，作为教师，我们需要时刻询问我们职业的教育学含义，更需要时刻对年轻人成长、学习和发展的整个生活世界保持关注。

在教师身上我们寻找什么？

专业教育者"替代父母"的职责的另一特点，可以从家长对其孩子的老师所抱有的希望中找到。在日常生活中，家长们从他们孩子的老师那儿寻找一些品质。那么，那些品质应该是什么样的呢？家长们常常觉得很难将适切的标准说出来。一般而言，他们最关心老师是否"喜欢"他们的孩子。因为家长们觉得积极的情感关系对孩子的学校生活和学习的成功可能有利。家长们具体的期望，通常更为具体地与孩子们在学校和教室的日常经验相关。通常情况下，当学校出了事儿，孩子受到了挫折、伤害，受到了忽略、误解、误判或不正确的对待时，这些期望就变得更为清楚了。

本书提出了一个良好的教师所应具备的以下最基本的素质：职业使命感，对儿童的喜爱和关心，高度的责任感，道义上的直觉能力，自我批评的开放性，智慧的成熟性，对儿童主体性的机智的敏感性，阐释的智力,对儿童需求的教育学的理解力,与儿童相处时处理突发事件的果断性,探求世界奥秘的激情,坚定的道德观,对世界的某种洞察力,面对危机时刻乐观向上,最后,幽默和朝气蓬勃也很重要。

当然,担负着教育年青一代任务的教师们应当知道他们教授什么,并且,应当为他们共享的世界和传统肩负起责任。而且,他们应该知道如何将这个世界传给年青的一代,让儿童使这个世界成为他们自己的世界。换言之,教育的智慧性是一种以儿童为指向的多方面的、复杂的关心品质(mindfulness)。这是人的崇高使命。在这种启示之下还隐含着一个至关重要的问题:缺乏上述品质的人是否也具备教育年青一代所必需的教育学上的适合性(fitness)呢?

教育学上的适合性——作为某种智慧性(thoughtfulness)和机智性(tact)——的本质和观念,在本书中被提了出来并得到了描述和阐释。本书中描述和阐释的方式,对理解和体会教育的智慧性和机智性会有裨益。读者通过对它们的理解可以观察、行动并与儿童和青年互动。本书在教育儿童方面提供了一种(自我)反思方式。尽管如此,把"教育的智慧性和机智性"仅仅当做行为准则、技术或方法来学是行不通的。因此,想从本书中去寻找有效教学的简单模式或控制课堂的确定方法是徒劳的。

教育学从根本上讲既不是一门科学,也不是一门技术。① 不幸的是,人们常常喜欢用经验科学的方式来对待和研究它。科学技术从本质上而言,是通过对经验的概括和提出技术原则来从经验中截取知识的。这对于一个像工程技术这样的领域来说当然无可厚非,学生可以学习一个自己从未建造过桥梁的专家所创立的桥梁建造原理。同样地,教育学上的技术取向假定,可以通过各种概括和一般性技术来教授

---

① "科学"一词通常指代那种试图发现人类行为和学习中规律性的或不变特征的研究及理论活动。科学的目的是达到客观的解释、预测和对某种现象可能控制。在物理学、遗传学、工程学以及行为社会科学(behavioral social sciences)当中都能找到这种科学概念。然而,我们也谈到"人文科学"(human science),但它隐含着一种不同的探寻方式,通过描述和解释人类经验和表达的意义来强调理解。换言之,人文科学研究人类生活中的主观性(subjectivities)而不只是外在行为。

教学原理。只是到了最近，才有人认识到教育需要转向体验世界。体验可以开启我们的理解力，恢复一种具体化的认知感 (a sense of embodied knowing)。

当然，这里不是说，教学作为特殊的指导技术（如如何讲好故事，如何指导课堂讨论），作为组织技巧（如如何准备一堂有趣的课，如何组织实习），作为诊断能力（如如何评估儿童的认知能力或学习成绩），不能学习。但是，教育的本质更主要的是一项规范性活动[①]，而不是一种技术或生产活动。这种规范性的活动不断地期望教育者以一种正确的、良好的或恰当的方式从事教育活动。相应地，像本书这样的教育学文本，不应当被当做一种具体阐述对学习环境进行有效管理的程序的技术手册来写作和研究。教育学的文本应当具备一种启发灵感的品质和某种叙述的结构，来激发批判性的反思和产生顿悟的可能性，从而使人在道德直觉上形成个人品质。

学会了教学的所有技术但却仍然不适合做教师，这是有可能的。显然，教师培训的内涵要比传授知识和技巧深得多，甚至也比教授职业道德规范深得多。成为一名教师还包括那些不能被正式传授的东西：教育智慧的最具个性色彩的体现。

高等院校对职业教育者的培训往往过多地依赖于书本上的方法。可以说，这些书本上提供的间接的经验往往容易钻进我们的脑海。特别是，那些多数只提供"信息"、抽象概念、理论解释和分类的书本，往往成了由生活直接提供的经验的拙劣的替代品。教育学需要的是实践而不是理论化的知识形式。本书通过生活中实际经历的实例，希望激发一种反思性的智慧和情境性的机智，这种智慧和机智表达了我们整个身心的存在。正如一个世纪以前杜威所指出的那样，从长远来看，教

[①] "规范的"(normative)意味着为人父母和从事教学总是与价值、喜好、道德等问题有关。我们不妨说教育从根本上是一种道德行为。可是，"道德"(moral)这个词常常与伦理学说、实际判断的某些形式以及道德推理相联系。有趣的是，"规范的"这个词来源于拉丁语中的 norma，指的是木匠的直角尺。谈到我们与孩子的教育生活是规范性的，意味着我们接受这一点，即作为教育者和父母，我们必须得有一定的标准，我们自己应该总是指向"好的"（不论这种"好"在具体情况下指什么）。

育者发展一种指向儿童的价值取向——这种取向伴随着对儿童的生活经验的重要性及其教育学意义的不断反思，远比去获得一套外在的行为技能重要得多，因为这些行为技能只能使人短期地"改善学校的管理机制……但（仅此而已），不能使人成为一名灵魂生命（soul-life）的教师、鼓舞者和引路人"①。

撰写教育智慧和机智的文本易引来危险的假想：声称自己知道如何以优良的道德行为去行动。从定义来看，教育学（pedagogy）始终是与区分什么对儿童好、什么对儿童不好的能力有关的。许多教育思想家对这样的推断感到不安，他们试图用一种价值中立或相对主义的方式来探讨教育的难题和问题。但是，将教育学话语（discourse）与道德上的劝诫或说教混同起来是错误的。说教是以某些毋庸置疑的教条为基础进行道德劝诫的行为。但是，教育学不是进行劝诫的。教育学是一门实践性学科。一方面，教育者需要为了儿童的幸福随时准备站出来并接受批评。另一方面，教育学是一种自我反思的活动，它必须愿意对它所做的和所代表的随时质疑。

对作为生活实践的教育学进行反思

本书有两个重要主题。第一，希望从滥用词汇的人手中挽救教育学的思想。许多年来，"教育学"一词一直被英语国家的教育者们误用。② 近些年来，对"教育学"一词的使用猛增。这一词汇的复出与北美对西欧哲学、社会学和教育学理论的兴趣日增不无关系。但是，目前教育学一词的使用并未给教育领域增加多少新的理解，只不过是在以前的思想上加上新的包装罢了。

---

① 请参考 John Dewey (1902), *The relation of theory to practice in the education of teachers*. In *The relation of theory to practice in the education of teachers*, Third Yearbook of the National Society for the Scientific Study of Educaiton (pp. 9 - 30). Bloomington, IN: Public School Publishing Company.

② 这可能部分因为与"教育学"这个术语有关的消极内涵。字典中把"pedagogue"定义为"从事指导孩子或年轻人的职业者：校长、教师、导师。现在通常或多或少带点轻蔑或敌意的味道，暗含卖弄学问、教条主义或严厉之意。"请参考《牛津英语词典（简版）》(*The Compact Edition of the Oxford English Dictionary*, 1971)，"pedagogy"词条。

第二，本书旨在一方面探索和提供一种对教育学的反思更加经验本位的阐述，另一方面也探讨对在实际生活中从事教学（以及抚养孩子）的教育时刻的理解。确实，有许多的文献一直在以反思性教学、教师思维、教师作为反思性实践者、教师作为问题解决者、教师作为决策者、教师作为研究者等名目试图捕捉和阐明的正是这些现实生活中的教育时刻。本书运用"教育的智慧"（pedagogical thoughtfulness）和"教育的机智"（pedagogical tact）这样的概念，试图向读者展示交互性教育实践具有一种微妙的、规范性极高的特征。教育反思在父母、教师与学生共同的生活世界中起着重要的作用。但是，教学和抚养后代的实际教育时刻的反思性质，可能和其他专业实践者与那些他们所负责的人之间的相互作用明显不一样，如医生与病人之间的交互作用。

大多数教育书籍都是 agogical[①]。它们都是针对成人、父母或教师的，而不是以儿童为中心的。它们预先都带着这样的问题：教育者（应当）如何思考、行动、感受、与儿童交流。可是，这种主题忽略了两个重要的思路。首先，这种对成人的强调没能考虑到从儿童的角度来看具体情况有多么特别，也未能考虑儿童在家庭、学校、社区如何体验他们的生活世界。从教育学的角度来看，最重要的问题始终是："儿童对这一具体的情境、关系或事件的体验是怎样的？"既然本书探讨的是教育机智，它就必须考虑事件对孩子的影响如何。

其次，这种主题仅偏重于成人如何处理儿童的事情，而忽略了儿童对成人，尤其是对他们父母的直接和间接的影响。许多家长都有这样的感受：孩子是多么有力地转变着大人的自我感觉，对生活的选择，以及对世界的看法。同样，许多教师也体验到儿童对他们的职业和个人生活的转变效果。儿童的这种强有力的影响改变着成人的个性存在并辐射到成人的整个生命，正是这一点启发了本书的主题：教育学。

---

① "agogy"是 pedagogy（引导或教育儿童）一词的词根。"agogical science"是指与为人们提供教育、帮助、关心有关的实践学科（诸如继续教育、心理治疗、咨询、看护、健康保健）。"agogy"和"agogical"两个术语在使用荷兰语的人文科学领域比较流行。

第 2 章　教育学的概念

教育学就是迷恋他人成长的学问。

情　境

戴维的父母注意到在过去的一年里戴维学到了一种很好的讲话方式，让他能清楚地表达自己的观点，在讨论问题时也更富于思考了。他们俩都对戴维的这种变化感到高兴，并且还讨论过这事。实际上，他们还半开玩笑地议论戴维是更像"他"还是"她"。此刻，他们正开完家长会回来。他们驱车回家的路上都在微笑，而且都在琢磨着同一个问题：简直不可思议，过去的一年，戴维从他最喜爱的老师那儿模仿到那么多。他们都注意到了戴维与其老师同样清晰的表达和对话方式的细微之处。

本（Ben）生日那天得到了一辆自行车。那天，本爬上了自行车，爸爸手扶着坐垫在旁边推着。本很快就掌握了方向盘的诀窍，但平衡还不好。爸爸在一旁跑着，以防万一！第二天，令爸爸宽慰的是，这也不需要了。本现在可以独自骑车了，爸爸只在一旁看着。过了一会儿，连这也不需要了。本现在可以和爸爸一块儿骑车了，现在他们俩都从他们共同的活动中得到了不同的但仍然是彼此分享的惬意。

这位二年级的老师最后合上书。在过去的两周里，她每天给学生读几页书。可是，对于露西来说，书里的故事结束得太快了。"太美了！您能再给我们读一遍吗？"她恳切地说。老师从桌上拿起书递给露西。"露西,你想把它带回家去自己看吗?我想你肯定能行的。你会喜欢读的。"三天后,露西把书还了回来。"我读完了,"她自豪地说。"好孩子,"老师说,"这是你自己读过的第一本书。好吧,让我们来找找,看能不能再找到一本你喜欢读的书。"

一位10岁的孩子说:"妈妈,我可不可以打电话叫我的一个朋友过来玩玩?""当然可以,"妈妈说,"但你得先把床整理好了,这样别人在你的房间才会感到舒服。好吗?"

父亲在给他的两个男孩——马克和迈克尔讲睡前故事。故事恰巧是关于两个与他们年龄相仿的男孩的。他们在听故事时,有一种特别的宁静。他们有时建议给故事加点什么,有时又提出一些问题。但这丝毫也没有打断那个在他们床边逐渐展开的富有魔力的故事。在他们的爸爸讲故事的时候,孩子们的脸上露出隐约的微笑,他们在黑暗中梦一般地想象着。他们陶醉在故事里。故事并非真的那么神奇。马克和迈克尔在故事中认出了他们自己。

我们的生活中充满了这样的轶事。我们可以整天讲述这样的故事。这些情境都是年长者和年轻者的共同经历。事实上,生活中的轶事反映了非常特别的经历。我们认识到它们就是揭示成长的时时刻刻的各种关系、情境和相互交流。尽管如此,这些轶事是如此平凡普通:戴维从他的老师那儿学到了良好的个人习惯,本的爸爸教他骑自行车,老师引导露西对读书的兴趣,母亲给孩子灌输整洁美的价值观,马克和迈克尔的爸爸帮助他们更加善于自我思考。

我们如何来称呼这些事件呢?这些情境很不一样,但它们都有某些共同之处。我们可以将类似这样的情境叫做"教育"、"抚养孩子"、"教学"、"帮助孩子发展和成长"。也许,针对某一具体的轶事,某一具体的名称会更恰当些。但我们可以看到一些共同点:每一个情境都是讲述一件发生在年长者和年幼者之间(一位成熟的人和一位尚不成熟的人,一位有经验的人和一位还没有经验的人之间)的事儿。在每一个实例中都有某种相互影响的复杂性。年长者和年幼者之间相互影响。在这儿,我们对年长者之于年幼者的影响有着特别的兴趣。它具有形成孩子生存和成长的各种可能性的品质。同时,这种影响是指向特定方向的。①

我们可能还注意到这种影响的其他一些特征。教育学的影响是情境性的(situational)、实践性的(practical)、规范性的(normative)、相关性的(relational)和自我反思性的(self-reflective)。首先,成人所施加的影响都是发生在具体情境之中,常常非常微妙,显然是有限的。这种影响永远也不能完全预测和控制。而且,由成人促成的影响是形成性的——它引导儿童的身心健康、不断成熟和成长。但是,当然,我们也应当小心,因为我们很容易过高估计成人对儿童的影响,正如我们容易过高估计父母对我们过去和现在的影响一样。② 其次,这种教育学的影响始终是实际性的。即使是作为一门理论学科,教育学也是一种实践性努力。在与孩子一道生活时,每一个情境都需要我们作出反应。我们不由自主地采取行动。我们的每一个行动(即使是不行动、否定的行动或撤出的行动)必须是不假思索的教育学上的反应。第三,不论我们是否喜欢,每一个教育学上的行动都是规范性的:它展示了成人如何指向儿童,以及成人如何履行(或没能履行)自己的责任。 教育学的影响意味着成人不仅有能力作出反应,而且除了这种"反应的能力"以外,他还能以负责任的方式行动。其行动从教育的观点、框架和原理而言,在道德上有理有据、无懈可击。第四,从生物学和文化的方面来看,我们总是与儿童处在一种潜在的教育学关系中:我们与他们的出生、发展和成长都有关系。我们对儿童的责任使我们服从于或者说依

---

① 在探讨"影响"概念的几节中,我特别受益于以下著作:M. J. Langeveld (1965), *Beknopte theoretische pedagogiek*. Groningen: Wolters. 同时,伊梅尔曼的近期著作也很有帮助:J. D. Imelman (1997). *Inleiding in de pedagogiek*. Groningen: Wolters-Noordhoff.

② 有这样一种教育学上的乐观主义,即对父母和教师期望过多,而对孩子怎样并且应该做些什么来促进他或她自身的成长和发展却要求太少。同时也存在一种教育学上的悲观主义,即对教育者的潜在影响毫无信心,却对孩子期望过多。然而,我们需要认识到,教育学既不是全能的也不是无能的,相反,好的父母、教师、学校能在孩子们积极的发展方面产生具有深远意义的影响。在这方面一个有趣的讨论,请参考 BasLevering (1988), *Waarden in opvoeding en opvoedingswetenschap: Pleidooi voor een uitdagende pedagogiek*. Leuven: Acco.

赖他们——我们体验到孩子对我们提出的请求就像是对我们发出的强迫性命令一样。孩子们向我们展示了我们有能力使自己成为什么样的人，使我们共同拥有的世界成为什么样子。最后，这也意味着教育学的影响又是自我反思性的：教育的行为不断地促使我们反思，我们的为人处事是否恰当、正确，是否是可能的最佳方式。

影响（influence）是一个有趣的概念。influentia 这一术语原指从天上发出一种伤害人身体的流体。[①] 既然我们都生活在上苍之下，我们就始终在受着影响。影响的流传和传播的这种无法逃避性和难以捉摸的特点，也许就是为什么1743年罗马爆发的流行性传染病被称做 influenza（影响）的原因。即使是现在最为常见的疾病也叫做 influenza，或者"flu"（流行性感冒、影响）。影响，正像"流感"一样，是我们"捕捉"到的某个东西，或者说某个"捕捉"到我们的东西——影响就是这样一种征服了我们，占据了我们身体和心灵的东西。

影响并不一定能唤起因果关系的联想。影响有时可能是几个面对面的人所交流的某件事情。我们体验到的影响是某件我们经历之事，某个发生的事。所以，我们常说时代精神的影响，语词的影响，人类情感和亲情的影响，分享和共同生活的影响。而且，儿童也在积极地参与塑造来自成人的影响。年轻人通常都很渴望独立，但他们同样也珍惜影响。比如，我们在对话时存在一种相互的影响。所以，我们不要以为，影响就一定是控制性的，或者说，影响将两个人的关系降至一种主客体的关系。在这种关系中，施加影响的人将另一方仅看做是一个将受控制的对象。相反，影响是某个辐射四方、自然流动的东西。它可能会产生非常不一样的结果、效果或作用。从广义上说，影响隐含着人在另一个人面前的坦诚和开放性。

就文化和传统而言，每一个人都是迟到者，因此都处在以前事物的影响之下。不仅那些需要受教育的儿童正在受到过去（现在），以及传统和文化的影响，教育工作者同样受到影响。那么，现在的问题是教育

---

① 《牛津英语词源词典》（*The Oxford Dictionary of English Etymology*,1979），"influence"词条。

者如何去发展一种与影响源较强的关系呢？我们既不能做一个全面反叛文化的人，也不应当做一个盲目维护文化丰碑的守护者和卫道士。与影响的较强的关系可能是那种想对影响施加影响的关系。这也就是说，教育者需要具备调和传统和文化对年轻人的影响的能力。

我将使用"教育学"这一术语来探索、研究和描述处于教育者和学生、父母和儿童之间的特殊交互作用、情境和关系之核心的影响。毋庸赘言，并不是所有人之间的影响在本质上都是有教育学（pedagogical, agogical）意义的。① 正如有人所言，每一个成人和儿童都始终受到相互间的、文化传统的、语言的、他们自身历史的、社会物质环境的等各种影响。但成人和儿童间只有某一种影响是出于向善的、为儿童好的动机——也就是说，这种动机具有教育学意向（pedagogical intent）。而且，这种意向是为了加强儿童"生存和成长"（being and becoming）的各种偶发的可能性。

这里，应该指出的是，有些教育理论家对"教育学意向"这一概念十分反感。② 他们害怕成人的这种教育学意向实质上成为一种控制、施加权力的伪装形式。③ 他们反驳说，对于一个特定的孩子，除了他自己，没有人知道什么对他好、什么对他不好。对孩子具有教育学意向隐含着使孩子处在一种柔弱和依赖状态的意味。可是我却觉得，即使是在这样的观点中，也有一种教育学的意向，因为说到底它也是一种对孩子的良好生存和真正的成长的关心。但是，我们生活在一个存在着价值丧失的普遍危机的时代。因此，许多成人不愿冒犯错误的风险，他们采取根本不冒风险的办法来推卸一切责任。诚然，成人的意向和用心

---

① "agogical relation"不只是探讨父母或教师与孩子之间，同时也探讨普通人与普通人之间的"好影响"（good influence, eupraxis）。

② 例如，请参考 Alice Miller（1983），*For your own good: Hidden cruelty inchild-rearing and the roots of violence*. New york: New American Library；（1984），*Thou shalt not be aware: society's betrayal of the child*. New york: New American Library.

③ 例如，我想到那些，从批判理论或心理分析的角度看，把教育影响主要看做支配或权力的一种形式的人。因此，莫伦豪尔提出一种教育影响的交往观点。请参考他在以下著作中有关"教育作为交往行为"的讨论：K. Mollenhauer（1974），*Het kind en zijn kansen: Over de plaats van individu en maatschappij in het opvoedingsproces*. Meppel: Boom, pp. 27 – 94.

很容易被误导，变成一种忽视或虐待。但是，放任孩子们，让他们自己挣扎，将他们遗弃在更广泛的社会或同伴群体的引诱和强暴力量之中，不是更应该受到谴责吗？

教育学意向改变了事物

> 教育学涉及对影响施加影响。

鉴别和区分哪些情境具有教育学意向和哪些情境没有教育学意向非常重要。然而，从教育的观点来看，即使是那些没有教育学意向的情境也可能对儿童有益。某些经历能给一个人提供受教育和走向成熟的强有力影响，这一点大家没有什么疑问。有些影响对孩子的性格和成长十分有益，有些影响实际上可能对孩子的健康成长造成破坏性打击。比如，一场重病或危机可能促使孩子更为坚强。一个孩子在一场车祸中失去了父亲或母亲，会通过变得更加支持剩下的亲人而显示出人意料的性格力量。另外一名孩子经历了团伙间的暴力冲突或争斗之后，将这个经历看成了对自己个人勇气的证明。人类所遭受的痛苦、所经历的艰苦奋斗，对一个人的最根本的性格成长能够产生良好的作用。但是，作为成人，我们并不会因这些经历的积极效果而受到赞赏，因为它们不是我们促成的。因此，我们不能把这些事件或经历叫做"教育性的事件"(pedagogical events)。教育学仅仅指这样类型的有意向性的活动和交互作用：成人和儿童参与其中（尽管并不总是有目的的和有意识的），指向儿童积极的生存和成长(being and becoming)。

年轻人生活中所受的所有影响中，来自大众媒介和文化的所谓"教育"影响，大大地超过了来自父母、教师或其他在教育学意义上参与进来的成人有意向的影响。许多其他影响总是以这样或那样的方式促使儿童成长。在这全部的影响中，什么对孩子好、什么对孩子不好呢？这样的问题可能会引发永无休止的教育学思考和讨论。我们还应认识到，在孩子的生活中还有许多继续存在的事件和经历并不是我们有意促成的。事实上，我们许多的日常行为，或者说，"未加思索的"行为会以我们不在意的方式给孩子带来好的或坏的影响。

不但成人，而且儿童自己也有意向。他们的这种意向是成人参与儿童自身发展的源泉。这里是说成人的行为指向儿童的意向，实质上也是指向儿童所体验的世界以及儿童所体验的成人及其生活的目标。成人可能对儿童怀有深切的爱护并把儿童的最佳利益放在心上。可是，儿童可能并不理解这一点。儿童甚至可能体验不到成人的在场和行动是一种爱护和关心的表现。那么，既然儿童并没有体验到这种情感，成人的爱护和关心的行为又有什么用呢？

儿童的意向同样也表现在儿童是哪种类型的人，以及他积极面对世界的方式上。有两个以上孩子的父母都知道孩子们是带着多大的差异来到我们身边的。每一个孩子都不同寻常，并表现出意向性、敏感性和存在的情感方式。这一切很快在他们各自的选择、兴趣和愿望中得到了表现。任何教育学意向都应尊重儿童本人的实际情况和发展。教育学意向就是尽最大可能地加强儿童的任何积极意向和品质。

通过游戏和工作，儿童积极地参与着他或她自身的成长。儿童的意向是很复杂的，因为它是与孩子的感情和日常活动紧密融合在一起的。比如，父母希望孩子上床睡觉，可孩子并不困倦，觉得一天还没结束呢，他还有许多有趣的事想去做，还有许多活动想完成。抑或是孩子不愿上床，因为他害怕卧室的黑暗或觉得睡不着时安静得难受。这样，孩子恳求再多玩一会儿。这时大人可能会提议在睡前讲一个故事。换句话说，睡前讲个故事不仅成了大人调和与孩子不同意向的方式，而且，也成了说说孩子的愿望、心思、兴趣、恐惧、问题或活动的好时机。

这个例子同样也说明了成人的意向与儿童是不一样的。成人应该考虑到孩子的意向，而儿童的意向并不包含成人的意向。从某种意义上说，成人的意向有两个方向：成人教育儿童并同时理解和感受到受过教育的人是什么样的情形。而儿童的意向只有一个方向：儿童体验到受教育的经历但并没有教育其他人的责任。而且，成人的意向比儿童的意向要更多地指向将来。

一方面，我们对教育学意向的思考增强了我们的意识，从而使我们对我们的教育生活有了对话和探讨的机会：可辩论（debatable）、可叙述（accountable）、可评估（evaluable）。如果说我们必须承担对孩子的责任，因为孩子尚未成熟，不能对自身的受教育过程进行思考，那么，我们也需要为他们说话。后一种义务是一个极其敏感的工作，很容易被大人处理不当或滥用。另一方面，教育学意向的生活的品质，远比我们就孩子目前和将来的情况所可能拥有的任何目的表述的意向要更加有效果。教育学的意向也是我们面对孩子的最基本的体验，我们将孩子看做是走进我们生活的另一个人，他向我们提出要求，他改变了我们的生活。从这一意义上说，教育学的意向也可以看做是我们面对孩子发现自己被召唤时的一种主动的回应。

意向的问题就隐含在我们面对孩子的时候。在现代社会里，家庭计划和生育问题发生了巨大变化，我们现在可以将孩子出生在很大的程度上变成一个理性的选择。接下来，最主要的问题就成了：孩子对我们意味着什么？我们对他们又意味着什么？我们想要孩子吗？我们想要孩子干什么？他们自己需要什么？对于多数要当父母的人来说，想要孩子的愿望很可能并不是出于真正的教育学意向的动机。毕竟，你要想感受教育学的活动和责任，你就得首先与孩子建立某种关系。对于许多人来说，想要孩子的想法多是出于多种混合的复杂因素：生殖的复杂愿望（希望留下自己的某些东西），对世界的担心（确保人类的继续存在），实现个人成就的渴望（满足文化的期待——获得家庭和做父母的"意义"），获得社区安全感的愿望（在年老时能确保得到子孙的照顾）。

并不是父母和孩子的每一次交流都需要有意识地指向孩子的学习和成长。教育学的意向是一种已隐含在大人与孩子保持的抚养或教学关系中的天赋本领。例如，父母让孩子去商店里买些牛奶。在无人陪伴的情况下，孩子第一次自豪地去了商店，买回了牛奶，而且换回的零钱也一分不差。"干得不错"，父母说，"我真高兴你去买回来了。我们一点牛奶也没有了。"父母的实际目的就是给家里弄些牛奶回来。结果,这个小差事变成了孩子走向独立的一个小机会。在这儿,我们看到,教育学的意向就根植于家庭成员一起生活的那种关系中。

当然,一些父母忽略、滥用或利用"父母的关系",这种情况也完全有可能出现。他们纵容孩子的不恰当的、破坏性的、不道德的行为,或者让孩子去完成一些不健康的任务。我们知道,在这种情况下,教育学的意向已被破坏,因此,我们将"父母的关系"打上了引号,因为父母抚养儿童的含义在这儿已值得怀疑了。

但是,无论如何,将教育学的意向摆在我们抚养孩子的经验中至高无上的地位,这是非常重要的。教育者们对为人父母的教育学词源尚未作出足够的思考。换句话说,他们必须将教学看做"替代父母"的工作来进行思考。故而,教师也应当恰当地回答这样的问题:为什么要有孩子?孩子们在他或她的生活中有何意义?

教育的计划和目标明显地反映了我们教育孩子的教育学意向。我们给孩子提供的书本,我们为他们创造的环境,我们促成的生活经历——所有这一切都反映了我们的教育学意向。我们希望孩子们获得数学、语言、科学、社会研究、音乐、美术创作方面的教育。我们希望他们获得正确的生活态度、批判的精神、基本的诚实和道德观念。因为我们关心孩子走向成人的成熟,所以我们将对孩子的发展希望转换成可实现的目标和期望。教育学意向的概念表达了大人希望孩子生活顺利的愿望。即使在没有具体的行为性的学习目标的情形下,教学的活动都是受教育学意向的支配的。语文教师讨论抒情诗的结构,是为了学生在阅读这样的抒情文学时能获得满足。

当然,教师也有可能破坏师生关系的教育学意向,如,体育教师开始更注重一支取胜的运动队,而不注意他所训练的队员的身体健康和发展。再者,并不是所有的教育学意向都会有教育学的效果。作为大人,我们应当特别小心,因为我们很容易在我们与孩子们的教育学关系中掺杂其他的动机。在我们的日常生活中,有时很难区分交织在我们生存中的教育学意向和其他动机;我们的个人生活历史,我们所受的挫折、成功,心中所藏的愿望、抱负、恐惧、企望、希望。作为父母,我希望我的孩子学音乐课,是不是因为它对孩子有好处,抑或是我在间接地实现自己往日的梦想呢?作为一名教师,我是一位严厉的循规蹈矩者,这是因为我认为这种纪律对于良好的学习有必要,还是因为我觉得与我的学生建立一种更温和的关系会让我感到不舒服呢?

许多成人都承认他们对待孩子的方式与他们自己的成长方式不无关系。作为父母或教师,我们从未逃脱我们自己的父母和老师对我们的影响。一方面,这是一种正面的繁衍关系:通过我们的抚养和教育,我们给我们的孩子留下了对我们自身有价值的东西。比如,我的父母可能热爱读书,于是他们将这种对文学的喜爱灌注到我的生活中来。另一方面,这种父辈的影响也可能对孩子的生活产生负面的后果:我们的"抚养"可能会给孩子留下负担和诅咒。比如,我父亲的酗酒可能会给我留下家庭冲突和暴力的记忆。问题是我们怎样对待这些融入我们身体的孩提时代的记忆和情感?在反面的实例中,我们将负担和诅咒转移到了我们孩子的生活中。在正面的实例里,我们将自身的问题转换成了某种有价值的东西。例如,我父亲的酗酒可能给我留下了教训,使我更加珍视严于律己和自我节制。我按此生活并试图给自己的孩子做出榜样。父母和老师必须能够理解什么样的具体经历对于孩子会产生什么样的后果。但是,不了解自己的儿童时代的成人是不可能理解孩子的。

现在的我有一部分是由我过去的生活记忆所组成的。过去的经历在我的心中得到了巩固。因此,记忆在不同的场合和环境下会出乎意料地出现。过去的事可能已经被遗忘,但是当现在与过去关联时,过去的事又会突然出现在我们面前。儿童时代和生活记忆的力量证明了这样一个事实:我们是历史意义上的存在——我们拥有的生活历史给了我们现在的自我存在以永恒和个性。

我们的个体特质是由当我们讲述我们的遭遇、成就、冒险经历、失败、事件时我们试图寻找的行动组成的。但是,生活本身并不是一个故事。正如文学故事一样,我们所讲述的个人经历也有其主题结构和人为的目的。与之相比，我们的生活是复杂的、持续的和不完整的。我们许多的生活历史不能很好地组成一个和谐的整体。我们的个体是多层次的，多侧面的。作为大人，我与我孩提时代和少年时代不一样。我在家时与我在学校或在朋友当中也不一样。但是，尽管我们的个体特质具有多种形态和不断变化的特点，我们仍然能体验到在我们的自我核心中，存在一种永恒的自我同一性（self-sameness）。这种自我同一性给了我们个性的持续性。孩子变成了少年，少年变成了大人，大人变成了老人。但是，来自我们幼年的影响，尤其是我们的父母和老师的影响却留下了深深的印迹。

因此，萦绕在我们幼年生活中的父母和老师的教育学意向，现在以复杂的方式隐藏在我们对自己的孩子所拥有的教育学意向中。我们必须认识到教育学意向不是简单的思维信念，也不是我们写在纸上的课程计划和学习目标。教育学意向牵涉到我们对区分什么对孩子好、什么对孩子不好的所有的积极思考。

当然，我们许多的教育学方面的决定都是我们认真思考的结果。但是在日常生活里，我们常常在没有来得及思考和意识到的时候就表现出了这些教育学意向。当我们作为教师和父母与孩子们交流时，我们可能以具体的方式指向了表达我们与孩子关系的教育学意向。比如，我可能以调查的方式处理孩子的一个具体的情境（我怎样才能使他更深刻地认识到他所做的事的意义呢？），或者以探求的方式（我已经尝试了这个办法，现在让我来试试那种），或者用更常规的方式（我得保持冷静——通常我以宽容的方式来对待这种事对他的效果会更好）。教育学意向不仅是我们生活哲学的表现，也体现了我们是谁，我们在做什么，我们是如何以积极思考的方式面对世界的。有时即便大人正在不经意地通过体态、姿势或语调表达信息，孩子也能意识到大人的意向。从某个意义上说，我们的教育学意向的实现是我们无法把握的。一方面我们的影响有时不够强烈，另一方面这种影响有时比我们所预料的还要深远。

教育学的使命鞭策着我们并使我们充满活力

当孩子在呼喊我们的时候，他们是在召唤我们。

女人是如何做母亲的？男人又是如何做父亲的？人是怎样成为一名教师的？显而易见，女人和男人对孩子降临的体验不一样。孩子闯入老师生活的方式也不一样。不是你想做父母时就能成为父母的。不是当你决定上师范学校时你就成了一名老师。也不是怀孕和孩子降世的奇迹本身就能够成为做父母的充分条件。同样，老师面对他的第一堂课的那一刻并不能使他成为一名老师。

最初，人只是从生物或法律的意义上"知道"自己已成了父母或老师。在孩子诞生的时候，母亲或父亲感到一阵困惑，体验到复杂的感情，这是常有的事。同样地，新教师可能会有一段时间感到不十分像一名教师。真正使人成为父母或老师的主要是一个如何像父母或老师那样生存的问题。在与孩子的实际生活中，在许许多多微小的经历中，人作为父母或老师的意识就产生了。

孩子诞生的体验对于女人和男人来说常常是极为深刻的感人的体验——现在她成了孩子的母亲，他成了孩子的父亲。但是要想成为母亲或父亲，你得像母亲或父亲一样地生活。于是，常常是渐渐地，人，作为教育性的存在（pedagogical being）就在生活中淋漓尽致地体现出来了。这样的观察使我们发觉，我们通常认为的你可以"决定"是否当老师的这一普遍的观念，从实际体验上说，和你可以通过"选择"来做父母的观点一样是不准确的。常常，父母惊奇地发现，孩子所引起的他们生活的转变效果比他们所预料的要深刻得多。朋友常对刚刚当上父母的人说，"你们的生活再也不会跟现在一样了！"这对于刚做教师的人来说可能也是一样的。只要他们开始像真正的教师一样与孩子们一起生活和行动，孩子们就会以无法预见的方式触动他们。我们正是从这个意义上来谈教师使命（vocation）的。

在当前的生活中，甚至在教育界的议论中，我们不大容易听到人们把教育、教学或教育学表述成"使命"或"召唤"（calling）。意味深长的是，以一种否定意味的陈述来提及教学的召唤却更容易让人接受。如，"我放弃了教育，因为教学的职业不能唤起我的兴趣"。然而，只有当我们真正感受到教育作为一种召唤而激起我们的活力，让我们深受鼓舞时，我们与孩子的生活才会有教育学的意义。认识到这一点很重要。很有趣的是，教育学是一种使命，不仅仅是从象征或玄奥的意义上而言的。在孩子那里有些品质以一种十分具体的方式激发了我们，使我们接近他们。

作为刚做父母的人，你对宝宝睡房的声音变得非常敏感，这难道不令人惊讶吗？即使是自己的孩子已长大成人了，父母也能记得这点。即使我的周围都是客人喧闹的谈话声，我也能听到远处睡房里我的孩子在小床上的动静。但是，我究竟听到了什么？哭声吗？叫唤吗？是哭声使我奔了过去吗？自然，我可能听到了孩子的哭声或叫唤声。但是，当我说，"我听到孩子在床上醒来了"，那不是我在"深处"所听到的声音。在孩子的召唤中还有一种我们听到的更根本的声音。我们体验到这是一种力量。这是这个孩子所拥有的征服那位能"听到"的人的力量。

自然，仅仅被动地或漠然地聆听孩子的召唤或哭声是不够的。父母必须聆听孩子的召唤并以适当的方式行动。毕竟，为人父母的含义就是保护和抚养孩子。做父母意味着生活中有了召唤——教育的召唤（a pedagogical calling）。同样地，做孩子就是与某个能注意和听到他的召唤的人生活在一起。这种召唤将这个孩子和这位父母联结起来，成为一体。教育的召唤就是那种让我们聆听孩子需求的召唤。"使命"这个词在词源学的意义上也有召唤（vocare）的意义。使命感就存在于聆听当中？

当我再次聆听时，我听不到任何声音了。没有哭声，没有吵闹，我的儿子显然已经入睡。我还是决定去看看。当我悄悄地将门弄开一点时，我知道他躺在那儿会是什么样。安详地，蜷缩着睡在小床的一角，我敢打赌。可是，令人惊讶的是，我看到的竟是一张完完全全地仰着的期盼的小脸。脸上放射出微笑,手臂舒展开来。就在那儿!没有一句话,没有一点声音。但是,这种沉静当中多么充满了召唤啊!

"瞧,喏,我的乖乖!"当我将孩子从床上抱起时,我意识到了抚养的召唤吗?当我开始给孩子检查尿布,看看是否有"破坏"时,我并没有思考所有这一切。他和我都在忙活着,无暇顾及这样的思考。可是,现在,当我试图在写作中去重新捕捉这一体验的意义的时候,我一点儿也不怀疑那时刻我知道某种真实的东西的出现,这一点并不难回忆起来。

那么,我再一次地被唤醒的究竟是什么呢?难道我希望回忆的只是一种简单的对孩子的深切情感吗?也许吧。但要想说出我回忆起来的究竟是什么,感情(affection)或爱(love)这两个词并不能阐明什么。这两个词既太大又太小。我回忆做父母的含义的体验本身就是一种召唤。一种使命在召唤。我们说到了"职业的召唤"。但是这种召唤存在于何处呢?我们说:"责任在召唤。""责任用良心的声音在召唤。""责任召唤我去完成我知道自己所承担的任务。"但是,责任并不是召唤我们的东西。相反,责任是某种品质召唤我们的方式,正如关心和慈爱召唤我们来到孩子的卧室一样。

那么,我们是如何体验这种召唤的呢?它是不是我能听到却可以不予理睬,像有些"父母"那样的呢?这样的所谓父母是真正的父母吗?替人看孩子的保姆,一个去照看孩子,却不是因为这是她的召唤使命,而是因为这是她的工作的人。这样的人又如何呢?一位没有任何激情的保姆会怎样走进我孩子的卧室呢?这位保姆会如何回应孩子展开的双手呢?她会听见孩子心中的召唤吗?对于那些听不见这种召唤的人而言,将教育学作为一种使命的召唤来思考纯粹是感情上的胡说八道,或者最多也是一种无用的思考罢了。

翁达杰(Ondaatje)① 在他的诗篇《紧紧的拥抱》中描述了他的孩子是怎样在卧室一直召唤他过去行晚安吻的。父亲大喊"好了,我就

---

① M. Ondaatje (1979), *There's a trick with a knife I'm learning to do*. Toronto:McClell and Stewart, p.104.

来"。但是他正在结束手头的活儿,然后又做这做那,之后他过去回应孩子的召唤。当翁达杰慢慢地穿过卧室的门时,他看到了他的小家伙:"他站在那儿,手臂张开,等待着一个紧紧的拥抱。咧着嘴笑着。"翁达杰对父母拥抱孩子的方式作了精彩的描述。接着,几乎是一种事后的反思,两行简短的句子结束了诗篇:

在我走进去之前,他像那样,
在那儿站了多久?

在这种惊奇之中我们检测到了教育学行动和思考的最基本的关系。在生活中我们不断地与我们的孩子进行活动和交流,不时地,我们做的某些事会立刻让我们感到惊奇,进而思考:我做得对吗?这种情境对孩子会是什么样的呢?在这里我的责任是什么呢?我本应该怎么说或怎样做呢?因此,教育学首先召唤我们行动,之后又召唤我们对我们的行动作出思考。与孩子们一道生活以及反思我们与孩子们生活的方式,这两者都是我们的教育性生存的表现。

关于"教育学"的理念

有些差异,能使事物出现差异。

在本书中我们为什么使用"教育学"(pedagogy)这个术语呢?为什么我们不使用盎格鲁-撒克逊民族(Anglo-Saxon)更为普遍使用的术语,诸如"课程"(curriculum)、"教育"(education)、"教授"(teaching)或"教学"(instruction)呢?

首先,我想避开对教育问题的一整套陈见和标准。假如将我们限制在普通的术语之中,我们就会发现自己被各种各样对于教育现象和抚养孩子的观点所包裹,因而,我们的思考就会局限在某些传统的问题上。

当然，这里并不是说，更为大众所接受和关心的一些教育思想和理论化的问题与教育无关，不值得考虑。我只是想用"教育学"这一概念作为一把钥匙来开启教育现实中的其他现象（比如教育学理解、教育学机智、教育学情境和教育学关系），而这些现象在北美的文献当中很少提及。

　　教育学一词近来被广泛运用，但是这个术语特有的意义不但没有被进一步探究和阐明，相反却被遮盖起来了，变得愈来愈模糊不清了。教育学愈来愈被随意地和模糊地与教学或课程等同起来。在课程和教学的文献当中，教育学被用来指具体的方式或方法。比如，人们用一种新型的"语言艺术教育学"和"写作教育学"来描述在这些领域的课程革新。

　　随着女权运动和其他哲学运动的兴起，这个术语还与政治方面的研究联系起来——这样就出现了一大堆像批判教育学（critical pedagogy）、解放教育学（emancipatory pedagogy）、解构主义教育学（deconstructionist pedagogy）等这样的概念。教育学与这些具体的范畴究竟有什么样的区别呢？我想简洁地谈一谈现时使用的几个主要概念的不同意义。

　　教育，毫无疑问，是一个复杂的概念。它的多元含义有些与教育学这一概念是重叠的。教育和教育学这两个概念都是规范性概念。但是，在北美，教育一词主要用于指代在诸如学校、学院和大学等机构化的环境下大人和孩子的教与学的活动。在德语和荷兰语中，教育一词分别译成"*Erziehung*"和"*onderwijs*"。在这些语言中，教育学语义更加广泛。欧洲的教育学的概念有一种不同的侧重，它包括了抚养和教育的普遍的领域，同时也包括了如下的专门化的领域，如咨询、治疗、心理参考（psychological referrals）、社会工作的方方面面，等等。换句话说，教育学概念涵盖了所有大人为了孩子的健康、成长、成熟和发展而与孩子打交道的事件和领域。当然，它也包括了学校的学习活动。

　　课程则是一个出了名的语义模糊的术语。对于多数家长和老师来说，它仅指孩子在学校学习的各门课。但是课程研究的学术领域则极其广泛，包括了像政策研究、课程评估、隐性课程、课程开发这样的研究兴趣，还包括了对课程现象和学校现实的政治性的、描述性的和人种志的研究方法以及其他的社会和人文科学方法。

课程和教育学一个最直接、最显而易见的区别就是前者趋向于侧重教育的材料以及教材和教学过程的组织、管理、计划、安排、选择、审核评判。课程概念中有一种不可避免的实证主义的味道（当然，这并不意味着就得受谴责）。课程这个术语容易使我们将我们的注意力从孩子那里转移到教育机构的结构及其各层面的研究中去。相反，教育学这一术语则易于引出教育和抚养孩子的人性的或者说个性的因素。

"教学"常常紧跟在"课程"之后出现。在许多教育学院里，所谓的教学系都是叫做"课程与教学系"。这一叫法也用在了不同学科的各门课程上。在课程与教学这方面的经典入门书是拉尔夫·泰勒（Ralph Tyler）的名著《课程与教学的基本原理》（*Basic Principles of Curriculum and Instruction*）。它提供了课程开发和教学计划的模式。"教学"是一个比"教授"更少人情味、更少主观性的术语。它使我们从教育中的人的感情因素转移开去。我们可以说，计算机教学（computers instruct），而人教授（people teach）。

"教学"一词的运用暗示了教育者希望运用一种更加系统化、可分类的及可测量的互动和干预手段来实施课程。"课程与教学"常表达了将孩子作为计划性教学和其他的教育目标的"产物"（producing）来教育孩子的观点。这样，课程与教学的语言往往偏向那些概念化的教育问题和观点，认为我们可以"迫使"孩子学习，而且认为具体的课程组织和指导程序比其他的方法都更有效。

另外一个似乎与教育学概念相关的术语就是"教授"。同样，它们的一个区别就是教育学比教授描述了更为广泛的大人和孩子关系的领域。"教授"一词通常运用于更加正式的学校教学或教堂的宗教教学。它不大普遍用于抚养孩子和大人对孩子的其他影响。

有时，"教授"也作为学习者和环境的某些方面的关系的内容而被提及。比如，我的头撞上了某个东西教会了我下次更加小心。小鸟可能教会我歌曲的美妙。与此相反，教育学的概念始终认为人与人之间，尤其是大人和孩子之间，存在着更加个性化的亲密的学习关系。

"教育学"是一个很有用的术语，正是因为在北美地区它仍然十分罕见。《牛津词典》上说,在英语中"教育学"一词带有老学究的味道。就让它这样吧。我在本书中将采用"教育学"一词来避免并且尽可能地更正当代教育话语中的两个危险:(1)重新恢复已被遗忘的或空缺的大人和孩子的关系,同时(2)扫除阻碍"教育"思想成为真正意义上的教育的一些障碍。

许多教育工作者、教师和父母都开始意识到在我们和孩子之间出现了裂痕。这不是说,在历史上大人的世界和孩子的世界之间就没有代沟。但是,我们现代人的困境却是,应当用来扫除这些障碍的教育理论和思想的资源本身都变成了阻碍大人与孩子之间适当的教育关系的障碍。因此,"教育学"不仅仅是我们用来表达同样一个事物的另外一个术语而已。通过教育学的概念,我们应当试图进一步地理解在我们与孩子的教育生活中什么才是最重要的。

教育学使我们的心向着孩子

> 教育学就是优秀的教学。

我们可以将教育学定义成父母与孩子、老师与学生、祖母与孙子女在一起的某种际遇(encounter)。简言之,即成人和一个正在成长中的年轻人之间的实际活动的关系。但是,并不是所有的成人与孩子之间的社会际遇都是教育性的。有时,我们看到有些父母对他们所照看的孩子显得非常不关心,无能为力,无动于衷,甚至污言责骂。这样的父母,或是关心自己生意或事业的成功胜于关心他们的孩子,或是由于无法处理好生活中的压力和失望,而把他们的挫折倾泻到孩子身上,或是对他所教授的学术知识的发展兴趣胜于关心他所教授的孩子的教育发展。

我们怎样来判断在一个具体的情境中老师或父母与孩子的互动是否称得上"有教育学意义"呢?假如我们想设定客观的标准来区别教育学意义(pedagogical)和非教育学意义(nonpedagogical)的话,我们可能很快就会陷进教育的哲学、政治和理论当中,而不去注意教育学现象本身。教育学在根本上是一门实践的学问。教育学不能从抽象的理论论文或分析系统中去寻找，而应该在生活的世界中去寻找，在母亲第一次凝视和拥抱新生儿时，在父亲静静地制止孩子盲目横过大街时，在老师向学生眨眼睛对学生的工作表示赞赏时。

因此，教育学不仅仅是一个词。通过道出是什么使我们慈爱地面向孩子，靠近孩子，教育学这个词促使了某个东西产生。教育学不是在可观察到的那类事物中找到的，而是像爱和友谊一样，存在于这种情感的亲身体验中——也就是说，在极其具体的、真实的生活情境中。就是在这儿！就在这儿！一个成人做了对孩子个人发展正确的事。不管我们想象父母或老师如何精确地做事，教育学总是深深地凝结在大人和孩子的关系的本质当中。从这个意义上说，教育学不仅可定义为某种关系或某种行为的方式，而且，教育学使得一个际遇、一个关系、一个情境或活动变得有教育学意义。

我们与孩子的整个教育生存都是一种对他们说话的形式。即使是我们静静地聆听、扬眉、鼓励地点头、拥抱、转身或面带深情地吸引孩子短暂的注意力，我们可能都是出于教育学意义上的关心才这样做的。教育学就存在于我们每天与孩子说话的情境中，教育学就存在于我们与孩子在一起的方式之中。

自然，教育学行动也有技术性的方面。在教育学技巧方面，有些老师比其他老师更胜一筹——如何讲述一个吸引人的故事，如何做一个难忘的讲座，如何引导一个批判性反思的小组讨论。然而，教育学的本质并不是这种技巧。在日常用语中，我们确实可以说一个老师很突出。但提及优秀的教育学却是不恰当的，因为教育学本身就是优秀的教学。用亚里士多德的话讲，教育学是"善"（good），是"美德"（virtue）。每一个教育者都必须具备这种优秀的品质。

一位缺乏这种优秀品质的老师或父母实际上就是缺乏教育的学问。换句话说，教育学可以定义为"优秀的教学和抚养孩子"，因为它有助于我们鉴别真正的抚养孩子和教学的本质。它还使我们注意到教学和抚养孩子的价值、意义和本质。更准确地说，教育学使我们（老师、父母、顾问，等等）心向着孩子、心向着孩子生存和成长的固有本性。

然而，孩子的发展，不论好的还是坏的方面，都不仅仅是我们教育学行为的结果。认识这一点也很重要。还有许多因素影响着孩子走向成熟。教育者（父母和老师）应当认识到他们的任务是短暂的，而且是有限的。我们很容易高估我们对孩子的影响。但也许，正是由于我们的教育学是有限的，我们才更需要认真地对待它。

教育学吸引我们面向孩子，但其方式不同于我们饶有兴致地关注某个好奇之物或具科学意义之物。我们对孩子的教育学兴趣的动机是什么？有些老师研究和教育孩子，纯粹是因为"孩子太有趣了！"确实，有人成为老师、心理学家或儿童和儿童文化的人种志专家，因为他们像着迷于天文黑洞之谜或蜜蜂行为的生物学奥秘一样对孩子感到极大的兴趣。

不难理解这样的内在兴趣：昆虫学家因为十分着迷而转向昆虫的世界，天文学家由于对天体充满好奇而投入对天体的研究。最后，昆虫学家可能会觉得快要接近解开生命之谜，而天文学家可能会面对起源、单一化、无限性，甚至会面对宇宙中上帝的位置这样的问题。① 毫无疑问，

---

① 请参考，比如，霍金引人入胜的著作：Stephen W. Hawking (1998). *A brief history of time*: *From the big bang to black holes*. New York: Bantam Books.

霍金如何通过细致地描述他作为一个研究者的个人好奇心、发现和兴趣来讲述时间、空间和黑洞的物理学故事，这一点很有意思。显然，科学家对其研究的对象孜孜不倦的兴趣最终形成对自然的深深关心。我以前曾将此种倾向描述如下：

在一个叫做"掷星者"的美丽故事里，已故的人类学和历史科学教授洛伦·艾斯利 (Loren Eiseley) 详细讲述了一次经历，表明一种深沉的、自律的方式了解某个事物意味着什么。艾斯利走在海滩上。人们在拾着退潮后散落在岸边的贝壳和海星。当走过拾贝者、拾星者们翻滚的锅旁时，他注意到远处一个长长的身影。一个男人目不转睛地注视着沙滩上的什么东西。最后，他蹲下来将一个物体掷过飞溅的波涛。

当艾斯利终于走近，他看到那个男人又蹲下来了。在一个沙子和淤泥坑里，一个海星笨拙地伸出它的胳膊，从令人窒息的泥浆里爬出来。那个男人敏捷而又温柔地拾起它，迅即扔到远处的海里。"它可能还能活着，"他对艾斯利说。艾斯利有点尴尬。他注意到没有别的什么人冒险来到这么远的海滩。"你也拾吗？"他问，那个男人指着躺在岸边奄奄一息的生命，轻轻地说，"只捡这样的，而且只为了生存。"

艾斯利在这个故事中所指出的是，科学规范的关键不只是将自然收集和分类以为人类的物质利益而用。真正的约束就是做一个"掷者"。一个既储存又归还的人。一个为了自然，为了"物尽其用"而努力去理解自然的本性的人。他所描述的掷星者有着一种热情——懂得什么是自律，什么需要服从和责任。这里，"服从"指的是能够听什么在讲和讲的是什么。要能够听到海星的声音，必须热爱它的本性。[选自 M. van Manen (1986). *The tone of teaching*. Richmond Hill, Ont.: Scholastic-TAB Press (in Canada); Portsmouth, N. H.: Heinemann Educational Books (in the U. S.), pp. 51–52.]

一些社会科学家也对儿童行为和发展的本质有类似的探寻兴趣。这样的兴趣从个人和科学的意义上说都可能会是很令人满意的。

但究竟是什么激发了对儿童的教育学兴趣呢？教育学的满足感并不主要在于我们内在的科学性的好奇心，而是在于为了儿童的缘故而对儿童发生的兴趣。或者，换种说法，我对儿童的教育学兴趣不是由对"客观的"科学的没有感情的态度所激发的。相反，它是因为我对孩子的热爱和关心而产生的。自然，从这种教育学的兴趣之中可能就会产生出有关儿童发展理论或教学方法方面的思考。

教育学所关心的是孩子的自身及其发展

孩子的成长就是学会生存。

谚语说，活到老，学到老。成长是人的生命当中一直拥有的可能性。大人在任何年龄都可以给自己的生存和个性以新的塑造和发展方向。对于孩子和大人来说，自知之明（self-knowledge）与其说是一个内省的过程还不如说是一个成长的过程。当我们长成我们实际的样子的时候，我们学会了解我们"真正的"自我。成长在许多方面都是一个积极的希望、偏好、选择和奔向某个目标的过程。我们已建立的新关系、改变了的看事物的方式、与人交往的不同的联系、改变了的姻亲关系、对一个新奇思想的追求、对已形成的观念的分析、对很接近和熟悉的东西的疏远、对一项新事业的支持，等等，在所有这些发生变化的过程中我们注意到了这种成长。换句话说，成长在我们新建立起来的与外部世界和自己内心世界的新关系当中清楚可见。这种成长可以通过人的存在的各种表达媒介显现出来：话语和声音、语调和脸部表情、举止行为、走动的方式、衣着打扮。有些成人在经历了事业或生活方式、宗教或哲学意识、婚姻、健康或一定年龄的危机或转折点之后，这样的变化就自然显现出来了。

可是，在儿童这里，成长和学习与其说是自身转变还不如说是形成自我的过程。儿童是正在成长中的人。自我的成长与儿童生活世界的特殊性是紧密相联的。儿童当然不是一个空空的容器。老师正愈加意识到儿童以知识、情感、兴趣、感情、技巧和理解的形式带到学校的东西，一定与他们在学校学习的东西有联系。但与大人不一样，儿童还未与世界形成一种复杂的关系。儿童会形成什么样的理解、习惯、世界观、忍耐和非忍耐、看法、情绪、感情、道德观和气质，还是个未知数。这个孩子会变得感情细腻还是性格坚强，性格随和还是严肃，关心他人还是自私自利，有影响力还是没有能力，身心健康还是烦恼不安，心理平衡还是神经质；孩子在人际关系和生活中会体验到成功感还是失败感，卓有成就还是一事无成，有效还是无效，敢于冒险还是谨小慎微；这个正在成长的人会不会喜欢读书、欣赏音乐、保持友谊、打抱不平、与人相处、尊重教育、创作诗篇、政治活跃、保护环境、关心孩子？在可能会成为什么样的人方面，这个年轻人仍有很大的可塑性。正是在这种自我发展的可能性问题里教育学找到了它的真正含义。

当然，对于教育者来说，问题是：在这个孩子的生活中我意味着什么？在孩子的发展当中我该做些什么？孩子通常与父母双方或者其中一方保持着亲密的关系。在那些孩子体验到深切的庇护、安全和信任感的家庭尤为如此。这种指向内心的亲密的情感气氛促成了孩子的外在兴趣、好奇心、探险性和独立意识。特别是因为体验到了亲密和关心的好处，他便能由此寻找他自己的成长个性。学校也需要给孩子们提供一个关心爱护的环境，这是因为不仅关心他人的老师和学校往往能够使学生也产生关心他人的意识，而且关心爱护的学校也能形成个人健康成长的有利条件。

在孩子身上，那些与父母的最基本的亲情关系非常强烈，因此孩子往往不遗余力地学父母的样子。这并不一定是因为孩子体验到与父母不能区别开来（像有些陈旧的儿童发展理论所断言的那样）。儿童已经是一个独立的存在。但是年幼的孩子尚处在与其父母共生的肉体情感关系之中，因而其与父母或老师的关系同年龄大一些的青少年大不一样。年幼的孩子以一种自发的、原始的和无意识的方式与父母相联，学父母的样子。孩子实际上被父母"控制着"。

作为一位大人,我的身体里体现了可能性,给孩子充当了榜样。几乎从一开始,我就看到孩子试着学我的姿势、我看东西和做事情的方式、我的反应方式、我消磨时间的方式。当我看到孩子身上折射出来的我,我不禁产生怀疑。这是我希望孩子的行为举止吗?假如不是,这是我希望我自己的行为举止吗?很快,我也发现孩子在尝试似乎完全属于孩子自己的举止行为。孩子开始成长为他自己的样子,与我大有区别了。

年龄大一些的孩子往往与大人的关系距离要远一些。他们可能认同某一个特别的老师或他们所钦佩的人,并希望像这个人一样。一位通过模仿来学习他人的孩子涉及一种发展性格个性的更为自觉的方式。同样地,一个通过希望与父亲或母亲不一样来发展自我感的少年也涉及重新塑造自我,重新鉴别性格个性的自愿的过程。

不管是哪一种情况,孩子都可能成为我的老师。当看到孩子在通过模仿和创造来尝试新的可能性时,我也注意到了那些对我自己仍然敞开的可能性。孩子使我认识到,作为大人的我也可以继续成长,还有许多各种各样的生活方式的可能性。当我看见孩子成长时,我得以自问成长的意义。所有的成长都是好的吗?成长一定是累积式的吗?成长可不可以有时意味着我扔掉某些学到的东西?可不可以意味着我需要忘却某些态度和行为?值得注意的是,孩子比大人具有更纯洁的发展天空。大人已经是一个拥有许多习惯、信念、价值观、感情和一连串经验的记忆和历史了。假如我们想尝试新的模式,改变一下自我,获得新的视角,那么,我们可能首先需要忘却自我,改变自我,或者将新的视野融入深深植根于我们深处的观点之中。

第3章 教育的时机

教育时机期盼着成人行动

*无所行动是很难的，不施教却很容易。*①

当职业教育者运用教育学（pedagogy）一词时，常常仅指代教学（teaching），词典也是这样来解释 pedagogy 的。Pedagogue 一词源自希腊语，原来指的不是老师，而是担任监护任务的奴隶或卫士，其职责是指引（agogos）孩子（paides）去上学。为什么希腊人把陪伴孩子的任务看做 pedagogy 而将其与教学区分开来呢？我们将教学等同于 pedagogy 是错误的吗？抑或这个问题根本就无关紧要呢？

在这一点上，思考一下"引路"（leading, agogos）这个词是有益的。希腊语 Pedagogue 最初的含义就是孩子的带路人，指引他们怎样去学校，怎样回家。当然，"引路"这个概念也许还有更丰富的含义。成人那时有着陪伴孩子、与孩子在一起、关心孩子的职责。Pedagogue 应当确保孩子远离危险和举止得体。这是一种站在被引导者的身后的"引路"。那位奴隶，或者说 Pedagogue，站在了替代父母的位置上。而我们将这种任务绝大部分地分派给了学校的职业教育者——教师、校长、学校心理专家和其他人。从这个意义上说，pedagogy 曾经是，现在也是成

---

① 荷兰俗语。

人与孩子关系的核心所在。

当然，我们不喜欢奴隶形象的联想。在许多方面，我们的社会、学校和孩提时代的概念都与古希腊的情形有所不同。但，我们看到，在成人与孩子的关系中，成人给孩子的生活提供保护和指引方向，这给教育学概念注入的意义仍值得我们关注。希腊教育学最初的思想将教育学与"引路"的意义联系起来——陪伴孩子并与他们一道生活，以便为孩子指引方向和关心他们。

因此，从词源学的角度来看，教师是站在关心孩子的位置上的人：在引路或指引方向的思想中包含了一种留心和鼓励意义上的"牵手"。"这儿，拿着我的手！""来吧，我来指给你这个世界。去那个既是你的世界，也是我的世界的道路。我知道做孩子的滋味，因为我去过你现在去的地方。我曾经也是孩子。"

但是，人最终必须走出（educere：to lead out of，走出）孩提时代的世界。我的成人世界变成了对孩子的一种邀请、召唤（educare：to lead into，引进来）。带路意味着率先走在前面。因为我走在前面，你就可以相信我，因为我已经探试了前面的道路。我是过来人。我现在知道了走向长大成人和创造你自己的世界的道路中的收获和种种陷阱。尽管我率先走过去并不能保证你的成功（因为这个世界不是没有冒险和危险的），但是在教育学关系当中，有一种更基本的承诺：不管发生什么，我都在这儿。你可以相信我。

在这个意义上，教育学的意义比起它的希腊词源意义更加重要。给儿童指引方向，关心和保护儿童，这是成人生活的主要特点。孩子和某些成人，通常首先是他们的母亲、父亲、其他亲朋好友，然后是他们的老师和其他重要的成人，总是生活在一种教育关系之中。没有这种关系的社会是难以想象的。让我们暂时不陷入对指向孩子生活的教育学进行抽象的思考，而是先来简要地描绘一系列的情境，这些情境都是教育生活的潜在的例子。我们在日常生活的体验中可能能够发现这样的例子：

- 桑德拉做完了作业，然后显得自豪地将作业交给老师。
- 在阅读课上比利大声地朗读课文，但有几处单词发音错了。
- 斯蒂芬妮建议老师体育课在室外上，不要在体育馆里上。
- 迈克尔问奶奶，"您能和我一块儿来下棋吗？"
- 老师介绍完一个新概念并布置了作业之后，又注意到吉米不知道怎样做。
- 安东二年级第一天放学回家之后向父母宣布说他"恨"他的老师。
- 简对爸爸说："我不想因为要求您这样……而伤害您的感情，可是，从现在起，您和妈妈在进我的卧室之前能不能先敲一下门？"
- 埃米没有理解老师正在给学生传授的新知识。
- 苏抱怨杰克弄断了她的铅笔。
- 罗布拒绝参加科学实验课，因为他觉得杀害活的生物，还进行解剖，很令人恶心。
- 所有的孩子都在专心听讲，唯有戴维似乎不能集中注意力。
- 父母很担忧，因为已经是深夜了，而威利还在抱怨不能入睡。
- 老师发现肯尼在完成学校布置的作业这个问题上又没有说真话。
- 老师吸引了班上绝大多数学生的注意力，可就是本似乎没有兴趣。
- 这个老师通常对她班上孩子的行为感到很高兴，可是杰瑞又和另外一个孩子打架了。
- 金8岁了，可她又尿了床。
- 埃琳学了10年音乐，可她突然说不再想上音乐课或练习小提琴了。

- 陈在学校里写的诗很有感染力，老师被深深地感动了。
- 玛丽泪流满面，向班主任老师①诉说她觉得班上没有一个人喜欢她。
- 妈妈发现她7岁的儿子约翰从她的钱包里拿了钱。
- 老师注意到当其他孩子取笑基思，把他撇在一旁，不让他和他们玩时，艾伦就会像好朋友一样和他在一起。
- 苏克问妈妈他是否可以去看电影。尽管这部电影已被定为儿童不宜，他的许多朋友已经看过了。
- 到了春天，二年级的绝大多数孩子在阅读方面都获得了一些进步，可克里斯似乎毫无长进。
- 马修是九年级的学生，班主任老师很担心，她的同事们已经写了报告要将马修除名，因为他不服管束，也不愿意下功夫学习。

我们可以从日常生活中举出无数个这样富有教育挑战性的例子。构成每一个实例的教育本质是什么呢？我们首先注意到每个情境都富有教育的内容，因为我们期望成人、父母或者老师能做点什么。在每一个情境中都要求有所行动，即便这个行动是什么也不做。这样一个主动的际遇就是教育的时机（pedagogical moment）。换句话说，教育的情境是我们每天教育活动、教育实践的场所。教育时机就位于这种实践的中心。

我们注意到在与孩子们的日常生活当中，我们常常必须在这样的时机采取行动。通常情况下，我们并没有时间坐下来仔细筹划如何行动。而且即使有时间来思考不同的办法和最佳的方式，在教育时机的这一瞬间你必须行动，即便这个行动可能是暂时的不行动。

当然，在上面描述的实例中教育时机尚未形成。为了让教育的情境产生教育的时机，成人必须站在与某个孩子或一群孩子的关系位置上

---

① 英语原文是"homeroom teacher"。这类教师除了负责教授课程以外，还要负责一个班的学生事务，相当于中国的班主任老师。——译注

采取教育方面适当的行动。换言之，在每一个情境中，成人必须以行动来显示怎样做才对孩子好（并排除那些不好的行为）。

教育时机是我们对儿童的教育兴趣的一个关键概念。我们必须给实际的教育情境以优先的考虑，因为正是这样的教育生活，这种与孩子的生活，才是最根本的人的价值的体现，即人生的目的所在；而且这样的教育生活正是所有关于教育学的论述的中心议题。所以，我们必须区分两种教育实践：（1）主动地体验教育生活；（2）反思性地谈论或记述这些体验。

这样，教育学首先指的是我们作为父母、老师、校长、咨询专家、教育心理学家、儿童护理员工等与孩子的日常生活。教育学还包括对我们与孩子的教育生活的反思。这样的教育反思和日常生活的理论化（theorizing）很有价值。教育反思指向对儿童生活的事件和情境的教育意义的理解。它的目的是进一步理解在儿童的生活方面自己或他人过去行为的教育恰当性（goodness）。①

但问题是，老师或者父母在这些不同的教育情境中是怎样行动的呢？他们应该在什么样的基础上行动，以什么样的理解来行动？这当中的教育学因素是什么？这些问题是本书通篇的基础。我们先来检查一下这样的问题引出的常见答案。

那些把教育从根本上看做是科学研究范畴的人会认为，通过对孩子学习的方式，以及对阻碍或促进儿童发展过程的条件的科学研究来获取基本的数据和经验知识，最为重要。另一些人则认为教育主要是道德方面的工作，他们觉得基本的价值观、目标、规范和准则是教育行为的根本。价值的取舍是一个伦理学的、政治的或社会的事业。第三个回答可能来自这样一些人：他们将教育活动的成功主要归功于教学和课程方法，以及指导讲授不同教材的教学过程和管理课堂活动的方法学。父母们也同样可以查阅若干关于在家与孩子打交道的指导书（比如说，

---

① 请参考 Max van Manen (1982), Edifying Theory: Serving the Good. *Theory into Practice* (Columbus), vol. 21, no. 1, Winter.

处理关于纪律、尿床、兄弟姐妹的争吵、青少年斗殴等问题的方法）。最后，还有一种观点，认为个人的教育行为实际上是基于个人的生活、教育和人生哲学的。很可能所有这些观点从某个具体的意义上说都是正确的：事实性的知识（factual knowledge）、行为规范、教学方法的知识以及哲学的指向都隐含在行为之中了。我们将对所有这些回答作一评价。

事实和价值对于理解如何进行教育性的行动是很重要的

首先，知道在一个具体的情境中如何进行教育行动，这涉及人的经验知识、价值观、规范和道德准则。一般而言，老师必须掌握事实性的信息（如，这些学生显然不知道时间表）和了解规范性行为（如，六年级的学生应当用心记住他们的时间表）。老师一般都应当以经验和规范为依据计划课程并确定课程表上的内容。可是，在实际生活中和在理论上一样，在教育计划和教育实践中，事实和价值观之间的关系很复杂。教育儿童既不是一个简单的经验性观察以及描述儿童做什么和能（不能）做什么的归纳过程，也不是一个简单的按照总的规范和原则来确定和规定儿童应当学习什么的演绎过程。[①] 事实和价值，不论是单独的还是与规范和价值所依附的经验知识相结合，都不能产生教育的理论或教育的实践。虽然事实和价值非常重要，教育学和教育时机的教育行为，其本质仍然不在于此。

（1）教育学总是有经验的方面，即确认情境中的"事实"。自然，这些所谓的事实通常与解释性的判断有关。它们常常包括或隐含着评价性的判断。比如，我们从研究阅读的专家那里知道由于父母或老师的努力，许多学龄前儿童在很小的时候就能阅读了。儿童可以成为小阅读者……但是难道他们就应该因此而更早地阅读吗？相反，我们知道许多儿童在学校对高级的数学概念感到吃力。有些儿童似乎不能学

---

① 请参考 Stephen Strasser (1963), *Opvoedingswetenschap en opvoedingswijsheid.* 's Hertogenbosch: L. C. G. Malmberg.

会某些技巧……但是难道我们就应该停止尝试教会他们这些难懂的概念和技巧吗？布鲁纳曾经提出一个很有争议但却在教育学上很有力的建议，他认为几乎所有的东西都可以以一种简化的、理智上是诚实的方式教给任何年龄段的儿童。① 就一个特定年龄的孩子而言，什么样的知识、价值观、技术和情感不能处理，这很难用一般的方式来加以表述。但是，在具体的情况下，我们必须对儿童能够或应该做什么事作出判断。有一点似乎很明确，儿童能够做某些事情并不意味着他们就应该学习它们——"应当"并不紧接在"能够"之后！同样地，儿童不能做某些事情并不意味着他们不应当试着去学习这些事——"不应当"并不紧接在"不能够"之后！②

让我们来看看马修的例子。马修是个差生，在学校不愿努力学习。马修的班主任老师觉得教师的职业责任在召唤她，她必须为马修做点什么。在什么样的基础上她会或者她能够以一种富有教育意义的方式行动呢？有些事实性的信息可能需要向学校心理专家或社会服务人员咨询。比如，马修来自一个贫困的家庭。他的学习自尊心不强，他的阅读技巧不足。马修的父母对他学业的成功与否不大在乎。然而，老师们都认为马修是个聪明的孩子。对他所作的测试表明他的能力尚未发挥出来。通常情况下，在这样的诊断性观察信息的基础上，一系列的行动方案建议被提了出来。学校的心理学专家可能会建议给马修制订一个咨询计划，校长可能会建议对马修的出席情况进行监测，社会服务人员可能会建议进行一系列的家访。老师该怎么办呢？今天马修来上课了。她应该叫他留下来谈一谈吗？她该怎样对他说呢？在这种情况下怎样做才合适呢？难道这不需要根据马修是哪种类型的人来考虑吗？

---

① 请参考 J. Bruner (1960), *The process of education*. New York: Vintage Books.
② 例如，莱维林 (Levering) 在《教育价值观》(*Waarden in opvoeding*) 中指出，我们不应该指望孩子们去做他们不能做的事。然而，这样的话就会使任何形式的教育和孩子的抚养无法进行。作为教育者，我们不断地要求孩子们学做他们还不能做的事情，拓宽和扩展其知识和技能。正如梅洛-庞蒂 (Merleau-Ponty, 1964) 巧妙指出的，孩子总是"入不敷出"。莱维林说得不错。然而，碰到像如厕训练的情况，我们可不能指望小宝贝们能控制他们的肠道和膀胱那么长时间，因为他们的神经系统还不能长时间控制肌肉。

老师应当怎样来激发马修？老师应当怎样来接近马修？

（2）教育学也总是有伦理道德的一面。教育行为意味着你应试图去分辨什么对孩子好、什么对孩子不好。正因为如此，教育学的研究和实践从科学意义上说永远也不可能是"客观的"。抚养和教育儿童始终涉及价值的判断。但有时这些价值深深地植根于文化和日常生活中，我们几乎觉察不到。

比如说，在上面马修的例子里，他的班主任老师担心马修缺课太多，很快就会被开除。她觉得他这样可能会拿不到高中毕业证，因而生活中的选择就会变窄。显然，老师是在作价值判断。一是正规的学校教育对孩子很重要。二是完成学业对马修很重要。她的一些同事则认为不应该在青少年不情愿的情况下强留他们在学校。专家们（心理学专家、社会服务人员、管理者）的不同建议中也同样隐含了价值取向。

但是在教育的时机中事实和价值都无法告诉我们怎样去做

经验的知识和伦理道德原则在教育学中都很重要，教育学不能缺少它们。然而，教育学的本质既不是经验知识也不是伦理道德原则。教育时机是对这样的问题——"这儿该怎样做？"的十分具体的反应。在具体的情境中与孩子相处才是教育学的精髓。"该如何做"这个问题从那些"事实"中归纳不出正确答案。比如，事实性的观察——"这些学生不知道时间表"，本身并不足以告诉老师下一堂数学课该怎样做。老师是不是立刻就指定家庭作业的时间表呢？老师会谈谈掌握时间表的重要性吗？老师会在课堂上操练某种数学习题吗？老师究竟会怎么说、怎么做呢？

在马修的例子中，老师知道了许多关于马修的实际情况，但仅仅这些并不能告诉她该怎么做。同样地，老师也意识到了不同的人对马修的情形所持的价值取向。她本人对教育在儿童生活中的重要性拥有某种道德价值观。然而，老师会对马修的情况采取什么行动，这并不能从她关于学校或教育价值的伦理道德准则那里推导出来。即便老师坚信正确的行动方向是让马修留在学校，她仍可能不知道究竟怎么做。从哪方面说马修现在还是学校的一员呢？她该与他非正式地谈谈吗？她是否应该让其他的老师也来关心这件事呢？还是她应该设法间接地去影响他呢？

方法和哲学对了解如何进行教育行动很重要

接下来，还有一个仅从方法和课程计划或教育哲学的观点来给教育学下定义的倾向。这种倾向将教育学与某些教学方法，或者与处理儿童行为及组织教学知识的教学大纲混淆起来。自不待言，精通教学方法和教学大纲是教育学的一个重要源泉。但是，正如经验知识和道德原则的情形一样，教育时机中的行动既不是直接来自某种教学方法，也不是来自某个教育大纲或教育哲学。

让我们来看看前面克里斯的例子。春天来了，与其他二年级的小孩不同的是，克里斯在阅读方面没有明显的进步。这里，我们又谈到了一个教育情境，因为老师和父母觉得必须采取行动。

（3）好的老师掌握了许多技巧、技术和方法来帮助儿童学习，来传授专业的知识、价值和技术。在很大程度上，教师在师范学院学习的课程和教学方面的课程都是以方法为主的：怎样管理课堂的日常活动，怎样安排课程计划，怎样激发学生的兴趣，如何介绍新的概念，如何用一个心理上恰当的方式来处理某些课程的逻辑结构，如何诊断学习中的困难，如何检查孩子各门课程的学习成绩，等等。方法中蕴含了教育意义。比如，一项好的科学课或语言艺术课的培训项目，可以扩大教师的教育视野和提高教师的谋略。但是，简单的教学技巧的运用与其说能增进对我们所做的和正在做的事情的理解，还不如说通常仅对指导教学实践更有帮助。

因此，教育学与方法有关。它可能会涉及询问克里斯怎样学习阅读——使用整个单词方法、语言方法、语音方法，或者综合所有的这些方法。阅读专家可能会建议对克里斯试试不同的方法。可能还有许多提供给父母的建议——在家如何运用语言、故事书和各种书籍。父母可能会抱怨克里斯在家抵制阅读，他们还会怀疑阅读专家是否理解在家中要想让克里斯作任何形式的阅读是多么困难。这些都是方法的问题。

（4）教育学也与哲学思考有关。从一个更广泛的哲学角度思考一下儿童教育很有好处。克里斯的父母可能已经开始考虑可供选择的方案了。他们了解到另外一所学校在学生阅读能力的基础培训项目上很成功。还有一位家长告诉他们有所学校有位很优秀的老师，他用一种富有创造性的全语言方法来激发学生的阅读—写作—口头表达的技巧。他们还知道有一所蒙台梭利小学提供一项更为个性化的自我激发的阅读计划，还有一所华福德小学采纳了一种灵活而有系统的阅读计划。

每一种计划都是基于一种截然不同的教育哲学，它们分别表达了不同的教育优先因素。如此众多的互相冲突的建议！父母和老师该怎样做呢？而且假如他们一旦选择了他们喜欢的方案，他们又该怎样对克里斯说呢？

但是在教育的时机，方法和哲学思考都无法告诉我们怎样做

各式各样的教学方法和不同的教育计划的知识，是否就能够告诉老师和父母怎样做才对克里斯好呢？没有哪个方法和计划本身能告诉我们该怎样做。它们能激起我们的教育思想，但不能告诉我们怎样做才对克里斯好。况且，克里斯在这件事情上能有自己的想法吗？克里斯不愿离开班级的伙伴们。重读一年级并且看到同学们升入下一个年级会让他感到不安。方法和计划方面的考虑对于教育都是很重要的，然而教育学的本质既不在方法也不在计划。换句话说，教育的时机既不能技术性地来自方法或阅读理论，也不可能哲学性地从与教育或抚养儿童的更广泛的视角推断出来。

如上所述，教育学的本质就在一个具体情境的实际时机中自然地表现出来。理论知识和诊断性的信息不会自动地导出恰当的教育行动。这可以部分地解释这样的事实：心理学家或其他的专家们可能能够给老师提供像马修这样的儿童的许多信息，但这些专家们在具体地处理儿童事件时可能会不知怎么办才好。同样地，阅读理论家或教育专家们在

阅读方法和教育哲学方面可能似乎会很有帮助，然而，在具体的情境中就如何具体地为克里斯做些什么，他们可能会显得在教育学方面十分尴尬或无能。

让我们再看一个例子。母亲发现她7岁的儿子约翰一直从她的钱包里拿钱。她十分肯定是约翰拿的钱，而且她觉得偷窃是一种十分不道德的行为。但这些并没有告诉她现在该如何处理这事儿。也许她会查阅一些有关儿童抚养的书，书中可能会给出关于儿童偷窃父母的东西该怎样做的建议。那些建议适合这位母亲和她儿子约翰的具体情况吗？约翰觉得他自己是在偷窃吗？从母亲那儿拿钱对这位男孩意味着什么呢？

这些都意味着我们需要将教育学和其他那些对教育学有作用但又不能与教育学混淆的学科区分开来。教育行动所需的知识应该是针对具体的情境而且指向我们所关心的具体孩子。换句话说，教育学对情境非常敏感。在这些日常的教育情境的素描当中，我们需要添加适当的上下文，以使得这些情境富有教育意义和可理解性。因此，让我们转换一下视角，来看一看一些能激发我们进行教育学反思和理解力的生活故事。

教育学对生活经历的背景十分敏感

生活故事激发了教育学反思。

教育学作为一门学科总是关心这样一个问题：为了指向和在具体的情境中实际地处理儿童情况，一个人应该了解什么，应该具备什么样的能力，应该是什么样的人。问题是，如果你不了解那些具体情境中教育时机的背景，通常就不可能处理好教育学的关系。那些对儿童教育十分敏感的老师，同样对他们所负有责任的儿童的家庭背景、生活历史、道德品质和具体情况十分敏感。

下面是老师讲述的他们的学生自己的，以及他们与学生在一起的一些生活故事。这些故事与我们的教育时机的那些例子不同,并不一定描述了那些立刻就要老师作出行动的情境,而是描述了教育行动(比如说教学)发生的背景。

失踪。"自从星期五放学之后他就一直没有回家,"两位警察中的一位对老师说,"起初,他母亲以为他在一位朋友家过夜。可是当肯尼星期六下午仍然未露面时,母亲开始担忧起来,不断地给四邻打电话。我不知道她为什么拖了这么长的时间,孩子才9岁呀!""从周五之后似乎就没有人见过他,"另外一名警察补充道,"他周日早晨仍未回来。我们觉得他仍然和学校的另一名孩子待在一块儿。"

"肯尼在您班上与哪些孩子有联系?"第一位警察问。"唔,很可能与达里尔在一起。"警察很快地记了下来。"地址呢?好吧,我们可以很快找到。您是否碰巧看见过他与达里尔一道离开?周五在学校肯尼还与其他孩子一道玩耍过吗?"

"好吧,如果我们今天能找到他的话,我们会告诉您的。我们知道您也很担心……您是他的老师而且……但我们会尽力的……谢谢您的帮助。很抱歉在周日打扰您。"警察走了,让人感到一种不祥之兆。

不到一小时,电话铃响了。

"我们只是想让您知道那个叫肯尼的孩子找到了。我的意思是……您说对了。他是和达里尔在一块儿。我们在小路的灌木丛里发现他们在那儿野营。他们造了一个小木棚。您知道,小孩常造的那种。显然,他们根本没有想到大家会为他们担心。

"肯尼说到了他母亲的男朋友的一些事儿。他们似乎合不来。我猜这个孩子很难管束。而且那位……你们怎么叫来着……继父,用皮带抽打这个孩子,因为孩子撒谎。这真让我担心。我想,这里有一个约束和虐待的界限问题。这并不是说我不相信偶尔打打屁股的作用。

"不管怎样,我们刚开始搜寻野地时就找到了他们……我们先去了达里尔的住处。显然,那个小孩也没有回家过夜。这只是后来达里尔自己说出来的。在他家,没有人注意到他不在家。简直难以置信。但又不令人感到奇怪，因为房间里的每一个人都喝得醉醺醺的。这孩子失踪了整整两天！可是却没有人想到他。真是让人羞耻。"

家。这位新教师搬进了市内学校附近的一幢房屋，她在这所学校找到了一份新工作。她正在屋前窗台上种植一些花草。一个小男孩骑着小三轮自行车走了过来，并和这位女士生动地攀谈起来。"你好，我叫乔西。你叫什么名字？"然后，他有点忧郁地问道，"你有妈妈吗？她住在哪儿？她也在睡觉吗？"这位老师解释说她的爸爸和妈妈住在另外一个城市，离这儿很远；接着，她询问小乔西父母的情况。"我没有爸爸，"他说，"而我的妈妈老在睡觉。""唔，也许你该叫她起来了，因为就快到吃晚饭的时间了。"老师建议道。"不，她不会醒来的。但是别担心，我的大哥哥，汉克，会照看我的。他会给我东西吃。""你的大哥哥多大了？"老师问道。"他6岁了！他已经上学了。"乔西回答道，显得对他的大哥哥十分尊敬。

第二天，当这位老师将这件事告诉社区联络员时，社区联络员点点头说，"是的，我知道这些孩子。他们的妈妈是个酒鬼"。然后，她又说道，"真令人伤心。多么好的一个孩子。非常开朗和会说话。但是，过不了几年，乔西就会变坏的，我们就再也没法控制了。"

缺课。她是如此瘦小。对一个9岁的孩子来说太瘦小了。发育不全，衣衫褴褛，而且散发出难闻的气味！她有好几个星期没有洗澡了。已经四月份了。圣诞节之后，盖尔至少已经有8天没有上学了。

我多方进行了尝试：给她的妈妈打电话（没有爸爸）；设法让联络员去串门；给社会服务部门打电话。最后，社会服务人员来到学校，跟我谈话。

"我们真的没有办法，"她说，"我们警告过这位妈妈。她答应她会努力让盖尔去上学的。但是，那个女人真的没有办法控制。她说，她没有办法让她的女儿来上学。我们可以叫警察来，并指控她。可她还在接受社会救济。因此，这样做又有什么好处呢？而且将小孩从家中弄出来还会没完没了。这只是那种家庭情况的一个例子而已。"

我的脸上一定显出了愤怒。"相信我吧,"她嘲笑地说,"有些人你就是拿他们没有办法。你没有必要难为自己。"办公室的另一位老师,听到了我们的对话,点头赞成说,"没有必要用自己的头去撞墙。我们是来教书的,而不是去追赶那些不来上学的孩子的"。我感到实在生气。我不能相信社会服务人员就这么轻易地放弃了这个孩子。我也感到了他们在嘲笑我的生气太天真。我还是这所学校的新教师,有些人觉得我不现实或太理想化:你就是不能期望这些市内的孩子像你以前多年任教的那个美好的郊区学校的孩子一样。

不管怎么样,那是昨天的事了。今天则是棒极了。我们四年级的这个班参加了音乐会演,并且在唱诗比赛中拿了第一名。我们击败了其他三所学校。你应该能够看到了在表演时的差别。其他学校的孩子都打扮得漂漂亮亮。接下来是我们的队伍。我们班许多孩子也都穿上了最好的衣服。但我们仍然看起来像联合国的贫民代表!几乎每一个社会和文化群体的都有。

尽管这样,这些孩子决心要赢,而且,他们尽了最大的努力。在我们的练习中,我从未见到他们如此专心,如此认真。他们真的成功了!

校长在那儿观看和拍照。他一直对我们的学生参加这种唱诗比赛的智慧抱有怀疑。但是,我告诉他,即使我们不能赢,也已经很值得了。我已经看到孩子们的变化。他们已经学会了在对你说话时站直并表达清晰;他们看着你的眼睛而不是站立不直、说话嘟哝。而且即使他们长大之后,他们可能会忘了四年级,但永远也不会忘记我们学的诗行。

因此,校长显得比我们得胜时的喜悦更加欣喜若狂。他要将我们第一名的证书复印并为每一个孩子塑封压模一张拿回家做纪念。那时我开始思考。自然,盖尔没有参加,虽然前一天她还在学校。我印象很深,她在那儿,帮助大家准备比赛。虽然她多次没来练习,她仍然是个聪明的小姑娘,虽然偶尔出席,她却能大概地跟上我们四年级的功课,这很令人吃惊。于是,我对校长说:"盖尔没有来,太糟了。这对她可能也是一个很好的经历呢——作为这个小组的一员。"接着,校长讲了他本来想再过些时候才告诉我的情况。那天早晨他们去她家接她来学校。他们发现盖尔在家。妈妈不在,但家里还有一个男人。而这个小女孩呢?她在流血。她遭到了她妈妈的男朋友的性虐待!

选择。课间休息时间,我正在操场上观察着。这意味着我得提前喝杯咖啡,但也有好处。在学校的院子里、在孩子当中走走,能让我了解他们的生活:他们的快乐、情绪、需求、长处和矛盾。有些事你站在那儿就能看到:谁在与谁玩?为什么卡尔在那儿独自一人闲逛着?我应该与他聊上几句话吗?或者是他需要单独一个人走走呢?

已经有些孩子抱住我的手臂了。玛丽就喜欢抱着我的手臂静静地走。但克丽丝特尔在对我说话。她拽着我的手臂,走在我的侧前方,并直视着我。我在听她说话吗?她的声音有点闲聊式的。"她的父母常常打架,"克丽丝特尔说。我发现克丽丝特尔是在议论妮科尔,她的好朋友,四年级的同班同学。"妮科尔在哪儿?"我问道。但是克丽丝特尔不理睬我的问题。"妮科尔还告诉我一个秘密——她和她妈妈可能很快就会逃跑了。请您不要告诉她我向您泄了密。"(我向她保证我不会说出去)"真古怪,"她继续说道,"昨天在我们玩儿的地方有两辆小车停了下来。车门几乎同时打开。妮科尔的妈妈在一辆车里。她爸爸在另一辆车里。俩人都在大声朝妮科尔叫唤,让她上车。"

克丽丝特尔沉默了一会儿。她的脸上表现出一种奇怪的宁静。克丽丝特尔和妮科尔如此相似,都是贫穷的孩子,都承受着家庭的暴力和虐待。"您知道我为她很难受,"克丽丝特尔说。"我知道妮科尔更喜欢她的妈妈,她不喜欢她爸爸,她爸爸常打她。她很害怕她爸爸。她爸爸还打她妈妈。妮科尔的妈妈叫她上她的车,叫的嗓门真大。'快点儿!来吧!快点!'她大声地喊着。但是你知道,她爸爸。他在大声地叫骂,叫妮科尔上他的车。好一会儿她就站在那儿哭着。她尖声哭喊着……在你的妈妈和爸爸当中作选择真可怕呀。"克丽丝特尔显得很痛苦。"你知道什么更古怪吗?"她停了一会儿,像是为了加点戏剧性:"妮科尔最后上的那辆车……是她爸爸的那辆。"

教育学要求我们对孩子的生活进行反思

教育学总是面向更广阔的背景。

我们从这样的事例当中得到了什么呢?[①] 应当承认,这些事例都不是孩子幸福生活的故事。但是正是(尽管并不仅仅是)这些让我们对孩子的幸福感到担忧的事例,激发了我们反思那些生活经历对孩子的意义。我们起初的反应也许只是对某些孩子的困境感到痛苦而已。但这只是被动的反应,可以理解但于事无补。或者我们会思考那些有关孩子经历的教育学意义,从而感受到从他们的事例中作出反思的紧迫。

教育者在孩子更广阔的生活历史背景中理解孩子的学习和发展。这是教学活动的一个关键的特点。确实,理解这些儿童的生活意义可能会引导我们在与儿童相处的关系中作出恰当的教育行动。

从某个意义上说,肯尼和达里尔,乔西和他的哥哥汉克,盖尔,克丽丝特尔和她的朋友妮科尔,这些孩子的故事都让我们对父母应该是个什么形象、家庭生活的意义何在、在我们的社会中儿童的意义在哪儿等这样的问题提出疑问。这些故事使我们留意到,在我们这个技术发达的社会中,尚有许多截然不同的生活方式、不同的社会群体、不同的政治现实、不同的家庭结构。当然,有人可能会简单地耸耸肩膀,不以为然地说,"那当然了,对于许多的孩子来说,生活在我们这个社会中不是很容易的啦"。还有些人可能会对那些期望所有孩子都成长在"一个美好的中产阶级的家庭……此外,还有这样的家庭吗?"这样的幼稚想法倍加嘲弄。这是一个新的时代。在其他的国家还有境遇更糟的孩子。想一想到处可见的儿童娼妓、街头流浪儿;想一想那些身体因为疾病、饥饿或营养不良而破损的儿童形象。在这样的环境下,研究教育学的理论有

[①] 也可参阅 Max van Manen (1989), By the light of anecdote. In *Phenomenology and Pedagogy* (Edmonton), vol. 7, pp. 232–253.

什么意义？教育学的理论能够与所有的儿童普遍地相关吗？

因此，要意识到我们对儿童的教育学兴趣的更广阔的背景，意识到其中的儿童既不是我们自己的孩子又不像我们的孩子的情况，这非常重要。我们决不可天真地以一个民族为中心地认为，我们对孩子，所有的孩子，这些具体的孩子，都知道什么是好的。然而，当我们遇到儿童遭遇困境，并且明显知道这些困境不是他们自己的选择，而且毫无疑问将限制他们在人类世界中追求他们的目标时，拒绝表达我们感受到的教育责任也是非常错误的。

社会可能会发生剧烈的后现代变化（postmodern changes），但是孩子们的天性依然不变，这是教育学的事实：他们需要安全、稳定、指导、支持。我们明白这些需求意味着什么以及对我们有什么要求吗？在加拿大和美国，政府和儿童方面的职业者似乎对儿童能够承受或忍耐什么比对儿童的需要更有兴趣。许多孩子八九岁的时候就得在放学之后自己照顾自己。20 年前这已经构成忽视儿童罪了。在现实社会中，有些孩子根本就没有父母，或者没有像真正的父母那样的父母，或者家庭中缺少父亲或母亲。但是，在一个人类的世界对于一个孩子来说，拥有父亲、母亲，或者至少拥有某个对他们终身奉献特别关心的人，这仍然是比较好的。

我们怎样能理解不得不在母亲和父亲中作出选择的含义？这是一个相关的问题，因为分居和离婚是家庭生活的现代环境——至少在北美是这样。我们在妮科尔的痛苦和似乎令人不解的选择当中感受到这种选择的严酷性。离婚家庭的孩子可能比受忽略的孩子，如达里尔，要好一些。但是其至像达里尔这样受忽略的孩子，通常都与他或她的家庭和父母生活在一种自然而理所应当的关系中。在达里尔的例子中，成人因酗酒而忽略了孩子。但是，他和父母的直系关系给他提供了某种安全感和稳定感的氛围，虽然父母的忽略威胁着孩子所需要的安全而有益的家庭环境。当然，我们也不应该忘记，虽然孩子可能生活在客观上不稳定的环境中，但孩子可能不会有不安全感。而且，安全—不安全的因素对儿童的生活极为重要。然而，我们对现代社会儿童成长的安全感的本质和教育学意义又知道多少呢？

心理学家有时会认为，儿童学会去适应伴随着父母忽略和虐待而来的感情是有益健康的。因此，他们设法将儿童被忽略的体验带回到他们清楚的意识中去。从某种意义上说，这是有价值的。可是帮助孩子清楚地表达和反思他或她所遭受的忽略的形式，实际上就是破坏他或她对生活的自然的、直接的体验。距离感可能会带来一种新的不安全感和不连续性，使得事物不再以一种理所应当的方式得到体验。这种深深的不安全感，在妮科尔的案例中，源于不得不在似乎最自然和稳定的双亲——爸爸妈妈——中进行选择。在某些孩子的事例中，这种不安全感的体验，是在意识到由于破裂的家庭结构使他们与父母的关系十分脆弱之后的一种莫名的孤独感，而在盖尔的案例中，这种不安全感源于她从某种意义上说根本就没有真正拥有一个父母。

所以，我们从这样的故事当中得到的是父母的陪伴对孩子可能有或没有的深层意义。在正面的例子中，成人的陪伴可能会使孩子得以体验到一种安全、支持、稳定和指导的感觉。这些因素是儿童抚养和教育文献中经常出现的教育学主题。但是，知道了这些主题，并不能使我们对具体的孩子体验离婚或丧失父母作出归纳性判断。了解安全、支持和目的对孩子的身心健康发展的教育意义，可以使我们对这些条件在具体孩子的具体生活环境中的意义作出阐释。反思儿童生活的环境和植根于其中的价值意义，可能会有助于我们提高我们的教育思想，并在与孩子们的日常生活中，增强我们表现出适当的教育理解的可能性。

儿童需要安全和保护，才能去冒险

斯蒂芬10岁了。当他的爸爸妈妈互相"斗嘴"或对对方表示愤怒时——父母有时会这样，斯蒂芬就会走到房间的某个地方独自哭泣。这让他的父母感到很不舒服。他们问斯蒂芬当爸爸妈妈有不同意见时，他为什么会这样感到不安。"你瞧，"他们说，"你和你哥哥吵架时，我们可没哭啊。"可是，斯蒂芬说："我就是控制不了。当我听到你们互相大声叫喊时，我就会感到害怕，害怕你们会去离婚——就像汤米的父母那样。"在离婚如此普遍的现代社会，很难让儿童有安全感。有些儿童不这样问："你们会离婚吗？"而是这样说："你们什么时候离婚？"

吉姆已是一个成人了。他自己已有了几个孩子。但他承认他起初不愿做一个父亲，他感到这可能与他自己的童年生活有关。从孩提时代到青少年时期，他对他的父亲一直有一种深深的恐惧。对于吉姆来说，他父亲是一个喜怒无常、脾气暴躁的人。"当他的眼里有那种'目光'的时候我感到最害怕，"吉姆叙述说，"有时当他发怒的时候他就会有这种眼神。有时，当他打开门时就有这种眼神。他为我的朋友开门时的那种眼神使我的朋友感到不舒服和不受欢迎。因此，我很少带朋友回家来玩……现在，我有了自己的孩子，我最大的担心就是我的孩子可能不相信我，就像我不敢相信我自己的父亲那样。"

父母有时可能会觉得他们的陪伴对孩子不会有那么大的差别。那些将自己的孩子长时间放在托儿所的父母往往为自己找理由说，与孩子在一块儿的时间少而精比简单地整天与孩子在一起要更重要一些。分居或离婚的父母可能会试图从远处回来与孩子保持见面。可是路途遥远的抚养孩子的方式对孩子来说远远不能令其满意。孩子非常明确：你在那儿就是在那儿，如果你不在，那就是离开了。除了花时间与孩子在一起来关注孩子以外，出现在他们身旁，以一种"你在那儿，就在他们面前，随时可以过来"的安全感围绕着他们，这也是非常重要的。

现代生活的安全保障的概念已经被注入了沉重的含义。似乎与人类安全相联的身心健康的感受在日常生存的许多方面都受到了威胁：收入、工作、住所、和平、健康、环境。有些成人可能会觉得他们自己快被这一切重荷压弯了腰。还有些人似乎十分喜欢这种不断冒险和不安全的生活刺激。对于一个孩子来说，在安全的环境中成长和探索，意味着孩子感受到某个或某些成人的关怀和爱护。很有意思的是"安全"（safety）这个词与"关心"（caring）有联系。孩子如果感到有人为他担心就不会过度地担心他们自己。"secura"这个拉丁词意思是不要关心，不要担心。"sure"一词也是来自"secure"这个词，意思是"safe"（安全)。安全感给人的生活带来所需要的一定量的保障、可信度和可靠性。

在给孩子提供一个安全和呵护的爱的环境的同时,父母教给了孩子生活和成长所必不可少的东西。父母以一种亲情的亲密关系环绕着孩子。在这种氛围里,他们的陪伴给孩子以保护感,使得自我生存的空间和基础得以实现。他们教导孩子,这个世界就是我们的家,是一个可安全居住的地方,是一个人类可以生存的环境,在这里我们可以成为我们自己,我们可以有自己的习惯、生存方式和行为方式。

因此,生养孩子,从广义上说,就是给他们提供生活、生存的地方和空间。孩子首先在子宫里孕育,然后降临人世,至少有一段时间,孩子在子宫外是无助的、依赖的,需要培育、温暖、抚爱,让人紧紧抱起。相反地,正是在这种分离、迷失、没有怀抱的生存、没有方向指引、没有一个安全基础的体验中,最原始的父母抚养孩子的直觉产生了。

儿童似乎常常有一种冒险赴危的欲望,去进行一些胆大冒险的行为,而与此同时,又设法使自己脱离危险和不确定性。即使是成年人,也常常似乎有意识地在用冒险的行为来实施我们的自由欲望和减少危险、享受安全感的欲望之间进行挣扎。现代社会一方面在努力争取确定性和安全感,另一方面却在努力实现自由和冒险。可是我们一直不太有意地去发展一种可调和的创造性,来面对和解决在这个努力中固有的矛盾和冲突。

老师需要给孩子提供什么样的安全感呢?好的学校与家庭具有同样的特点,如某种亲密和安全感。学校在亲密家庭和社区之间,以及有些冒险的外面世界之间提供了一种中间的、过渡性的阶段。在一个使人感受到安全的教育环境中,学生学得最好,愿意冒险。[1] 学校应当有足够的安全感(像家庭一样),使人可以感受到问题并解决问题,能

---

[1] 请参考 Stephen Smith (1989), *The pedagogy of risk*. Doctoral dissertation, Edmonton: The University of Alberta.

容忍质疑、争议和不同意见。学校的管理者和老师企图不惜一切代价去避免问题和困难，这从教育学意义上说是不现实的。儿童的生活就是与困难生活在一起。活着就会有困难。事实上，所有的成年人都在努力地做到对孩子的问题和困难保持着敏感性。

大家都知道，没有什么能够像成功的体验那样孕育成功。是什么让孩子感到学校不安全？我们已经知道了不关心的学校会培养出不关心他人的学生[1]，而充满关怀的学校则能让学生的生活发生变化[2]。比如说，当老师展示他们对学生的关心，以一种亲切的方式教学，给他们设定富有挑战性的期望来表示他们对学生充满信心时，学生做得最好。当然，给学生设定不恰当的、不现实的目标的实际效果可能是否定的。老师如果老是不断地将每一项作业和每一个学习环境与学生的成绩和名次联系起来，给学生创造过度的竞争环境、过多的测试、过多的评价，就会给学生带来不必要的和不利于健康的压力。确实如此，一味地测试，让许多学生经常处在不可避免地体验失败的学习环境中，学习就不可能有效。

儿童需要支持才能获得独立

有位老师最近从一所郊区学校调到了一所市区学校。郊区的那所学校，家长积极地支持学校，而市区的那所学校得到的学生父母的支持则很少。这位老师很快就被市区学校的孩子对她的真情感动了。每天早晨一些孩子来得早，然后等着她的到来。当她的车开过来时，他们就朝她微笑，挥手并且为她开车门。然后帮她拎东西，陪她一块儿进教室。在教室里，他们无拘无束地戏耍、聊天、提问，非常开心。放学之后，这位老师也要费好大的劲才能让孩子们回家。难道这些市区的孩子比她以前教过的孩子更喜欢学校吗？几个星期之后，老师找到了答

---

[1] 请参考 Bruner（1982）.

[2] 请参考，比如，Michael Rutter, Barbara Maughan, Peter Mortimore, Janet Ouston（1979），*Fifteen thousand hours*：*Secondary schools and their effects on children*. Cambridge, Mass.：Harvard University Press.

案。这些孩子们有许多在家里的生活一团糟，常常伴随着暴力、虐待和忽略。在家里，他们实际上找不到人说话。于是许多孩子基本上学会了"快速成长"和保护自己。学校常常是这些年幼的孩子生活中唯一稳定的支持。这所学校和这位让孩子们觉得很亲近的老师，给他们提供了他们生活中在其他地方所缺少的某种稳定感、可靠感和一般性的支持。

另外一位曾经从一所类似的市区学校调走的老师承认说，离开那所学校使她有一种在离开其他学校时从未有过的感受：背叛孩子的感受。她觉得从某种意义上说，她的离开引起了孩子们对学校作为一种稳定支持的体验的破裂。她清楚，作为一名老师，对于某些孩子来说，孩子需要她时她是唯一在他们身旁的人。这些年来，孩子们即便是升入了高年级之后还常过来看看。当时，离开那所她任教多年的学校，她觉得她是在抛弃那些需要她留在他们身旁的孩子们。

这些事例都来自实际的生活。当然，这些老师并不是想说，所有的市内学校都缺乏家庭环境的支持，也不是想暗示较富有的郊区学校和家庭教育对孩子的教育和发展能提供更好的支持。有时，正是那些职业或事业型的父母们，不愿花点时间承担一些义务为孩子们营造一个支持性的家庭氛围。有趣的是，"支持儿童"一词成了父母离婚情境中的一个常用语。可是，支持孩子并不仅仅是提供生活所必需的金钱的问题。给孩子提供支持，意味着成人可以信赖，可以指望成人一直在他们身旁。毫无疑问，这对于许多现代家庭和学校来说是一个严峻的挑战。

孩子们需要我们的方向指引，才能找到他们自己的生活方向

即使史蒂夫可能需要花极大的努力才能在学术方面有所成就，我仍然应该建议史蒂夫选择学术课程吗？他应该选哪些课程？即使英奇宁愿与她的伙伴们玩也不愿练习小提琴，我也应该劝她继续学小提琴吗？多少的练习对她才合适？即使戴夫可能以后会后悔没有高中文凭，我也应该让他停学去接受一份工作吗？如果是这样的话，我应该鼓励他去寻求什么样的工作呢？马琳不断地问我她应该做什么样的工作，我应

该作出回答吗？或者，我应该冒着让她十分气馁失望的危险，鼓励她更多地依据自己的情况自己作决定吗？我应该试着转移吉姆对女孩的兴趣吗，因为他似乎还太年轻？我应该鼓励卡琳与朋友们在空气清新的室外玩耍吗？抑或我应该让她还是待在室内读书？我应该答应孩子们过一个更加轻松的下午的请求吗？抑或我应该坚持我们需要完成的某项任务？

　　教育学的行动和反思就在于不断地识别对于某个具体的孩子或一群孩子来说什么是好的、恰当的，什么是不好的、不恰当的。换句话说，教育生活是一个不断地进行阐释性思考和行动的实践——这既是对于成人来说，同时也是对于孩子们而言的。孩子们持续地理解自己的生活，不断地形成对成长在这个世界上的意义的理解。当然，这并不是暗示我们所说的和所做的每一件事都使我们处在一种道德抉择的情境中。但这的确是指我们和孩子的生活是指向一个方向的。而且，作为成人，我们在我们对孩子们的影响的合理性和善良性方面是要承担责任的。

　　有些成人可能不愿意明确地向孩子表示出他们自己有一系列他们看重的对孩子的期望。另外一些成人则可能会毫不犹豫地将他们的观点强加给孩子或年轻人。有些孩子从他们的父母或老师那里没有体验到方向的指引，而另外一些孩子却体验到了成人像暴君一样指引的方向。但是，那些没有体验到成人指引的孩子（因为他们成长在一个太纵容、开放，或者太忽视他们的生活环境中）可能也会将缺乏引路人的感受当做暴君——被人抛给仅仅接受自己伙伴的影响和笼统的文化的影响这样一个暴君。这儿的关键是所有的孩子都应该能期望老师和父母对他们的生活的投入，因为所有的孩子都需要指导——哪怕这种指导仅仅是确认他们自己作的选择是正确的选择而已。

　　但是这种给孩子提供一种方向感的教育学的要求又引出了对成人的另外一个要求，即他或她应当持续地在学校或家中与孩子生活在一起，负责对他们作出指导，指明善良和恰当的价值取向与信念。

张力和矛盾属于教育学的体验

生活充满了矛盾,也就是说充满了对立原则的张力:自由与控制,安全与冒险,自我与他人,正确与错误,现实与理想,个人利益与社会利益,等等。尤其是在教育学的生活世界里,经验的这种矛盾的二律背反的结构,可能是促使我们不断地思考如何与儿童和学生相处这个问题的最主要的因素。日常生活的互相对立性,同样也深深地存在于我们处理年轻人(家庭、学校和社会上的年轻人)的压力、问题、冲突和不确定性当中。我们可能会叹惜地说:"假如这些矛盾和张力不存在的话,那么所有的事就简单多了。"确实如此,许多教育理论、儿童抚养方法、管理学校的方式都出于这样的动机:希望夸大某个生活方式的重要性以便减少接下来的压力和矛盾,而这些矛盾也许可以更为恰当地被看做是不可避免的对立的生活动力、价值或特点。因此,我们不要诋毁或试图否认这些矛盾,相反,我们应该赞美它们。正是它们给了生活前进的动力、规范性的结构和道德的本性。

在教育世界当中一个最根本的冲突就在于自由和控制间的矛盾。与自由相联系的概念有自治、独立、选择、纵容、自由空间、放纵不羁。与此相对照的是,控制的语汇都与诸如秩序、制度、纪律、准则、规章、戒律和组织这样的概念相联系。所有的家长和老师都知道一些与自由和控制相联的张力和矛盾。这种二律背反的矛盾常常被体验为秩序的危机。儿童抚养或教育应该在什么样的程度上以秩序感为基础呢?"秩序"又是什么呢?我们应该让它具备什么意义呢?

在教育方面,有两种模式试图将自由与控制的冲突降至一个单一的价值。一方面是行为主义模式,基于约翰 B. 华生(John B. Watson)和他的很有影响的著作,《婴儿和儿童的心理护理》(*Psychological Care of the Infant and Child*)所提出的理论而建立。另一方面是本杰明·斯波克(Benjamin Spock)的《幼儿和儿童护理》(*Baby and Child Care*)一书提出的心理分析和人本主义模式,这一模式极受欢迎。行为主义模式导致了抚养和教育儿童中权威的、漠然的、操纵的控制方法论。相反,人本主义模式则导致了更加放纵、溺爱和温和的倾向，几乎完全放纵孩子的愿望和行动。

在课程和教学的文献中，这种基本的自由与控制的二律背反导致了不同类型的学校：以最高秩序为理想组织起来的学校，如戴维·利兰（David Leland）的电影《一个国家的诞生》（Birth of a Nation）中所描述的那种英国的"打屁股学校"；还有那类试图实现最低秩序的学校，如进步教育运动中开放性学校的一些例子。即使是在最近的教育议题中仍提出了秩序和控制的问题——比如，我们可以想想在那些倡导"回归基础学科"（a return to the basics）的人的思想中隐含的对秩序和控制的重视，以及"解放教育学"（emacipatory pedagogy）模式中隐含的对秩序和控制的批判与不信任。

因此，对于自由与控制的二律背反的阐释全部向一面倾斜，从教育学的角度上说是有问题的。儿童的生活既需要自由也需要秩序。他们需要受到控制的自由以及那种将自由推向前进的控制。具有讽刺意味的是，一个高度放纵的和几乎完全没有约束的环境似乎并不是如有些人所提出的那样，能促进年轻人的那种合作性、温和性、积极的自我概念和自律。而一个有着森严的规章制度、盲目的服从、强加的纪律和严厉的惩罚的高度规章化的环境，同样也是对年轻人的积极成长极为不利的。高度放纵和高度规章化的环境一直是与年轻人的毁灭性的、充满冲突的和无序的行为相联系的。

因此，对于家长和老师来说在怎样的限度上来积极地干预孩子的生活或让孩子独立地处理自己的事，常常是令人头疼之事。积极地指引孩子和让孩子自己去寻找方向这种双重角色，是对教育学思考的永恒的挑战。我们试图对这种二律背反保持清醒的意识，一方面，我们积极主动地给儿童生活以指引，另一方面，对放任自流和控制的要求保持敏感。年幼的儿童既希望自由，又希望老师给予一定的秩序感。作为老师和家长，我们需要认识到，比如说，有时我们帮助孩子学会做某些新东西是合适的，而有些时候保持耐心、让儿童自己去做更加重要，即使这样会不可避免地犯些错误或遇到困难。

第 3 章 教育的时机

　　无数的矛盾、冲突、两极性、压力和对立物构成了我们教育的体验。儿童想自己做点什么，可是父母觉得为了避免危险或害怕出现不愿出现的情况，有责任帮助和阻止他。理想型的老师发誓永远也不对儿童说"不"，但实践当中发现这个决心是无法实现的。青少年常常在他愿意做的和他正在做的，他希望他有能力做的和他现在有能力做的这几个方面之间挣扎着。小男孩希望有爸爸，可没有人承担起这个责任。晚饭好了，可孩子宁愿吃那些没用的零食。许多家长或老师都通过经验知道，这些相互矛盾的问题给我们与儿童生活在一起带来了困难。

　　虽然生活中充满了矛盾，但并不是所有这些矛盾的价值都始终是不和谐的。我们这个世界的山水风景是由各个秩序井然和秩序混乱的地区组成的；每一个秩序都有混乱作为背景，而这种混乱又提供了新秩序的可能性。当我们在这些地区内部或之间往来穿梭的时候，我们遭遇到不同的观点、标准、真理、期望、规则和原则，并将它们内化。比如，家庭生活的秩序与学校或工作时的生活秩序就不一样。我们同朋友在一起时与同陌生人在一起时表现得也不大一样。我们在电影艺术和文学作品中会忍耐甚至欣赏某些体验，而在其他的场合中可能会觉得它们不能接受。我们学会了在这些世界当中和之间轻松地穿梭，每个世界都有它自己的秩序、限制和混乱。某个地区的矛盾对立在另一个地区可能就不成为矛盾对立。因此，我们在这些秩序化的地区内的矛盾体验往往比地区间的矛盾体验要更加生动复杂一些。当我们描述我们在家、在学校、在我们的周围和在笼统的社会中的矛盾与压力时，这些矛盾需要从下往上地描述，从日常生活的具体现实（和从某种批判性理论的立场上）开始。

　　教育学上的二律背反的矛盾不仅向我们的日常生活挑战，而且也需要我们作出反思性反应。比如，我们常常遭遇到我们的理想和"现实"需要的矛盾：一方面，我们需要为更高的价值奋斗（如，在社会活动中保持毫不犹豫的诚实，追求任务完成的完美性，对所有人和生灵的尊严的基本的尊重）；另一方面，我们需要认识到生活是复杂的，永远也不完美，需要认识到生活要求对实用主义作出妥协。任何教育学理论如果不提供一种应付日常生活中矛盾的视角，就不会令人满意。通过鉴别和澄清教育生活中的秩序化的与混乱的标准和矛盾对立面，我们就有可能找寻到更加富有思想的教育行动的基础。

第4章 教育学的性质

教育学的条件

教育学是否有这样一些根本的条件，缺少了它们教育生活就不可能了呢？抚养儿童和教学的使命对我们有什么要求呢？什么时候父母不成其为父母呢？什么时候老师不成其为老师了呢？教育学的这些根本的条件在下面几个部分中将逐一讨论：爱和关心（love and care），希望和信任（hope and trust），责任感（responsibility）。假如一个人不是怀着爱、信任、希望和责任感的话，是否也可能像一个真正的老师一样地行动呢？显然，这些条件不是简单的我们想要有就有的"品质"、"态度"或"情感"。有些时候，我可能强烈地感到对我所照看的儿童的责任感，而另一些时候，我可能对我作为教师的工作感到恼火和消极。然而，假如我们对孩子的责任感、希望和爱全都丧失了，我们就理所当然地怀疑我们是否准备好了从事教育孩子的工作。

爱和关心孩子是教育学的条件

即使是在理性化的现代计划家庭里（从避孕到堕胎），孩子出生时仍然很像一个陌生人走进我们的生活。我们不是像选择朋友一样，依照孩子该具有的品质来选择它，以特别的情感和智力组合来选择孩子的诞生。即使这很可能在不久的将来就可以实现，但这显然与大自然的意向是不一致的。

做爸爸妈妈的奇迹就在于我们开始以极大的热情或矛盾的心理来迎接像陌生人一样走进我们生活的孩子——而最终我们用比朋友或爱人间的最强烈的感情还要强的爱去爱孩子。尽管"做父母"(to parent)的直接含义是"创造，生产"，但许多"生产了"或"创造了"孩子的新爸爸妈妈却仍然体验到这个创造的行动是个"奇迹"。是我造就了这个孩子呢还是这个孩子造就了我？与其说父母选择了孩子，还不如说孩子选择了父母。我们都知道母亲和孩子间、父亲和孩子间的爱的纽带是由一股神奇的力所合成的。这种力，科学既不能测量也无法解释。这种爱与其说是教育学所致，还不如说是教育学的条件所造就。常常，新父母们都对孩子给他们带来的意想不到的影响感到惊讶不已。从这个意义上说，做母亲和父亲的决定也实在是作得粗心和幼稚。"你永远也不会跟以前一样了，"朋友和亲戚对新父母说。从此以后……一朝为父母，终身为父母了！

职业教育者——老师是如何与他将要发生教育学关系的孩子相遇的呢？这里与情人和朋友不一样，老师不是选择学生。又与父母不一样，孩子不是好像神的安排一样被赐给老师的。还与父母不一样的是，老师与孩子发展的联系不是血缘的那种关系。而是，非常简单地，当孩子出现在教室里时老师与他相见。但是，这种相见也蕴含了某种教育学的爱的可能性。它能将老师转变成一位真正的教育者。老师与全班学生见了面，马丁·布伯(Martin Buber)说，于是从这个情境中我们就可以识别现代教育者的"伟大"之处。"当学校的老师第一次走进教室的时候，他看到他们都在那儿，随意地，一组一组地坐在课桌间；他看到身材高大的和个子矮小的，面目粗犷的和眉清目秀的；他看到了表情阴沉的和气宇轩昂的，身材匀称的和身体畸形的——好像他们是创造的代表。"布伯说，"而且，他的眼神，教育者的眼神，拥抱了他们所有的人，并把他们看到眼里。"[1] 在这个眼神里包含了使命感，教育者的伟大之处。教育者对孩子们的教育爱(pedagogical love)成了教育关系发

---

[1] Martin Buber (1970), *Voordrachten over de opvoeding*. Utrecht: Aula. p. 29.

展的先决条件。

在友爱或性爱与教师对他们照看的孩子的爱之间还有另外一个差别。情人爱他或她的情人是因为对方现在的样子。而父母爱他们的孩子是因为孩子正在成长。① 这并不是说成年人不会改变或者爱情和友谊不会被伙伴可能发生的改变而加强。尽管这样，有一点确实如此：人们常常说变化是婚姻破裂或朋友分手的原因。"我们变得疏远了"，这是我们在这种情况下常听到的话。相对照的是，老师对学生的情感，像父母对孩子的情感一样，是在一个更广泛的背景下以成长和变化的价值为前提的，以这种价值对发展年轻人的自我人格和个性所起的作用为前提的。

确实，父母可能有时会叹息："我真希望我的孩子永远也不改变！""我希望我能让他保持现在这个样子！"或者，"她为什么要长大呀！"这样的感叹可能是由于担心未来的分离，或是由于怀旧，感到时光飞逝。但是，没有一个正常的父母会刻意筹划完全阻止孩子朝着自立和独立承担责任的方向发展。父母，与老师一样，是将孩子看做一个正在成长变化过程中的人来爱的。

当然，这也并不是说我们就不珍惜孩子的现在。孩子对我，作为父母或老师而言，他的意义就在现在。显然，我不知道这个孩子将来会成为什么样子，成为谁；我无法预知未来。然而，令我们非常着迷的是我们不断地看到他们自我成长着。我注意到了新的成熟的迹象：一种个性化的谈话方式，一种新的令人愉快的自信或腼腆的消失，令人惊讶的批判性评论，通过艰苦奋斗获得的能力，一种明显的才干，某种走路、举手投足的方式——就在许许多多的小事情中我们看到了孩子在学习和成长。

对孩子的希望是教育学的条件

我们通常说，做一个父母或老师就是对孩子寄予期盼和希望。可

---

① 请参考 O. F. Bollnow (1989), The pedagogical atmosphere. *Phenomenology and Pedagogy*, vol. 8, 1989, pp. 44 – 46.

是，希望只不过是一个词而已，而这个词很快就被滥用得离谱，失去了它与我们的基本体验的最初关系。因此，我们有必要检查一下我们在家、在学校与孩子的生活的体验是否可以叫做希望，对孩子的希望。对孩子寄予希望与其说是一种行为还不如说是一种面对孩子的方式。父母或老师感觉到的希望是一种生存方式。

在日常生活中，我们常有许多期望和欲望：我希望我的孩子学习好。我希望他能按时完成家庭作业。我希望我女儿的肺炎能够很快治愈。我希望她会远离烟草和毒品。我希望我的儿子不会放弃他的小提琴。这些都是随着时间的流逝而来去的希望。但是，孩子们使得成人可以超越自我，说我希望……我生活在希望中；我的生活使我体验到孩子就是希望。这种希望的体验将教育生活与非教育生活区别开来。

对希望的教育学阐释也使我们更加明白，我们只对我们真正热爱的孩子们怀有希望，这不是从一种罗曼蒂克的理想主义的意义上来说的，而是就教育学意义上的爱而言的。希望给我们的是一个简单的宣言："我不会放弃对你的希望。我知道你可以造就你自己的生活。"因此，希望指的是那些给了我们对孩子发展的各种可能性的耐心和忍耐、信念和信任的东西。体验到我们的信任的孩子由此而受到激励，对自己充满了信任。信任激发了信任！信任的希望激发了孩子，使他们能够对自己的前途和发展充满自信。信任的希望是我们的自信，不管我们的自信可能会受到多少次失望的检验，我们始终相信孩子会向我们展示他或她将如何生活。给我们的孩子以支持，这难道不是抚养孩子和做教师的体验吗？这样，希望使我们更深刻地理解教育学的意义。抑或是教育学促使我们理解了希望的意义？像所有伟大的价值一样，它们的最根本的意义似乎展现出来了。

对孩子的责任感也是教育学的条件

在现在的时代，用成人对儿童的权威来谈论教育学不时髦了。权威（authority）的概念很容易与权威主义（authoritarianism）的概念相联系起来。权威主义实际上可以称做是权威的滥用，即不近人情、蛮横无理的权威。教育学上的权威的概念是以教育的价值为源泉和准则的。它确定了教师的使命感以及教育关系的性质。这是指对于外部世界，引路人（父母或老师）为了孩子的幸福和茁壮成长，可以参照他或她所继承的道德责任，代表孩子来行动。这种责任很容易被误用或走偏。

当一个8个月大的婴儿哭闹着不睡觉的时候，你该怎样做呢？加拿大的报纸报道了一个安大略牧师的事。他通过引用圣经的话来证明他的8个月大的婴儿身上伤痕的合理性。据说，他声称"得到了打幼儿的指令"[①]。据其自述，他在一次以"如何带好坏孩子"为题的布道上，还提倡体罚孩子，并说有圣经做依据。当局指控他殴打婴儿触犯了《加拿大刑事条例》第43条，该条明确说明老师或父母只可以使用"合理的武力"来纠正孩子的行为。这位牧师和他的跟从者声称，"这是圣经在受审判"。他们这里辩驳的是宗教自由。换句话说，这位牧师不是将父母的权威建立在对孩子的教育责任的基础上，而是建立在他的宗教自由的基础之上。但是，人们实施自己的教育责任的方式只能从教育学的角度来证明，不可用某种来自宗教、商业、政治或科学的原则来加以佐证。

纵观历史，儿童一直受到剥削、忽略和虐待。似乎在现代社会情况也没有改观。父母们和其他照看孩子的人太容易以为他们有权对孩子强加严厉的纪律，将他们的意志强加于孩子的愿望之上，向孩子施加肉体和精神上的痛苦，用恐惧和惩罚来控制孩子。那些可怕的虐待案例使得孩子权益倡导者呼吁，将孩子从父母的各种形式的影响下解放出来。有些倡导者甚至还断言，所有的教育影响其实都是一种成人支配和控制的伪装形式。因为这个原因，他们说，我们应该认识到孩子和成人是平等的；因此，我们应该制定法律，儿童教育行为应该由支配成人的同样的法律、准则和行为规范来支配。可是，父母或老师与孩子并不是平等的。事实上，孩子与父母和其他教育者的地位远不只是平等关系而已。由于孩子对教育学上的权威概念的依赖，他们从某种意义上

---

① *The Edmonton Journal*, Oct. 23, 1987.

要求成人为他们服务。教育意义上的权威实质上指代的是道义服务。

权威这个概念本身并不是否定意义的。但是，权威很容易与对它的滥用——权威主义混淆起来。从本质上说，权威指的是两个人或多个人之间关系的不对称性差异、不均匀、不平等、不相似性。处在权威的地位上就等于处在有影响的位置上。这正是父母或老师与孩子或年轻人的关系。但是，只有当权威不是以武力而是以爱护、情感和孩子内在的接受为基础时，成人才能对孩子或年轻人实施教育的影响。教育意义上的权威是孩子们给予成人的责任，不论从本体论的角度上看（从引路人的角度上看）还是从个人的意义上说（从孩子的方面来说），都是这样。孩子们，以他们所具有的表达方式，直接或间接地授权给成人们对那些确保孩子幸福和走向成熟的自我责任意识的价值作出道德和道义上的反应。

这些简洁的描述不仅仅是理论性的；它们也是实践性的，因为教育者和孩子受到教育意义上的权威的实际影响和引导。例如，成人看到孩子需要帮助，看到一个孩子受到虐待的情形，或者对孩子的兴趣和问题作出反应时，可能真的觉得要为孩子做点什么来支持孩子。从这个意义上说，我们可以说成人在与权威的体验一同而来的责任感基础上立刻被激发出教育行动。这时，有趣的事情发生了：关注着孩子的柔弱和需求的成人可能体验到一种奇怪的感觉——在这种际遇中的真正权威是在孩子那儿，而不是在成人这里。

我们可以说孩子的出现变成成人的一种体验，成人仿佛面对的是一种恳求，恳求我们作出教育性的回应。这样，孩子的脆弱变成了一种奇怪的驾驭成人的力量。孩子不止是从一个方面的意义来说给予了成人教育意义上的权威：以一种成人体验到对孩子的责任的见面（encounter）形式，孩子非常具体地给予了这种权威，一开始是在信任和爱的基础上，后来则是在理解的基础上。这里的意思是通过孩子的给予而具有了权威的成人们，需要清醒地意识到孩子的需要和他们所给予的权威。换句话说，成人必须为了孩子的利益作批判性的自我反思。逐渐地，正在成长中的年轻人就会采用和实践这种批判工具了。

教育体验的性质

要进一步探索教育学的含义,我们还应该问问教育学是由什么组成的,它的结构又是怎样的这些问题。我们在日常生活中是以什么样的方式来体验教育学的?换句话说,这种体验的存在结构是什么呢? 从其最强有力的形式来看,我们可以区分出教育情境(pedagogical situations)、教育关系(pedagogical relations)和教育行动(pedagogical actions)。教育情境是那些构成教育行动的场所,是使成人与儿童间的教育体验(pedagogical experiences)成为可能的环境和条件。而教育情境又是由成人和孩子间特殊情感的教育关系构成的,在这样的情境中,成人和孩子双方都为情境提供了必要的条件。教育的行动是教育者和孩子之间的体验,成人和孩子都积极主动地带有意向性地投入这种体验之中。通过这样的体验,一种特殊的影响力从成人注入孩子身上。

教育情境

抚养儿童和教学始终都涉及具体情境的人类体验。但是,并不是我们成人与孩子在一起的每一个情境都是教育的情境。例如,一个面向儿童开设的杂货店店主可能会更加关心从孩子身上所挣的钱。形成对照的是,老师看到孩子在这样的店附近转悠,吃着薯条和爆米花时,可能会对这样的情境感到不满。这样的情境可能会促使老师作一次关于健康和营养的讲座。换句话说,老师可能会希望利用这样的情境做点什么,让这样的情境变成一种教育的情境,从而使孩子认识到生活方式和饮食习惯的重要性。

"教育情境"这个概念是教育学中一个基本的概念。什么是"情境"呢?我们发现我们始终都处在某个情境之中。一般来讲,"情境"(situation)可以定义为"人必须对其作出行动的各种具体细节的总和"[1]。当

---

[1] Langeveld (1965), p.144. 同时请参考 Max van Manen (1979), The Utrecht School: a phenomenological experiment in educational theorizing, *Interchange: The Journal of Educational Policy Studies* (Toronto), vol.10, no.1.

我们询问一个人的"情境"时，我们指的是这个人所占据的位置、条件或环境。但是，"情境"又不止是对一个人位置的描述工具或客观数据。在日常生活中，我们使用这样的话语："你应该理解他的情境。"这样的表达方法并不只是指我们必须要考虑与一个人的位置相关的所有的事实和因素——这尤其意味着我们必须要从另外一个人的存在的角度来理解情境。①

因此，在孩子们这一方面，我们必须能够分析、把握和理解孩子的情境。其次，作为教育者，我们应该针对孩子的情境，依据我们与孩子所处的关系作出行动。因此，教育情境还是教育者（父母、老师）的情境，因为正是他们必须作出教育的、指导性的行动。当然，理解情境和能够在其中作出行动之间是有很大差异的。有些成人可能对孩子的生活显示出极大的理解力，但却不能够在理解的基础上作出教育的行动。此外，成人和孩子看待和体验同样一个情境的方式可能不一样。

更准确地说，什么样的情境才是教育的情境呢？它与其他类型的社会情境有何差异呢？许许多多的家庭和学校教育都是在无意识的、没有刻意计划的情况下发生的。这就是一个生活的事实，孩子希望成长，学会对自己负责，就需要与那些比他们更有经验、更成熟的人一道生活。自然的成长发生在管理家庭、社会互动、玩耍、运动、日常任务、工作等空间里。成长的情境是那些从现存的环境当中以某种方式获益的情境。但是，与此同时，还有各种教育行动的形式（抚养儿童、教学），它们更加具有意向性的结构，其反思更具体地指向某些规范、标准和理想。因此，教育情境又是通过教育者的意向——通过教育者依附孩子的方式、通过教育者"属于"孩子的方式——而产生的。

教 育 关 系

另外一个处理教育经验的结构的方式，就是特别关注教育情境中成人和孩子所存在的特殊关系。在教育情境中，成人和孩子并不是碰

---

① 请参考 H. W. F. Stellwag（1970）'*Situatie*' en '*relatie*'. Groningen: Wolters-Noordhoff.

巧相聚在一起的；相反，他们是以一种特别的方式相聚的。他们以一种互相交融的联合方式相聚，这种方式构成了一种关系，一种教育的关系。

学校、教室、家庭都是典型的维持教育关系的地点和环境。而处在教育关系中的人通常是教师和学生，父母和孩子。有时，有些教师和父母并不符合教育关系的要求："我能出去和我的朋友玩儿吗？""当然可以，但不要总是进出。还有，不要把你的朋友带回家来玩儿。我刚用吸尘器吸过地板。""我能出去和我的朋友玩儿吗？""当然可以，但你得先做完家庭作业才行。"两个情境都很典型。第一位家长对孩子的爱并不一定亚于第二位家长。但是，这儿的关系却不一样。在第一个例子当中，重点是干净的地板。家长好像是在说，我的干净的地板比你和你的朋友更加重要。在第二个例子当中，重点是某种价值观：家长在提醒孩子在玩儿之前还有某些生活中的任务需要完成。假如孩子对父母的要求作出了反应，教育关系就起作用了。

最好的教育关系是在父母和孩子，或者职业教育者与学生之间的那种孕育了某些特殊品质的关系。对年幼的孩子来说，与教育者的教育关系远不止是达到某种目的（受到教育或成长）的手段；这种关系是一种生活的体验，具有其本身和内在的意义。在我们的母亲、父亲、老师或其他成人面前我们体验到了真正的成长和个性的发展。我们与他们的关系可能比友谊和罗曼蒂克的爱的体验具有更加深刻的影响。我们可能会终身感激一位父母或老师，即使我们从这个人那里学到的物质性的知识会逐渐丧失其适切性（relevance）。这可能部分地是由于这样的事实：我们从一位伟大的老师那儿所"获得"的与其说是一个具体的知识体系或一组技巧，还不如说是这位体现和代表了知识的老师的行为方式——他或她的生活热情、严于律己、献身精神、人格力量、强烈的责任感，等等。

在这种教育关系中——在做父亲、母亲、老师的体验中——我们生活的一部分得到了实现。因此，德国教育家诺尔（Nohl）说，教育的关系不只是奔向目的的手段，它在它自己的存在中找到了它自身的意义；

它是一种充满了痛苦和欢乐的强烈情感。① 同样地，对于孩子来说，这种教育关系也是生活本身的一部分，而不只是一种成长的手段——如果是这样的话，这种教育关系就会持续得过长。换句话说，成人和孩子间的尊重、热爱和情感在他们相互体验到的现在的快乐和满意中，而不是将来的利益中，找到了它的意义。

父母直觉地知道，他们的孩子和老师间存在的教育关系对于孩子的发展和学习多么至关重要。家长们常常十分关心老师是否喜欢他们的孩子和孩子是否喜欢他们的老师。可以十分肯定，教育关系并不是简单的情感和友谊的关系。孩子们可能会喜欢一个老师（"他很有趣，总是给我们讲笑话"），但还没有达到尊敬老师到一个能促成教育的影响的程度（"我喜欢老师但我从他那儿没有学到多少东西"）。父母和孩子的关系同样也是这样。一位父亲回顾自己的生活，不无后悔地认识到，虽然他是很好的家庭经济来源的提供者，但他并没有真正体验到对儿女的父亲般的关系。也许，他太忙于自己的事业了。也许，他用了他自己的父亲对他的那种冷漠来对待他自己的儿女。也许，他从未投入到对儿女的父亲般的关系中去。现在，他的儿女长大成人了。从某些方面来说，此时来发展父亲与自己的儿女可能形成的亲密关系已经太迟了些。

教育的关系总是（在某种程度上模糊地）有着双重的意向性关系 (intentional relation)。我关心这个孩子——为了他的现在和他的将来。如果这个关系中不具备这种双重的意向的特点，它就不再是教育的关系了。一位母亲将其全部的生活投入到她女儿的音乐前程上去。小姑娘才9岁，她的将来却已经给定好了。她将成为一名钢琴家，其他什么也不能去做，如果她的母亲能够做到的话！这位母亲找到了最好的教师和最好的钢琴。她决不会让女儿放过任何一个在当地比赛中证明自己的机会。这位母亲确保女儿每天练琴3个小时，并让她学习额外的课程

---

① H. Nohl (1970), *Die Pädagogische Bewegung in Deutschland und ihre Theorie*. Frankfurt am Main: Schulte-Bulmke, p. 132.

以开发与钢琴相容的音乐技巧。就这位母亲而言,她的女儿已经在台上表演了。这位母亲太执着于将来以至于她只能看到孩子可能的将来;她无法看到孩子现在的生活和需求。换句话说,孩子的真正的孩提体验为了成人对孩子将来的期望而牺牲了。这样的例子十分普遍。有些孩子有能力承受住父母的压力,最后完成了他们父母的梦想。另外一些孩子则不能实现这样的期望,因而形成一种对这门技术和对父母的怨恨。

当然,有时,孩子们自己可能形成对一种乐器、一项运动、一种舞蹈形式或其他什么活动的热爱,从而使他们踏上了实现这一愿望和前途的道路。他们为这种兴趣着迷,将他们所有的业余时间都花在这种追求上。此时,父母可能就要在培养这种天赋的同时,对孩子的情况进行督察。

也还有其他的可能性。父母可能太需要孩子的依赖感了,以至于放不下。于是事事都想让孩子保持孩子的样子——小而且依赖父母。这是孩子被剥夺了健康成长、获取新经验、增强自我责任和适当冒险的机会的例子。

教育的关系是一个成人和孩子间的意向性的关系,在这种关系中,成人的奉献和意向是让孩子茁壮成长,走向成熟。它是指向孩子个人的发展的——这就要求教育者看到现在的情境和孩子的体验,并珍惜它们的内在价值;而且教育者还需要预料到孩子能够参加的、充分展示自我责任的文化活动的情境。

这种前反思性的(pre-reflective)或者说原始的教育关系形式,在日常生活的各种关系中都可以找到——在谈话中,在互相帮助中,在任何一项个人对他人指向成长的影响的事件中。教育的关系与这些日常的形成性关系之所以不一样,就在于教育者反思性地调整自己有意识的愿望和意志,以对这种影响加以引导和塑造。但是,只有当年轻的孩子对此作出反应的时候,教育的关系才能形成。

在早期的德国和荷兰的教育学文献中,教育的关系被描述为成人和孩子间的一种强烈的个人关系。① 我们可以从父母和孩子关系的亲密性上来确认这一品质。在父母与孩子的关系中，父母对孩子的爱护和关心，对孩子的信任感，与孩子对亲近、安全和指引的需求以及同时产生的对独立和自我责任感的愿望相遇了。可是，这种亲密的个人化的关系对于老师，特别是对于平均每天要应付150名学生的高中教师来说很难办到。换句话说，学校作为教育年青一代的正规机构的这种机构性的、组织性的制约，要求父母与孩子的教育关系和年轻人与职业教育者的教育关系在某些方面不一样，虽然职业教育者站在了一个替代家长的关系位置上。自然，还有一些人会对此加以辩驳，认为"现实地说"职业教育者只有一个任务，即简单地向学生"传授"他们的专业知识。但是，这些人对教育责任和教育年青一代的意义抱有一种让人无法接受的过于简单的观点。

因此，我们必须问一问，在教师和其所负责的学生之间什么样的教育关系才是可能的。首先，我们需要强调的是教师和学生的关系与父母和孩子的关系在基本方面是不同的，教师与学生的关系总是三组合的，它是这样的关系：教师和学生都以某种学科为中心（比如说，数学、语文、科学），同时又指向与这门学科有关的世界。父母与孩子的关系则往往是二组合的：主要是人与人的关系。当然，父母也教育孩子在这个世界上生活。教师与父母的教育学关系的另外一个明显区别是，教师与学生的关系是短暂的（虽然孩子可能会终身都记得一位突出的教师），而父母和这孩子的关系则是终身的。

首先，教师与学生的教育关系同其他成人可能有的与孩子的关系不一样，如，友谊关系、商业关系。教育者，作为教师，将他的学生说成是"我的朋友"或"我的顾客"或"当事人"是不恰当的（虽然商业的语言令人奇怪地渗入了教育理论中）。教师的教育关系是一种替代家长的关系。教师以引导学生学习专业知识的方式来指向学生，给了学校的教学以教育的意义。反过来，学生需要接受教育者作为"教师"的职

---

① 请参考 Nohl（1970）.

责；否则的话，学习的过程就会失去立足之地。还需要认识到教师与学生的教育关系不能是强迫性的。教师不能强迫学生接受老师——老师的地位最终必须从学生的给予中赢得。

其次，教师与学生的教育关系要求一种双向的意向关系。教师希望学生在教师教授的知识中学习成长。反过来，学生需要具有一种乐意学习的欲望。没有这种"学习的准备"，就不可能学到什么东西。当然，教师在某种程度上可以激起孩子对一门课程的兴趣。但我们需要考虑到"学习的准备"是一个复杂的问题，它不仅仅是需要认知的成熟性和动机的准备。①

最后，教师与学生的教育关系具有一种特殊的个人品质。教师不仅仅是向学生传授知识，他实际上以一种个人的方式体现了他所教授的知识。从某种意义上说，老师就是他所教授的知识。一个数学教师不仅仅是碰巧教授数学的某个人。一个真正的数学教师是一位体现了数学、生活在数学中、从一个很强的意义上说他本身就是数学的某个人。同样地，学生也不是简单地储存他学到的知识；每一个学生都是以一个特别的、个人的方式学习。每一个孩子都对他或她的知识和理解事物的方式加以个人的塑造。每一个孩子都以自己独特的方式吸收价值观、实际技术，形成习惯和进行批判性的反思。教师可能在教授一个有35个学生的班级；但很重要的是要记住所有的学习最终都是个人的过程。因此，对于教师来说，要将他们所教授的学科以一种个人的方式进行调和并与学生进行个性化的接触，这是一个伟大的挑战。这并不是说，教师必须与他的每一个学生保持一种个人对个人的关系（特别是在高中阶段这是不可能的），但这的确是指，教师对他的学生而言，应该以其个人的亲切方式出现在他们面前。

教 育 行 动

教育情境、教育关系和教育行动的概念是相互关联的。通过教育

---

① 请参考，比如，W. H. O. Schmidt (1973), *Child development: The human, culture, and educational context*. New York: Harper & Row, pp. 23 - 26.

行动，一个教育情境和教育关系才能产生。在前面，我曾提到教育的时机，在那里，成人在教育情境和教育关系中采取了正确的行动。一方面，只有当我们与年轻的孩子以某种方式行动时，我们才能创造出教育的情境并与他们建立教育的关系。另一方面，成人与孩子相处的情境和关系需要具有一种积极的教育品质，这样成人的行为才会有教育意义。

教育行动可能会是十分微妙的；它甚至可能包括抵制或明显的不行动。但是，假如孩子不能体验到成人的行动和意向是教育意义上的关怀，成人就显然与这个孩子不具有教育关系。比如，一位因虐待孩子或忽略孩子而受到指控的父亲可能会声称他非常爱他的孩子们，可是，假如孩子们没有体验到这种爱，假如，相反，他们感觉到的实际上是拒绝、忽略或虐待，那么，这位父亲的表白就没有什么教育意义。随时问一问孩子是如何体验具体的情境的，这在教育学上十分重要。

但是，仅从孩子的角度来理解事情的原委对于教育行动还不够。例如，有许多孩子爱他们的父母，尽管他们的父母虐待他们。孩子遭受到成人的虐待有各种各样的形式。清楚地描述孩子受虐待的情形非常重要，因为虐待实际上是对教育行动的否定。首先，有身体方面的虐待，从偶尔殴打孩子到受虐待综合征。身体上的虐待是指成人捏、摇晃、咬、敲打、撞击、猛击、摔打、踢打、鞭抽、烧烫和掐孩子。所有对孩子身体上的虐待对于许多人来说，都是一种十分令人厌恶和有失身份的行为，虽然有些父母和教师会坚持认为偶尔的棍罚棒教对于孩子的纪律性观念是"健康的"和"有益的"，特别是当其他的手段不能奏效（使孩子听话、顺从）的时候。身体上虐待孩子常常可见伤疤、青紫、骨折、烫伤、脑损伤等。

其次，还有精神上或心理上的虐待，包括责骂、诅咒、谴责、挑刺、威胁、恐吓、压迫、限制、将孩子反锁在家中。心理上的虐待可以是这样的行为，如，在同学面前讥笑孩子，连续不断地贬低孩子的成绩，过分地将孩子限制在自己的房间内，父母外出时将孩子留在黑暗的房屋里，用过分的要求给孩子增加负担，等等。精神上的虐待则更加不易察觉，虽然这种情况可以从那些过分地害怕、焦虑、好强、孤僻、神经质、无情、怨恨、卑劣、残酷、对他人无动于衷的孩子身上看到。

最后，还有以忽略的形式存在的被动式虐待。因为忽视的缘故，成人没有给孩子提供他们所需要的爱护、注意、关心，以及适当的食品、住所和衣着。被动的虐待也是对自己管辖下的孩子的不断排斥、排除或不理睬——比如说，从来不陪伴孩子，对孩子所做的、听到的或看到的完全无动于衷，让孩子深夜流浪街头，允许孩子从事危险的活动。遭受到被动虐待的孩子可能永远也学不会实现他们的潜力，并且不会利用生活给予他们的各种可能性。受到忽视的孩子更容易成为生活的偶然性的牺牲品——他们可能会由于他们孩提时代从未体验到慈爱和深情而滑进情感依赖的利用关系中。

从某方面讲，陈述什么样的行动不是教育行动，要比陈述什么样的行动是教育行动显得容易些。身体上的、心理上的和被动性的虐待恰好是教育行动的对立面。我们不要忙于检查那些情有可原的情况，来使得对孩子的虐待，虽然是悲剧性的，但却可以理解。有时，也有可能，由于家庭的历史、经济状况或者精神上的不健康的缘故，一些父母或教师不具备以教育的方式来应对孩子的情况的能力——他们最多仅能应付孩子而已。当然，"应付"一词有时指处理日常生活中的各方面的琐事，但如果我们没能或没有试着像一个真正的教师或父母那样来采取对孩子施加积极影响的行动，这就远非足够。教育的影响可以调和社会的影响。几乎生活中的所有事情都在孩子的性格上留下了印痕：家庭、街道、语言，以及孩子世界中的习惯、音乐、技术、电视和收音机；即使梦中发生的事也可能产生影响。生活就是生活在社会的影响之中。世界影响着孩子们，同时也影响着那些对孩子们负有教育责任的人们。父母和教师就处在所有这些影响之中。但是，父母和教师之所以不像其他的影响，就在于他们是以一种特别的方式指向孩子的。在这种教育的指向性中有一种一心一意、兴奋、亲切和一致性，它使得父母或教师比其他来自更大文化范围的对孩子有影响的事物更有影响力。

严格地说，教育者试图避免从逼迫孩子学习或做某事的意义上直接地影响孩子，因为这实际上否认了孩子实施自我控制的能力。有人会说，"是他让我这样做的！"他实际上拒绝了为自己的行动承担责任。相反，教育学则是一种机智的调和艺术，它调和了这个世界的各种可能的影响，以便让孩子能不断受到鼓舞和激励去承担个人学习和成长的自我责任。教学就是对有影响力的事物施加影响。教师充分地、从教育学的角度利用这个世界的影响来机智地对孩子施加影响。

可是，最终，父母或教师发现自己是一个孤单的人。他或她可能在保护孩子不受坏影响方面显得无力。确实，教育者的力量是有限的。即使在最好的环境中你也不能肯定孩子会达到对世界某方面——以学校的学科（不论是数学、文学、社会研究、科学、艺术、健康教育或个人生活技巧）为媒介——所期望的理解或积极的态度。但是，认识到我们对孩子的教育和个人成长的影响十分有限，这同时也暗示我们需要相信孩子自己生活的能力。

最后，我们需要问一问，始终如一地、一致地以教育的方式行动是否可能？我们应该认识到作为父母和作为教师，我们也犯错误、也有失败吗？确实，我们不可避免地会对孩子犯错。有时，我们认为我们尽了最大的努力，可是却不愉快地发现，我们的判断出了错，我们感到无能为力，或者我们的行动有些无知。另外一些时候，我们就是感到日子很糟，不由自主地出错，或者不能承担我们的教育责任。"错误"一词原意为"拿错，理解错"。① 显然，教育孩子是一种不懈的努力，在这种努力当中，理解错误或把事情看错是时有发生的。"失败"含有短缺、丧失力量、失灵的意思。② 难道教师未曾感到有时是那么不足或无力，不能使教学或教育的影响产生效果吗？

假如教学只是一种技术上的事，那么好的教师就会很少出错。因为，教学（就像修理管道）在于专家所依赖的技术知识和技巧的运用。管道工如果经常出错，接错管道，引起漏水或溢水，那他还有什么用

---

① 《牛津英语词源词典》（*The Oxford Dictionary of English Etymology*，1979），"mistake"词条。
② 同①，"failing"词条。

呢？但是，教育者的本质不在于技术的问题，而是在于教育的各种性质的复杂性，正如本书引言部分所提到的一样。

这样的情况很容易就能看到，我们在某些天可能感到教育学所需要的品质我们很缺乏：没有一个人是完美的。有时，我们感到脾气乖戾、怨天尤人、心情忧郁、闷闷不乐；我们感到很难做到耐心、同情或容忍；我们可能很难不把我们的苦闷表现出来。有时，教育的行动确实可以由"行动"组成——尽管我们遭遇了挫折我们还是强装笑颜。这里的关键是，我们把事情做得最好的努力和愿望（我们知道我们的行动并不总是足够好），仍然是由一种教育的意向和教育的责任感所驱使的。比如，我可能对我的儿子感到生气或对他的行为感到失望，但这并不会从根本上影响我对他的深深的责任感。

作为教师总是正确地行动（完美地授课，智慧而公平，轻松地解释晦涩的概念，总是留意孩子，总是鼓舞学生，完美地理解孩子的需求，帮助学生解决学习困难等），这是不可能的。认识到这一点，我们就得以解脱。我们必须接受我们个人的局限，同时也应该接受我们与孩子的日常生活现实所固有的局限。如果我们没有对我们不时所犯的错误和失败感到内疚、后悔和自责的话，我们怎么能够继续抚养和教育我们的孩子呢？与其他许多的职业相比，教育年轻人的任务对人的精神要求尤其地高，而且特别地消耗精神。

现代社会的结构，工作场所的压力，教育职业生活的环境（以及抚养孩子的环境），都是这样的一些值得关注的地方，它们不断地给我们带来挫折和失败的情感。教师（和家长）需要做的是与他人（与其他的成人，也可以是与孩子）创造一些对话性的社区（conversational communities）来倾吐他们的经历和感受。这样的社区有些在学校的教师休息室，甚至走廊、大厅（大门前或在关闭的教室里）自然就产生了。另外一些对话性社区则可能需要在特别的时间和空间有意识地创造出来。

第5章 教育学的实践

教育学理解是一种敏感的聆听和观察

"我的父母不理解我!""我的老师根本就不关心我!""为什么没有人知道我是怎样感觉的?""为什么老师不明白我做这件事的困难?""老师只是向我们灌输知识而没有试图去了解我们是怎样想的!""为什么老师不能在我们做作业前给我们更多些帮助?""为什么所有的老师总是在同一天布置一大堆的家庭作业?"

哪位教师或父母没有听到过孩子们这样的抱怨呢?这些抱怨引出了教育学理解(pedagogical understanding)的意义及其内涵的问题。①年轻人,尤其是十几岁的青少年常常觉得成人误解他们,或者,更糟糕的是,根本就不试图去理解他们。从成人的角度来看,这样的感觉并不令人奇怪,因为成人常常对孩子和年轻人的行为真正感到困惑不解。

对于那些十分自信、自以为他们真正了解孩子的父母和老师来说,当他们突然间发现他们的自信显得毫无根据时,会更加吃惊。当孩子出乎意料地做出完全不符合他们性格的事时,或者孩子没能做好本来是力所能及的事时,我们的教育学理解就要受到质疑了。

---

① 在霍斯姆·斯卡巴特(Horst Scarbath)写的一篇文章中提出了一些特征;然而,他只是简单地把学科理解[诸如,卡尔·罗杰斯(Carl Rogers)所说的"移情性理解"]与教育学理解相提并论。请参考 H. Scarbath (1985), What is pedagogic understanding? Understanding as an element of competence for pedagogic action, *Education*, vol. 31, pp. 92 – 128.

因此，在抚养和教育孩子的任务中，还有什么比实施教育学理解更加根本、更加本质的呢？了解一个具体的孩子对事情的感受，了解什么是必要的，能帮助年轻人在道德、审美观、社会和职业的意义上变得更加完美、更加自立，还有什么比这更重要呢？我们需要问一问教育学理解和教育学洞察力的性质是什么，它与心理学的、社会学的以及其他的理解形式在哪些方面有区别？为了找到答案，我们需要从孩子的要求出发，首先从孩子的经历的主观性来理解孩子。我们即刻就可看到，教育学理解不是一个简单的技巧。教育学理解的结构十分复杂，它包含了反思性的和交互作用的因素。换句话说，它要求成人能控制自己，同时了解什么时候和怎样主动地、积极地与孩子交流。

教育学理解可以学会吗？很可能所有的父母和老师都能提高教育学理解的机智。这要看他们是否真正愿意聆听，要看他们具备哪一种类型的思想。对于孩子来说，他们常常发现，即使当成人询问他们的体验时，成人并没有真正地带着兴趣聆听。比如，成人说，"你为什么这么做？"或"你这样做究竟为了什么？"但是，他们这样问的时候很少是想给孩子提供一个倾诉的机会。成人已在心里对孩子作了判断，常常是这样。这个"为什么"经常意味着责备孩子，即便孩子的回答——如果成人真的愿意聆听的话——可能会促进成人对孩子的世界的思考和理解。

教育学思想（pedagogical thoughtfulness）和教育学理解是紧密相连的。一个富有思想的人比一个相对而言缺乏思想的人，更能显示出对他人在一个具体的环境中的真正理解。教育学思想似乎是一种反思能力。而教育学理解，则更侧重于体验一个具体的情境中的意义方面。教育学理解的一个常见特征就是感知和聆听孩子的能力——依据不同的情形，感知和聆听方式也有所不同。

教育学理解始终是一种应用型理解（applied understanding）。在后面的章节里，我将提出，教育学理解在实践中是通过我们所说的"教育学机智"（pedagogical tact）来实现的。"机智"描述了一个人在教育学理解中的实际行动。有时，这种教育学理解必须是瞬间的——一种具体化的理解，而另外一些时候，你有时间和空间进行反思来形成教育学理解。尽管如此，并没有现成的规则来支配理解自动转换成机智的行动。这种转换是由机智本身来完成的。从根本上讲，教育学理解和教育学机智实际上是同一过程的两个方面。

教育学理解总是与特别的、具体的情境有关。教育学理解又是交互式的。它不是一种抽象的、孤立的理解形式，必须要转换成实际的行动。教育学理解本身就是实际的理解：对孩子在具体的情境中生存和成长的一种实际的阐释学。教育学理解又涉及什么对孩子才是最好的；换句话说，它又是规范性的，它指向"善"的思想——对孩子的"善"的思想。

因而，要想创造一套教育学理解的规则和技巧，这是不可能的。每一个情境的要求都有所不同。情境的偶然性缘于情境中的构成要素具有令人难以置信的丰富意义：我们关心的是一个或一群具体的孩子，他（她）或他们有着特别的生活历史，有着具体的心思或一系列的问题，生存于一个具体的情境中。而这个具体的情境有着一组具体的关系，受一个具体的情感氛围支配。每一个教育学理解的机遇都是不同寻常的。尽管这样，我们也许能够识别出这种理解的某些方面，也许这些能识别的方方面面或多或少地确定了教育学理解的性质。

通过梳理出教育学理解的某些方面，我们可以对教育学理解的结构作些考察。这样的方面包括：（1）非判断性理解；（2）发展性理解；（3）分析性理解；（4）教育性理解；（5）形成性理解。每一个这样的理解形式都在关心孩子成长的方面发挥着作用。

但是，我们还应该认识到这些理解的形式并不一定就能形成教育学理解。它们从生活的不同方面获取意义。每一种形式都与不同的实践学科相联系。当对他人的理解的尝试是受教育学取向所驱动时，它就具有了教育学性质。非判断性理解（non-judgmental understanding）与开放型的聆听有关，常出现在朋友之间或某种疗法的情形中。一位职业作家为了刻画他的新小说中的人物可能也会对理解他人感兴趣。发展性理解（developmental understanding）通常与咨询专家和心理学专家的实践相联系。企业心理学专家可能会运用他们的发展性理解方面的专业知识来识别那些个体，以了解如果给予他们特殊的训练或赋予不同的工作职责，他们是否会更好地为公司服务。分析性理解（analytic understanding）则被运用于与困惑的良知或内心深处困扰不安有关的问题。比如，牧师需要有特别的分析性的聆听技巧来探知个体的苦恼。教师的教育敏锐性则是典型的教育性理解（educational understanding）。教师能够聆听和感知年轻人的知识、情感和道德发展的状态。但是，体育教练可能会运用他捕捉年轻人发展潜力的能力来确保他的运动队得胜，但并不一定是为了年轻运动员自身的健康。形成性理解（formative understanding）很可能是最接近教育性理解的概念。父母们最倾向于保持一种儿童整体发展和全面看待儿童的观点。

非判断性理解

非判断性理解的最基本的实例就是友谊。非判断性的理解与一种接受性的、开放性的、同情性的、真诚的、帮助性的聆听有关。一个好朋友是一个我们可以向他畅谈我们的经历、迷惘、困惑、兴奋、痛苦、挫折的人。向朋友倾诉有助于消除我们压抑的情感、紧张的心情、内疚不安的情绪。好朋友只会耐心地聆听，而不作任何判断以免使情况更糟。

孩子也需要有人聆听他们诉说，不作批判性或否定性的判断。孩子向一个他可以信赖的人倾诉有助于让事情明了。然而，被动地聆听还不足以令人满意；仅仅是开放性的、接受性的聆听还不够。只有当非判断性的理解的目的是培养孩子的自我责任意识、自我理解、自我方向感以及应该如何面对生活的时候，它才能变成教育学理解。非判断性理解也具有某种意向性（intentionality）的特点。这样的聆听（理解）知道何时该保持沉默，何处该给予支持，以及如何提出一个问题，以便让双方所分享的思想和感情的意义更加明了。

老师注意到斯文举止有些异常。当学校放学，斯文离开十二年级教室的时候，他徘徊着，似乎有些心不在焉，而且显得不同寻常地沉默。老师鼓励地向斯文点点头，可是斯文却将眼神转移开去，好像他觉得太尴尬，不便接受老师友好的暗示。于是，当所有的孩子从教室鱼贯而出，而斯文还在踌躇的时候，老师叫住了他。这时教室里只有他们两人。老师说："斯文，我不想窥探什么。可是，你好像为什么事苦恼着。看到你这样，我心里很难受。你有什么想要说的吗？我能给你点什么帮助吗？"起初，斯文只是耸耸肩，摇摇头。过了一会儿，他脸绷得紧紧的，咬了咬嘴唇，用低不可闻的声音低低地说道，"我不知道我该怎样做。我……我不知道该怎样做"。好一会儿，两人都没有说话。老师没有再进一步追问下去，而是轻轻地把手搭在斯文的肩上，让他在课桌旁坐下。他们都坐了下来。老师静静地等待着。这时，斯文断断续续地开始向老师讲述他的困境。

教育学理解的一个因素就是具备洞觉儿童内心世界的能力。为了达到这一点，成人首先必须能够以一种开放性的、让人感到温暖的接受性的方式来聆听孩子的倾诉。年幼的孩子和年龄较大一些的孩子以多种不同的方式，交流传递着他们对生活的感觉和理解。教育学理解的任务就是鼓励孩子们表达出他们自己的想法，谈论他们所关心的任何事，并让他们知道他们的感情得到了认可和尊重。成人必须能够以一种非判断性的方式聆听，而不是以自己的兴趣为中心。但同时，它又应该是一种积极的聆听方式。

8岁的迈克尔来到爸爸跟前，爸爸这时正忙着呢。从迈克尔脸上的表情来看显然有些不对劲儿。"唔，迈克尔，怎么啦？"爸爸问道。但是，迈克尔还未说话便抽泣起来。"不要紧，迈克尔，告诉我出了什么事。"爸爸一边安慰地说，一边把迈克尔拉到身旁。可迈克尔还是一个劲地哭。"你是不是和你的哥哥打架啦？"迈克尔摇了摇头。"是不是伤着什么地方了？"没有。"那你是遇到什么事了？""没有。""你是不是哪儿痛？"迈克尔还是摇摇头。"唔，那究竟怎么啦？"爸爸问道。"不是你说的那些事，"迈克尔说，"我感到很伤心。""很伤心？"爸爸感到有点儿吃惊了。他开始怀疑迈克尔出了什么更严重的事。当这个念头闪过时，他更仔细地观察迈克尔。他是不是生病了？可是迈克尔脸上除了泪水之外没有什么不正常的。"迈克尔，我很担心。告诉我究竟怎么了？"爸爸催促道。"我对那只猫头鹰感到很伤心，"迈克尔断断续续地说道。爸爸松了口气，接着问道："哪只猫头鹰？什么猫头鹰？"迈克尔哭得更伤心了："我刚读完了《家中的猫头鹰》，结尾太伤心了。"现在，爸爸完全放心了："我懂你的意思了，迈克尔。我在读书时也常感到很伤心。那故事一定感动你了。"迈克尔点了点头。"让故事感动是件很美丽的事，你说是吗？它能让你知道你自己的感情和什么东西对你非常重要。"迈克尔又点点头，然后问道："我能给你读一读最后一页吗？""当然，我很愿意听，迈克尔。"爸爸说。

非判断性的聆听指向感知和理解孩子在情感、情绪和建构意义方面的主体性。有时，你只要在孩子身旁就足够了。而另外一些时候，成人可能需要用这样的问题来帮助孩子将他们自己的想法说出来："你觉得那怎么样？"或者通过认可某种感情："遇到这样的困难，你一定很气馁。"顷刻之间，这种非判断性的教育学理解就产生了重要意义：这样的聆听对孩子提高自我认识和增强自我责任感是多么有帮助啊。

发展性理解

发展性理解的优秀实践者是儿童心理学家和学校咨询专家。这样的专家们拥有丰富的理论智谋。他们能理解年轻人生活中所特有的发展的、家庭的、文化的和社会的各类模式。例如，发展性理解涉及了解一个家庭中长子（女）可能体验到的压力，或者儿童伙伴群体对青少年可能产生的影响的类型。心理学专家拥有对话方面的技巧，他们能够对认知的和道德的发展的典型阶段、对年轻人所经历的生活时期有敏锐的洞察力。同样地，社会学家可能对青年亚文化（youth subculture）的外在标志、毒品使用者、离婚家庭的儿童行为等具有专业方面的知识。还有，他们也可能了解家庭关系的不同冲突模式以及治疗性干预的各种机制。

尽管如此，仅具有年轻人的一般发展心理学和社会学知识是不够的。仅能够通过测试来诊断案例和能够对年轻人的行为阶段进行分类与分析也远远不够。如果专家的知识大多是外部的和学术性的，那么专家的建议和治疗性的干预模式就不会有用。一个人可以成为心理学方面的优秀学者，但却在帮助有心理需求的人方面显得完全无能。只有当教育者知道怎样帮助一个具体的孩子在具体的情境当中克服障碍，变得更加成熟的时候，发展性理解才真正变成了教育学理解。专家的心理学或社会学知识能够保持一种为儿童着想的观点，同时这种发展性理解又可以解释特殊情境的外部环境，从这方面说，它们才是有用的。换句话说，心理学、儿童发展学、学校人种志、青年社会学和儿童人类学的一般规律作为特殊的理论知识，作为由具体的儿童生活环境所确定的特定案例的理论知识，从这个意义上说，它们才是与教育学相关的。

莫泽是东区中学的咨询专家和教师。这是一所学习气氛很浓的中学。他的许多高三年级的学生都非常清楚学习好的重要性，因为他们的表现和考试成绩都将作为大学入学的依据。尽管如此，莫泽担心的是某些个别的学生，他们好像对学校和学习没有这种态度。

乔斯就是一个例子。去年他在学年当中退了学，今年又重上十二年级。乔斯的衣着打扮表现出某种青年亚文化的怪异特征。尽管乔斯是自愿回到学校的，他还是常缺课，很少交家庭作业。莫泽还怀疑乔斯吸毒。已经有一些教师抱怨乔斯学习习惯不好了。作为他的咨询教师莫泽不得不考虑取消乔斯上那些课的权力。另有一些教师则说，至少乔斯在课堂上还是愿意参与的。

尽管如此，对于乔斯的真正问题，教师们并没有一致的意见。有些教师把他的行为仅仅看做是外部世界的现实和压力出现时，一些孩子必须经历和走过的一个阶段。有些教师认为乔斯与一群坏孩子在一起，学校帮不了什么。还有些教师指出他和他父母的关系很差，觉得乔斯的表现是对他们抚育的消极反应。另有些教师则提出了乔斯问题的其他观点。如此众多的观点，但是却几乎没有可行的解决方案。当然，上面所有的理解对解释乔斯的行为都是有所帮助的。

乔斯上莫泽的英语课，而且莫泽被指定做乔斯的咨询教师。确实，乔斯常针对有关父母的话题表达出否定的观点，但并不一定是指他自己的父母。乔斯拥有几个被家庭"踢出来"的朋友，并且十分自豪。如果文学课上所讨论的话题许可的话，他会强烈地表达说，许多街头孩子是被迫这样的。"我知道他们中的一些人，他们不需要父母来照顾他们。"有时，很难搞清乔斯是在责备父母，还是只是羡慕他的无家可归的朋友们的机智和生活态度。他与自己父母的关系也不清楚。他们显然关心他的幸福，乔斯也认识到了这一点。然而，他似乎在尽量避开父母的影响。对于乔斯对学校学习的消极态度，莫泽这位咨询专家把握不准自己应该如何去做。

学校的咨询专家们往往能意识到在他们执行任务中遇到的每一个案例的特殊性。一旦你知道了一个年轻人的各种详细情形，简单地运用学校政策的规则就难了。

分析性理解

那些最能表现分析性理解的人是教士、牧师或精神咨询顾问。这些人都是专业人士。他们知道在许多人的生活中有黑暗的方面和一些我们感到耻于谈论的事情，因为我们把它们看做是坏的、邪恶的、无价值的、卑鄙的、不道德的。而且，我们同样也不大愿意谈论秘密的恐惧、伤心、卑贱的感觉、懦弱或受挫折的抱负。这些黑暗的物质有些隐藏在我们的意识深层，因此，我们很难看到它们在日常生活中的表现形式。

在某些宗教团体的观点里，人的本性从根本上一直被看做是邪恶的。因此他们用很多的努力从"生来就有罪"的年轻人身上将"魔"驱除出去。相反的是，更为现代的观点则倾向于将年轻的孩子看做是天真的、善良的、纯洁的。但是，结果呢，我们往往会忽视压抑孩子的种种可能的苦恼——对某种坏的行为的负疚感、违反道德感、罪孽感、悔恨感，还有恐惧、怀疑以及对他人的否定的情感——憎恨、嫉妒、不满。分析性理解能通过识别和帮助他或她面对具体苦恼的情绪含义和意义，促使孩子从这些黑暗的苦恼中解脱出来。

但是，仅仅作为对罪孽的忏悔者还是不够的。只有当分析性理解的目的是帮助孩子形成强烈的良知、精神和勇气时,这种理解才真正成为教育学理解。这些品德并不一定要通过牧师的神的宽恕形式来形成。分析性的教育学理解目的是将有害的而又隐藏起来的情感转换成个人成长的积极力量。有时,纠正痛苦的原因,或者,假如不可能的话,坚信问题需要用具体的实际的方式来解决,这是很有帮助的。

丹尼拒绝去上学,因为他生病了。一大早和整个星期他都在抱怨说不舒服。但是后来那天下午和周末,当朋友们来看他的时候,他的痛苦消失了,他觉得他已经很好了,可以玩儿了。他的抱怨是不具体的:"我就是觉得心情失落。"他向他母亲抱怨道。但他却不能确定问题究竟是什么。不是,不是他的头部,也不是他的胃部不舒服。没有,他也没有感到恶心。他就是感到不舒服。不能去上学。这样,丹尼一连在家待了好几天。

当事情没有好转时,他母亲开始怀疑丹尼是否"厌学"。于是,她开始注意了解学校是否出了什么事,使丹尼极大地不安,因而不想去上学。到了九月份的第三个星期,丹尼在暑假之后急切地想继续上学。母亲问道,"你有什么想说说的吗,丹尼?学校是不是出了什么事啦?是不是跟老师有关系呢?或者是你与其他的孩子处不来?"从丹尼的脸上她明白她触动了一个敏感的地方。"他们合伙对付我,"他哭诉着说,"他们骂我,告诉我必须给他们钱。"母亲问他"他们"是谁,丹尼说出了几个男孩的名字。"你不应该害怕去上学,丹尼;难道你不可以做些什么来阻止他们吗?你希望我给老师或校长打个电话吗?""不行,"丹尼不喜欢这个办法,"他们会认为我还是妈妈的小男孩,还需要妈妈的保护。"

第二天,丹尼不再感到不舒服了,于是去了学校。当天傍晚,丹尼放学回了家。妈妈压住冲动,没有立刻就问丹尼在学校的情况。她不否认她很担心丹尼被人欺侮了。可是,丹尼并没有提到任何不快的事情。临睡觉前,她随意地问丹尼他和那帮人的麻烦怎样了。"噢,那些家伙?"他不假思索地说道,"我解决了。"妈妈皱了皱眉头,"你解决了?""是的,他们又来缠我。但我直瞪着他们的头儿,我说,'你要再缠我,你最好得知道,我会空手道'。于是他就退缩了。他们实际上不是坏孩子。今天下午,我还和他们玩儿足球来着。""唔,"妈妈钦佩地说,"瞧,你知道怎样保护自己了。"

对于成人来说,有时令人十分吃惊,一个如此小的冲突或事件会对孩子产生如此大的负担和意义,甚至会让孩子感到不舒服(或者感到很糟糕,于是假装生病)。丹尼是不是被他的一些同学吓坏了,因而害了病?他的病是不是由于他觉得他没有能力对付那些肇事者?要想识别孩子脑海中因为什么苦恼着,并不总是容易的事。但在这个例子当中,丹尼似乎学会容忍失败、害怕或温顺的情感了。他的母亲通过赞扬他独自解决问题的能力,对他主动地面对麻烦给予了积极的肯定。成长就是意味着你逐渐学会自己处理事情。

教育性理解

教育性理解最好的例子是由教师展现出来的。教育性理解基于对孩子如何体验课程的理解,基于对孩子学习过程中长处和短处的评价。教师需要知道对儿童现有的能力和潜在的能力如何作出评价。

但是,仅对儿童的教育状态进行诊断和评价是不够的。只有在指向领悟儿童在生活的发展过程中成为一个受教育的人的真正意义时,教育性理解才真正成为教育学意义上的理解。因此,教育性理解必须超越仅仅对儿童所具有的和所缺乏的知识进行诊断和评估。从学术上说,它还必须能够对儿童的学习成绩,以及他或她的社交和情感发展中的优势和弱点作出评估。

特拉弗斯是一个聪明的学生和了不起的辩论能手。在辩论协会的教练眼里,他是不会出错的,因为他是校队的明星。社会研究课的老师也注意到了特拉弗斯的雄辩才干。在课堂讨论中,当大家在讨论历史的或当代的问题时,特拉弗斯抨击所有可能的议题,不论谁发表什么意见,他都试图引发观点的冲突,并引以为乐。一方面,社会研究课的老师不得不欣赏特拉弗斯的口才。特拉弗斯在课堂上的积极参与常常使课堂气氛十分活跃。不管什么话题,你总是可以叫特拉弗斯发表一番振振有词的议论。他能够对议题从正面进行滔滔不绝的且很有说服力的辩驳,从反面辩驳也同样一点也不逊色。他总是从对立面来辩论。老师和班上的同学们都逐渐了解了他。于是,经常,当他对老师或同学的观点提出挑战时,老师和同学就会笑着说:"瞧,你又来了,特拉弗斯!"另一方面,老师不禁怀疑,特拉弗斯是否有真正的责任感。特拉弗斯总是喜欢挑起辩论,但令人惊奇的是,不论议题的社会或人类适切性如何,他总是对任何事业中他个人的责任无动于衷。相反,他似乎是因为辩论和辩论给他带来的胜利感而喜欢辩论。他自嘲地称自己是"不受道德约束的,高于一切道德的,只要自己快乐就行!"这使老师感到不解:特拉弗斯喜爱辩论是不是只是一个孩子想让人注意自己呢?是不是他有一种不断证明自己高人一筹的欲望呢?抑或是他已经变得对生活愤世嫉俗,因而对任何事情都不相信了呢?

今天,老师感到很吃惊,因为班里的一个同学,罗纳妮,一语击中了这一点。班上正在讨论"安乐死的道德问题",她打断特拉弗斯的话,问道:"可是,特拉弗斯,你自己究竟相信什么?我怎么可以尊敬一个轻易地每天都改变自己观点的人呢?"自然,特拉弗斯迅即回答说:"我们不是在讨论我个人值不值得尊敬的问题,而是在讨论我的观点的合理性问题。"罗纳妮摇了摇脑袋,嘟哝了一句类似"多么愚蠢"之类的话。这时,老师插了进来,说:"我们的辩论就到这儿为止,现在我们每个人各自就我们刚才讨论的题目写一篇短文。注意,你们不要去争辩某个具体的观点,我的要求是你们针对安乐死这一人类现象阐述你自己对这个问题的意义的回答。不要写别人或某个具体的政策,要写出假如安乐死牵涉你自己的父母或某个你非常爱的人,它对你的适切性。"

老师迫使学生从将一个话题作为训练辩论技巧的课堂讨论转移开来,进入这样一种情景:每个学生,包括特拉弗斯在内,必须对自己持有的观点表现出一些责任感。当然,老师的经验是,绝大多数的高中年龄的孩子,在大多数的课堂讨论中都是带有情感的。但特拉弗斯不是这样。在生活中,愤世嫉俗往往表现在成人身上。但是,老师意识到了特拉弗斯的突出技巧对形成自身的责任心和义务感的这种尚未确定的价值。从特拉弗斯的文章中，老师可能会获得一些对特拉弗斯和他的父母的关系方面的更深的理解。老师已经知道特拉弗斯来自一个富裕的家庭环境，他有许多物质方面的优越条件。他又是家中唯一的孩子，父母的工作都很忙，没有多少时间与特拉弗斯待在一起。对此，老师的任务就是要运用他对特拉弗斯的教育性理解，帮助特拉弗斯将其学术方面的成就融入一个成熟的和具有社会责任感的自我中来。

形成性理解

形成性理解的最基本的来源是父母。这种理解是教育学理解的最主要的形式。形成性理解基于对一个具体的孩子的生活和它的特别之处全面而亲密的认识。我所说的"全面而亲密的认识"不是指认识儿童的每一个事实性细节。"全面"（full）指的是你对儿童生活的更深层的和充满意义的各方面的意识。而"亲密"（intimate）指的则是你和儿童保持一种十分亲近的距离，这样，你能对这个具体的年轻人的特别之处激发出一种个人的责任感。形成性理解与抚养儿童有关。父母对于"成长"有着特别强烈的感觉。一般而言，父母、教师都希望他们的孩子做得好、取得成功和生活幸福。

但是，仅仅希望孩子幸福还不够。只有在父母（或替代父母的人）能够自我反思地将自己希望孩子成功的动机和计划，与成人所固有的关于在孩子走向自我责任和成熟方面什么对孩子有利的感觉区分开来之后，形成性理解才变得具有教育学意义。自然，不仅仅是父母才运用形成性的教育学理解。任何与孩子有替代父母的关系的人都会将孩子走向成熟看在眼里、放在心上。但是，很少有教育者与许多单个的孩子保持足够亲近的距离，因而能够对每一个孩子的生活历史获得全面的理解。尽管如此，形成性的教育学理解正是孩子希望从对他们有影响的成人那里所得到的，如果他们应该获得良好的指导和支持的话。

苏将她的成绩单扔到桌上的时候明显表现出不快。"我太笨了！为什么这么努力，仍然得不到好分数？"她的父母，他们自己也是老师，互相对视了一下。他们知道，他们的女儿不是一个优秀的学生。相反，可以肯定还要更糟一些。在许多课程中与她的同学相比，苏的成绩只是在平均线上下浮动。父母很清楚，苏是一个认真的孩子，但在学校考试中取得一个一般的成绩就得让她付出很大的努力。可是，她父母也知道，这样的成绩单意味着高等教育的许多大门对苏都将是关闭的。他们非常希望她有选择职业生涯的机会，可要得到这样的机会需要很好的学习成绩。父母感到非常痛苦，一方面他们希望给苏加上更多些压力，好让苏达到她很可能达不到的成就，另一方面，他们认识到用父母的希望给她以负担，对苏是不公平的。他们最后决定，苏必须自己作出生活的选择。而父母的任务是尽自己的最大能力在苏自己选择的未来工作方面支持她。

这就是对所有的教育学理解的挑战：与孩子足够亲近，希望给予孩子最好的；同时，又要与孩子保持足够的距离，以了解什么才是对孩子最好的。通常来说，父母比较容易与孩子保持亲近，因为毕竟孩子是他们自己的。对于父母来讲要与他们的孩子保持一定的距离，将孩子看做一个独立的人，不将父母的目标和希望与孩子自己的目标和希望混淆起来就比较难了。对于老师而言正好相反。教师通常能与孩子保持相当的距离，能对孩子的长处和弱点有一个客观的了解。可是，要与孩子保持足够的亲近，在孩子最大限度地发挥潜力方面作出情感和智力的投入，教师可能就会觉得很难了。

信任的同情心促成了教育学理解

当我们感到孩子在召唤我们做点什么的时候，这种情境就需要我们的教育学理解。我们每天都遇到的这种情境，我们把它叫做"教育的时机"。教育时机的一个显著特征就是期望我们做点什么。我们必须做点什么，哪怕这种行动就是停顿一会儿。当然，还有一种反应就是简单地不理睬孩子，继续做我们自己的事儿，好像我们根本就没有教育的责任似的。我为什么要听孩子的话？我与这个孩子的生活有什么关系？确实，有些成人就是这样做的。但是，对于其他的人来说，无视对孩子的责任感是根本不可能的。孩子呼唤我帮忙,我感到我必须负责任地响应。因此,"被呼唤感"(feeling called upon)是作为一名教育者、父母和教师的更深层次的意义和生活的意义。

对于教育学理解的实践来说,再也没有什么比我们的信任的同情心(trustful sympathy)这种品质更重要的了。教育学理解常常以对孩子正在发生的事的即刻领悟形式出现。具备同情能力就是能够分辨孩子的声音、眼神、动作和神态的细微差异表征。带着同情心,我们感受到孩子的体验是什么样的,他又是处在一种什么样的情绪之中——受挫、兴奋、伤心、厌烦、快乐、冒险、恐惧、忧郁、着迷。在对孩子保持一种同情心的同时,我们被同样的情绪、同样的感情所感染,于是,我们和孩子形成了一种更为亲密的关系。我对同情心这样的解释,其意义远比我们日常生活中那种普通的同情心要重大得多。在日常生活中,同情心常用来表达外部的支持或保持一定距离的关心的情感。

同情性理解(sympathic understanding)要高于移情(empathy)。① 表现出移情["移情"的字面意义是,感情移入(in-feelings)]暗示我们,将我们的思想和生活的某些部分移入另外一个人的身体之中,我们感到我们自己进入了孩子的体验之中,而不一定为它所动。从移情的有利角度来看,孩子变成我们分析和观察的对象。这一点有时被看做是它的长处,因为一位移情性的观察者能够将自己摆在另外一个人的位置上,而同时对于对方的兴趣和主观性保持距离、感情中立和无动于衷。但是,对于与我们差异极大的人的移情有时很难做到,因为我们可能会发现很难将我们自己的内心生活移入对方那里。此外,教育学通常要求教育者有一种比移情所能做到的更加强烈、更为亲密的理解形式。

比较而言,同情(sympathy)["同情"的字面意义是,与感情在一起(with-feelings)]与其说是我们设身处地地生活在对方的世界中,还不如说是对方已经生活在我们的内心世界中。我们认识到对方的经历是一种人的可能的经历——因而也是我们自己可能的体验。但是要将我

---

① 请参考 Max Scheler (1970), *The nature of sympathy*. Hamden, Conn.: Archon Press.

们的大脑和心灵向对方的内心生活打开，我们必须满怀爱护和关心，使自己面向他人。爱不是盲目的，它使我们以他人来看待他人。因此，教育学的同情心爱护地指向儿童的内心世界，在其中不会将自己与孩子的自我混淆。简言之，同情心在教育学意义上指的是成人从关心的意义上"理解"儿童或年轻人的情境。因此，从这个意义上说，教育学的理解也是一种投入式的理解。

一位被学生评价为富有同情心的老师往往被他们描述为温暖的、开放的和善解人意的。对于大多数的孩子来说，老师的同情心比什么都重要。这一点是毫无疑问的。这是一位能够改善课堂气氛的老师，一位能够发现问题的老师，一位你遇到困难时可以信赖的老师。在充满同情的关系中，接受意见、鼓励、帮助、建议和学习指导要容易得多。一位对孩子富有同情心的老师往往被孩子们看做是公平的、乐于助人的和开朗的。与同情相反的情感是反感（antipathy），它的特征是嫌弃、冷淡、漠不关心、不友好、疏远、憎恨和鄙视，以及所有那些使得教育的影响不能发生和不能深入的品质。

反思和行动的关系

一般来说，我们将行动和反思区别开来。积极地投入儿童教学，与静下心来对过去、现在和将来进行反思，记住这两者的区别很重要。反思发生在那些我们能够对我们的经历、对我们所做的或本应做的，或者对下一步我们可能要做的进行反思的时刻。

在教育学的理论中，反思是一个基本的概念，从某种意义上说它是"思考"的另一表达形式。反思就是思考。但是在教育学的领域，反思含有对行动方案进行深思熟虑、选择和作出抉择的意味。它出现在诸如"反思性教学"（reflective teaching）、"批判性反思实践"（critical reflective practice）、"在行动中反思"（reflection in action）等这样的术语中。大学的教授们通常向新手教师强调好的教师都是善于反思的教师；新教师被教以如何在教学实践中进行反思。可是，我们通常没有告诉新教师,在与孩子相处的日常生活中似乎没有多少反思的机会——而这不是老师或其他人的错。这是与孩子打交道的生活的一个特点。它不允许老师在教学的时候对他们正在做的事进行批判性反思。更成问题的是,教师几乎没有机会与同事们一块儿对教学的实践和教育的经历进行全面的反思。教学职业的一个挑战就在于试图创造那样的空间和机会。这也部分地属于行政方面的问题。

这样的讨论让我们立刻对关于经历的反思和关于形成教育经历的那些条件的反思作出区分。可以这样说,实际上所有的老师,包括所有的父母,在他们的生活中都感受到了种种的限制,使他们对那些他们负有教育责任的儿童和年轻人很难施加教育的影响。许多这样的限制都与操纵人们生活的机构和政治因素有关。比如说,老师普遍关心的一个问题是,现代的学校往往像商业一样来运作,"生产绩效"、"产出数量"、"计划的成功增长比率"、"教师的效率"、"学生标准化考试成绩"这样的衡量方法十分齐全。结果,由于他们工作条件的异化和对象的物化,他们对和儿童生活在一起的教育学性质的全面反思能力和倾向正在削弱。

教育的科层体制(官僚体制)愈来愈试图加强对教学过程的行政和集权式的控制。在这种情况下,教师的任务也变得"理性化"了。结果是,作为专业教育者的教师变得越来越丧失了技巧,因为课程变得越来越规定化和受集权式的控制。学生的教育工作被高度地具体分工为诸如数据管理员、心理学专家、咨询专家、学校行政管理者(生产流水线化)——他们当中有许多与学生很少有接触和联系,因而无法以一种持续的方式给学生较好的帮助。由于老师越来越被要求技术化地对待他们的教学工作,他们就越来越丧失了对学校和课程应该为之服务的学生的教育经历这个问题的意义、目的和重要性的反思能力。

近来,教育理论家论证说,我们对孩子采取教育行动的每一个情境都是充满着理论因素的。由于我们生活在一个科学发达的社会,我们的日常生活经历的映像都是含有理论因素的。相应地,我们可以对系统反思的几个层次作出区分。其中有些层次互相之间有些交叠。第一，有一种我们每时每刻都在进行的反思和行动——部分是习惯性的，部分是常规化了的，还有一部分是由直觉的、前反思的（pre-reflective）以及半反思的（semi-reflective）理性组成的。这是普通生活中的常识性反思和行动。第二，我们对我们日常生活中的实际体验以偶然的和有限的方式进行反思。在这个层次上，我们将我们的经历付诸语言，并对我们的行动作出叙述：我们详细描述发生的事件，讲述故事，并形成经验性的判断、实践性的原则、注意事项以及有限的看法和理解。第三，我们以一种更加系统的和更加持续的方式对我们和他人的经历进行反思，以便对我们的日常行动形成理论性的理解和批判性的观点。在这个层次上，我们会使用现有的理论来对这些现象作进一步的理解。第四，我们对我们反思的方式、理论化形式进行反思，以期对知识的性质、知识在行动中如何发生作用、如何将知识运用于对我们实际行动的积极理解等方面达到一个更加自我反思性的领悟。对于教育者来说，重要的是，不仅能周全而缜密地行动，而且能理解反思的经历和反思经历所使用的知识类型的意义和性质。

　　自然，反思的本身也是一种经历。有些反思是指向未来的行动的（期盼性的，或者说行动前的反思）；有些是对过去经历的反思（回忆性的，或者说追溯性的反思）。在这两种情况下，反思都是人的一种经历，它与具体情境保持着距离，以期对那些经历所隐含的意义进行考虑。通过对经历的反思，我理解和接近了在那个经历中所隐含的意义体验。不可避免地，生活中的反思性时机涉及暂时地退出或走出我们对世界的直接投入。"哪里有反思，哪里就有中止。"杜威说。① 当我们在反思时，我们为了达到更加沉思的态度而中止了我们现在的投入。而且，在生活当中还会发生主动性的或交互性的反思，比如，我们在做某件事的同时还停下来反思。所有的这些反思形式通常就构成了我们与孩子的生活：

---

　　① 请参考 John Dewey (1916/1973), Experience and thinking. In J. Dewey (1973), *The Philosophy of John Dewey*, J. J. Mc Dermott, ed. New York: G. P. Putnam's Sons, p.502.

（1）行动前的反思能使我们对各种可能的选择仔细地进行反思，决定行动路线，计划我们需要做的各种事情，以及期望我们和他人由于我们计划的行动结果而可能得到的经历。行动前的反思有助于我们以一种有组织的、决策性的、有备无患的方式处理情境和与人相处。

（2）主动的或交互性的反思有时也叫做"行动中的反思"（reflection-in-action），它使我们能够与我们立刻就要面对的情境或问题相协调。这种临场性的反思让我们当机立断地即刻作出决策。

（3）还有一种常见的经历，它由交互作用的教育时机本身构成，以一种不同的反思类型为特征：一种全身心的关注（mindfulness）。正是这种全身心的关注将机智的教师行动与上述的行动形式区分开来。当我们在与人互动（谈话、做手势、聆听、工作）时，我们通常没有时间和机会对正在发生的经历进行反思。多数情况下，我们与孩子的教育互动大都是由持续不断的教育情境和环境所构成的。在我们行动的瞬间，反思既不是在行动间断的时刻发生的，也不是与行动并行发生的。换句话说，瞬间的行动通常并不是由反思产生的。然而，这种交互作用的经历或者说"冲动"本身可能就是充满了全身心的关注。

（4）追溯性的反思有助于我们理解过去的经历，从而对我们与孩子的经历的含义获得更加深刻的理解。由于追溯性的反思，我们作为教师或父母可能会成为更加有经验的实践者，因为反思经历给我们提供了新的或更深的理解，我们的生活因而变得更加丰富了。

行动前的反思

教师运用的行动前反思至少有两种相联系的类型。一方面，有一种需要处理教育情境的期望性反思（anticipatory reflection）。例如，莱恩老是跟老师捣乱，这已成了一个头痛的问题。老师拿不准如何去对付这样的冲突。她试图从莱恩的角度来理解同样的情境。当她下课后与莱恩谈话时，他们似乎能够达成一致的理解。但是一到了课堂，莱恩就似乎变成了另外一个人。他破坏课堂上的学习活动，让课堂讨论几乎没法继续下去。老师与同事进行了交谈，试图更好地了解这个男孩。

她还打电话给莱恩的母亲以得到更多的了解和支持,来帮助莱恩在学校更加配合和对学习更加有兴趣。老师必须对莱恩采取适当的行动。换句话说,就第二天如何采取行动,这位老师进行了行动前的期望性教育反思。

这里再举一个例子。一位母亲昨晚打电话来,说她的女儿多萝西感到不舒服,不想上学。但是,她不敢肯定她是真病了,还是想象出来的。她知道最近几天多萝西感到不愉快,因为多萝西觉得在学校再也没有人喜欢跟她玩儿了。多萝西觉得有些孩子也有这种受排斥的感觉。老师答应要调查此事。这种情况让老师有一系列的行动方案可以选择。老师该去和多萝西谈谈,建议她与她最好的朋友说说她的受伤害的情感吗?(多萝西能够自己处理好这事吗?她的朋友能够接受这样的方法吗?)老师是不是该事先悄悄地告诉多萝西的好朋友,先让她们了解多萝西的心情呢?(这些孩子们会理解吗?她们是否会有些愤怒,使她们不能对多萝西产生同情呢?)或者老师对全班同学说说,看看有谁愿意与多萝西接触呢?(这是否会引起全班同学对多萝西的事情过多地注意呢?)老师是否可以采取一个更加间接的方式,与全班同学读一个关于友谊的故事,并谈谈被遗弃的感觉呢?(孩子们能够明白这个故事并从中受到启发吗?)老师是否可以提名多萝西作为"本周优秀同学",让大家写一写她的"优点"呢?(这会不会导致相反的结果,反而让其他的同学取笑多萝西呢?)或者老师该问一问多萝西自己,是否知道一种与她的同学言归于好的办法呢?(老师的干预会不会让多萝西感到难为情呢?)这种期望性的反思指的是在这样的一些情境下,我们必须集中思想去面对一个具有挑战性的、困难的、令人困惑的情境并采取具有教育意义的行动。

另一方面,还有一种更加系统的、以任务为中心的课程计划方面的反思。计划是系统的期望性反思实践。在计划当中,我们会做列表,分类和归纳说明我们打算如何讲授一个课题。我们想象我们将如何在学问的海洋中行舟:先做这个,然后再做那个,接着再来讨论更复杂的,等等。从以往的经验当中,我们发觉,计划对于事实性的、资料性的知识最为有效：这项阅读作业，那些学习问题，那项复习题，安排好的测试时间。我们试图想象学生会如何对我们的课程计划作出反应：我们在何处需要停下来休息？在何处停止教学，开始对我们将完成的任务作些评估？

超前计划课程或超前决定在教育的情境中如何采取行动，是优秀教学的不可缺少的标准。不作超前计划的教师搞不好教学。通过计划和预先把事情想好，我们以一种有意义的方式作好了教育准备，随时为孩子服务。不作计划是不实际的。但同时我们也应该看到，当这种计划性的教学使我们与孩子的生活变得太固定、刻板、不变通以及太具有规定性的时候，会发生奇怪的后果。从某个方面来看，不灵活的计划可能会冻结本来充满了活力和生机的知识体系。① 这样的计划往往将课程局限成一种框架，否则它将是一个丰富多彩的主题。

计划的一个特点，从某种意义上说，是将每一个主体变成物化了的客体。甚至作为计划对象的孩子也变成了一个客体，他的行为和反应被我们以一种更加操纵性的、可预见性的方式来加以考虑。即使是计划者本人在计划中也必须变成一个客观的因素。当我谨慎地作未来的计划时，我也在设计自己。比如，我计划将讲述一个故事作为一堂科学课的一部分，在这种期望性的反思中我意识到我将成为的角色——一个讲故事的人。然而，当我对我在一堂科学课上的行为进行剧本式的描述时，我剥夺了我自己主观性的一部分，割断了我与世界直接的、积极的联系。

一旦计划完成，我必须按计划将其付诸实践。从某个意义上说，我对某个具体的教学情境的计划变成了一种义务，一种内化了的心理关注，它以某个方式使我朝向这个情境。比如，我计划讲述一个科学家的故事，于是我为这个未来的情境设计一种气氛。这样，我为这个我将以

---

① 当然，教师被指派去教他们不甚了解的科目，这种事在加拿大和美国经常发生。这是基于一种错误的假设：懂得怎么教书的教师就应该什么都能够教。对某门学科的掌握比学生好不了多少的教师在教学当中不够熟练，难以做到游刃有余、讲解生动。他们可能需要呆板地备课，否则将不知所措。

教师的身份行动的情境作好了准备。假如我能把握好计划中的意向和气氛，我就能使自身作好几乎所有的准备——学生的情绪、他们的问题和所有其他的方面。

但是，在计划的严密性里隐含了一种危险。那种试图将未来的情境完全固定的计划剥夺了我的自由。这种自由对于在情境中随时发生的教育时机面前保持开放性是十分必要的。当计划变得太死板的时候，成人与孩子的互动就有丧失我们人类日常互动所特有的不确定性和开放性的危险。计划的行动于是变成了剧本化的行动。即使是在真实的情境中，计划很少一字不改地严格执行，但有些老师还是竭尽全力坚持计划，好像它们是铁定的原则。

我们应该认识到，当我们认真地为某个教学情境作计划时，我们体验到这种计划是一种选择和一种义务，一旦我们处在实际的情境中，它就牵制着我们去完成计划。这也许可以解释为什么一堂计划好的课，我们当天再次讲授时有时会感觉到它比我们刚讲完的课要乏味和没有生气。要想使课程顺利进行，我们需要坚持期望性想象所产生的计划中的那种气氛。而且，我们还应该清楚，我们按别人的计划教学时，可能不会有按我们自己的计划教学时同样的激情和热情。真正的计划总是涉及义务和指向的体验。它牵制着我们，当我们将期望的活动表现出来的时候，它们也得以实现。[①] 如果我们仅仅按照别人的计划教学，我们就变成了一套简单的已经确定好的行为的执行者和技术员了。

当然，行动前的反思有各种各样的层次和程度，从松散的准备到仔细计划好的结构和序列。而且，还有一种行动前反思与哲学的观点和全面的教育计划有关，它是由一个人随着时间的推移而逐渐形成的。比如，当我采取一种个别化的教学方法时，我所准备的教育情境自然会与一种更加群体化的教学方法在某些重要的方面不一样。

[①] 欲阅读关于决定（decision）的现象学分析，请参考 Paul Ricoeur (1966) *Freedom and nature: The voluntary and the involuntary*. Evanston, Ill.: Northwestern University Press.

行动中的反思

对于教师只是某种事先已有具体安排的计划或课程大纲的执行者的批评,一种回答一直是教师作为"反思性实践者"(reflective practitioner)的观念。它断定教学的交互过程本质上是一个反思性实践。持有反思性实践者的观点的人认为,教师,就像其他的专业工作者在医疗实践或工程技术领域所做的一样,是在一个特定的领域(教育事业)范围内工作的专业工作者。

人们辩驳说,反思性实践者是一个通过不断作出决策而在行动中进行反思的专业工作者。在这种决策中,这个专业工作者被看做是由他或她所在学科的理论和实践原则所指导的——即便这些原则可能以一种或多或少隐含的方式进行运转。因此,一些将教师看做是反思性实践者的理论尝试,对教育行为直觉的、动力的和非理性的特征更加敏感。这些理论强调说,我们不应该将教学的行为降至一个简单的将理论用于实践的人类行动模式。教学不是输入、处理而后再输出的技术过程。然而,多数的模式最终似乎还是提供了一个重新构建教学互动时机的逻辑。它们看起来与理性的慎思或决策惊人地相似。比较一下家庭医生和学校的教师这两种反思性实践者的形象,它们有多么相似呢?

我向我的家庭医生解释我的病痛:我感到右手有种瘫痪的感觉。尽管几周之后我的右手康复了,我仍感到一种奇怪的让人焦虑的症状:肌肉和关节虚弱、僵硬;手指感到刺疼。我仍然不能很好地使用我的手指,当我想写作的时候这真有点令人讨厌。医生在仔细地听着,并写下了些什么。他询问了我更多的问题并对我的手臂作了检查。然后,他又坐下来。当我默默地等待着他的建议时,我发现医生正在纸上画着表格。他迅速地画了几道垂直的竖线,然后在那些一栏一栏的表格里填写着专业术语。我向后挪了一些。显然,医生在反思我的病痛是什么情况,该采取什么样的可能的治疗措施。我又等了一会儿,然后清了清嗓子。我问医生他在那个小小的笔记本上画什么。医生指着本子告诉我说,在第一栏里他列出了我所诉说的各种症状:手臂虚弱、心悸、疼痛、丧失知觉。在下一栏里，他将不同的症状与可能的疾病列了出来。在第三栏里，他又列出了可以检查不同诊断可能性的测试。在第四栏里，医生列出了四种建议性的治疗，所作的测试哪一个符合就采取哪一种治疗措施。医生向我解释说他在试图决定哪一种诊断更加合理，因而可以首先采取哪一项测试。当这位医生给某个实验室做出了参考表格时，我忽然想到这位医生已经向我展示了反思性实践者在工作时具体生动的图像。在这位医疗专业工作者的实践中，显然多数时刻是在作客观的反思，仔细地反思各种可能的选择方案，并决定最佳的行动途径，然后将判断付诸行动。这些就是一个行动的反思形式的组成部分，我们可以将它们看做是一种"现场决策的反思"。非常有经验的医生常常形成一种对病人的病痛的敏锐的、直觉的眼光。对于这些医生来说，反思的过程已被融入一种更加隐含或直觉的能力中去了①，它在医疗情境中医生行动的那一刻自然就显现出来了。但是，即使是后面这种更加隐含的"行动中的反思"过程，也是以医疗科学为基础并以解决问题的行为为条件的。②

这位反思性实践者，面对病人的大夫，他的体验与面对学生的教师的情形有何可比之处呢？在上面这个例子中，大夫是一个问题解决者，他运用身体和身体疾病的知识来帮助病人恢复健康状态。教师和父母是不是同样意义上的反思性实践者和问题解决者呢？答案是有些时候是这样。教师涉及一个广泛的实践。有时，教师要处理这样的解决问题的情形，如怎样与一大群的学生分享不足的教学资源。有时，教师准备和计划教案、作业或测试。另外一些时候，教师进行日常化的或习惯化的教学工作。定期地，教师与父母或资源丰富的人士讨论特定学生的进展或特殊的需要。毫无疑问，当教师（或者教学专家，如阅读顾

---

① 请参考第 8 章中题为"智慧行动的机智结构"的部分。
② 当然，医疗情形常常也是规范性的（道德的）。然而，像是否要对生了坏疽的腿进行截肢这样的医疗问题，对专家来说是一个纯粹的医疗方面的决定，专家必须了解有什么可供选择的方案，对肢体生病的部分进行截肢的决定会产生什么后果，存在什么潜在的危险。医疗决定的规范或道德范围通常与一些非专业人士也能作出的考虑有关，比如，截肢后生活是否还有意义。

问）对一个在诸如阅读方面有具体困难的孩子作诊断的时候,这个诊断过程可能与家庭医生所作的,会明显地相似。事实上,阅读问题有时可能有生理方面的根源。因此,阅读专家可能会投入仔细的反思实践过程中。尽管这样,我们这里不想重点谈及那些专门化的诊断背景,也不想去主要谈论由惯例和习惯所支配的教学,而是对教育情境或时机中的相互作用的现实特别加以关注。确实,教育理论中尚未被人们理解的,正是在这种教育时机不断变化过程中的现场瞬间行动。

与医生的医疗情境的反思实践最为相近的情境是教师和学生之间的教育情境。但是,与医生不同的是,教师似乎更加关心对某些体验的教育学意义和重要性的反思,而不是对解决问题的反思。问题需要的是解决办法、"正确的"知识、有效的步骤、解决的策略、有力的技术或方法,以便得到结果! 当我因为病痛去看医生的时候,医生很可能能够解决或纠正我的问题。

可是,教学的问题很少是这种意义上的"问题"。相反,教师是在处理情境、困境、各种可能性和困难。情境和困境必须尽我们最大的可能去处理,而可能性和困难则必须加以实现和克服。最终,困境和困难构成了"有意义的问题",或者说,"有意义的疑问"。比如,当儿童变得"难以对付"或儿童感到"困难"(这常常是两码事),这种困难很少能够"解决"和根除。我必须要问的是这种困难对这个孩子意味着什么,而且对于作为教师的我又有何教育学意义。有意义的问题是不能一次就永远"解决"或根除的。很少有教育学的问题是能够当场或一夜之间就消除的。相反,我们必须学会与这些情境相协调以及互相之间如何相处。

教育学意义的问题是非常规范性的[①],对与经验的意义有关的问题

[①] 非常有趣的是,有些"反思性教学"或"行动中反思的教学"(teaching as reflection-in-action) 的主要模式结束得很奇怪,看起来十分可疑地与科学研究本身的过程相似——后者以"临场实验的严谨"、"假设",以及"测试"而告终。请参考,例如,D. A. Schon (1983), *The reflective practitioner: How professionals think in action.* New York: Basic Books; (1987), *Educating the reflective practitioner.* San Francisco: Jossey-Bass.

必须更好地或更深刻地加以理解。于是，以这样的理解为基础，我在这个以及未来的情境中可能能够更加机智地和富有思想地采取行动。但是，教育学的问题（疑问、困境、困难）永远也不会消失。它们始终是教育对话的主题。它们需要我们这些希望从洞察中获益的人以一种更加适当的个人方式去接近它们。换句话说，"困难"是某个我们必须去阐述、研究并始终保持关注的东西。

教育情境中的智慧性行动

在本书的前面部分我描述了教育时机，把它看做是教师做了与孩子或年轻人相关的学习方面恰当的事的情境。但是，教育的情境通常不允许教师停顿下来进行反思，分析情况，仔细考虑各种可能的选择，决定最佳的行动方案，然后付诸行动。一些研究人员估计教师平均每分钟就要作一个决定。这意味着教师在不断变化的情境中要不断地采取行动。多数情况下，教育的情境要求教师不断地行动。用理性观察的标准来看，这种不断地行动可能就像一种当机立断，但是，这又不是普通的解决问题和反思意义上的决策。应该强调的是，所有的反思总是假定有一个时间的因素并与经历保持一段距离，这经历就是我们的反思对象。在这种保持距离的反思中，我们总是或多或少地以一种物化的方式意识到我们的行动。自我以一种主体的我和对象的我的关系（I-me relation）方式照射到自身。比如说，我注意到我自己感到困惑不解或烦躁不安。

在教育学的交互作用中，我们通常体验不到两个自我的分裂：一个行动，另一个对行动进行反思。当然，当我们与学生或孩子一起活动时，我们能从智慧上意识到我们正在做的或说的。但是，这种意识容易挥发，瞬间即逝。有时我们在意识里捕捉到我们说了我们本不应该说的话，或者在做一些我们可能会感到后悔的事之前意识到了并停顿一下。但是，这些都是"自我"意识的行为，一种融入身体的智能或机智。它与仔细反思的决策行为大不一样。（值得注意的是，自我意识，即意识到自己的行为，很容易变成对自己过度紧张地注意，使得正常的社会互动变得不自在、做作或根本不可能。）在我们与孩子们的教育生活中我们以一种下意识的方式主动地立刻参与，只是到后来才进行真正的反思。当我们在一种情境中遇到一个孩子需要我们采取行动时，通常的经验是在我们真正知道我们做了什么之前我们就已经行动了。

教育情境中的智慧性教育行动（thoughtful pedagogical action）的体验具有一种特殊的结构。它多数情况下既不是习惯性的又不是解决问题型的，它也不仅仅是智力方面的或身体方面的，既不是慎思意义上的纯粹反思，也不完全是自发的或任意性的行动。"生活在教育的时机"完全是一种在一个特定情境中的个人反应或智慧性行动。智慧性行动（thoughtful action）与反思性行动（reflective action）的区别在于前者以智慧的方式对它的行为进行关注，而不是从情境中撤出来反思各种办法和行动后果。因此，当我们谈到机智性行动（tactful action）时，我们不说它是"反思性"的，而应当说机智性行动是一种全身心投入型的智慧性行动。

周末，我读了里尔克（Rilke）的诗《豹》的一种引人深思的译文。今天是星期一的早晨。我走进十二年级的教室，一心想着准备好的这首诗的教案。如果我是一位没有经验的教师或天真的教师的话，我就会以为我可以走进教室来"教里尔克的诗"。只要我掌握了这首诗并且将它表达清楚，任务就完成了。任务完成的好坏程度应该要看我对我将要说的或要做的考虑的程度以及学生对我试图要做的事情有多大的兴趣。但是，现在我知道仅仅走进教室并期望学生已经准备好了学里尔克的诗是不够的，即使运用一个恰当的引子也还不够。是的，我个人感到里尔克的诗的这个译文十分有趣，并为之兴奋。

但是，当我走进教室时，我直觉地察觉到这些学生刚从哪儿回来。我知道有些学生在周末做兼职打工，还有一些孩子周六和周日玩得很愉快或很不开心，有些孩子晚上睡得晚，不一定期盼下一个星期的学习生活。尽管如此，这些孩子都还是乘校车或以其他方式来到了学校，并在早晨8点在座位上坐好了。此刻，他们并不关心里尔克的什么诗。因此，当我走进教室，我对这群孩子的活力和气氛有些敏感（尽管我没有真正地发觉到自己的这种意识），我碰巧注意到了达里尔。他的叫叫嚷嚷和笑声好像有点适合全班的情绪。他看到了我的眼光，我朝他微笑了一下。他把这理解成让他对在半决赛中失利的那个冰球队作个点评。冰球我实在不感兴趣，但我还是赞同地点了点头，还说了个冰球的笑话。一些孩子也即兴发表看法。其他的孩子也参与进来了。全班同学都凑了过来。这是一个极为表面的闲聊。但是，在我们正式开始做事之前，我们需要以某种方式把大家联结起来。

　　星期一早晨的课常常很难调动起来，因为学生们确实还没有完全醒过来。正如我们星期一早晨从床上爬起来，摇摇晃晃地刷牙、洗脸，开始新的一周生活一样，我们通过激发兴趣和反思来打发周一早晨的课程。在一周的其他工作日里，学生也可能会表现得不大愿意上学习连接词、比喻、小说或者诗歌的语言课。我本来计划一开始先在黑板上写出一个问题，让同学们反思回答，然后再开始对里尔克的诗的主题进行小组谈论。可是，我发现现在并不合适。于是，我用唤起注意的方式开始，"我想给大家读一首由赖纳·玛丽亚·里尔克（Rainer Maria Rilke）写的诗，题目叫《豹》"。（我在说话时，已经感觉到学生们的情绪还不适合这类的东西，于是，我不由自主地说了句听起来像道歉的话）"我知道今天早晨诗歌可能不是你们最想听的……"（有几个孩子不以为然地看着我，玛莎眼珠往上翻，好像在说，"你可以再说一遍！"……这时，我感到我应该相信自己。我不想显得像道歉似的，于是我带着更多的热情说）"有时候，很难做我们想要做的事。《豹》这首诗讲述了一个故事，就说明了这一点。"

　　里尔克这位诗人的生活充满激情。他的诗反映了一种探索生活的令人难以置信的执着。为了挣钱，里尔克做了法国著名雕塑家罗丹（Rodin）的秘书。但是，在巴黎工作的时候，里尔克由于不能创作感到很气馁。有一天，他向罗丹诉说，他已经好几个月不能写诗了。罗丹给他提了个建议，这改变了里尔克诗歌的创作道路。罗丹建议他上动物园去，挑选一个动物，观察笼中的这个动物，直到他真正地看清它为止。"去坐在兽笼前。几个星期不嫌太长。"罗丹说。想一想这样耐心地注意观察一个动物！里尔克挑选了一只豹，最后以这种动物的名字创作了这首诗。继这首诗之后，里尔克以这样的观察为基础创作了更多的诗篇。这些诗后来被人们称做"看的诗"（the seeing poems）。在每一首这样的"看"的诗里，显然，里尔克看到的比我们一般情况下看动物时看到的要多得多。在这首以"豹"为题的诗中，里尔克似乎捕捉到了它狂野的灵魂。

在向学生讲述这个故事的时候，我不断地注意到谁在听我讲，谁在躁动不安，或者心不在焉。这是一种与单个的学生和一群学生接触的教师的知觉。但是，随着故事的深入，全班同学似乎都在仔细听了。学生们的聚精会神促使我将有关里尔克的故事讲得更加有声有色。我问大家是否看过罗丹的雕塑。接着我们又谈论了富有创造力的艺术家是如何"看"事物的。他们能够看到我们看不到的东西吗？我告诉学生们《豹》这首诗给我留下了很深的印象。"这首诗是用德文写的，我有这首诗的三种译文。在我将材料发给大家之前，我想给大家朗诵这首诗的三种译文。之后，我们来看看哪一种译文最有召唤力，最有诗意。"

不论我课备得多么好，或者我对课的内容多么富有激情，可课堂上的相互作用的情境就是这样，我必须时刻意识到孩子有怎样的感受。（在高中，你每天或每两天与学生见面就这么些时间，因此，很容易形成一种完全忽略学生的以教师为中心、以课程内容为中心的反思和行动模式。）然而，这种意识更是一种智慧，而不是一种仔细计算的或缜密的反思。缜密的反思同样会让你与学生丧失接触，因为它会在教师和学生的操纵性人际关系中制造距离。因此，当我与学生交流时，我必须与他们保持一种真正的面对面的关系和亲密的个人关系。上面这个例子想要说明的是教室里的生活是充满偶发性的，每一个时刻都是一个具体的情境。而且，相互作用的教育学过程的瞬间性很难加以描述，因为任何的描述往往会将体验放置在一种与体验本身保持着反思的距离的位置上去加以沉思。

这里是另外一个例子，这次是来自家庭的情境。马克在练习小提琴。但是，他很疲倦，提不起精神，多数情况下只是做枯燥的动作而已。琴声听起来也很疲倦。从远方来马克家探望的祖母朝房间里看了一下。她看到了马克和他肩上松垂的小提琴。马克的脸上显出沮丧的神情。祖母小心谨慎地走进房间，在角落找了张椅子坐了下来。她静静地继续她的针线活儿。但是，马克注意到了祖母的出现，因为他的姿势挺拔起来，弓拉着弦有了新的活力。他弹奏曲子的方式突然有了活力。马克不再是仅仅练琴而已了。他是在为祖母演奏。在曲中有一种感情。祖母显然十分愉悦地聆听着。

　　祖母如何瞬间就知道怎样做，这真是奇妙！然而，假如你事后让她描述她的行动，她甚至可能会说，她并没有真正想要去激发马克呢。她只是坐了下来，因为这个时刻似乎在召唤她这样做，而仅仅是她的出现，就让马克有了活力，练琴更加有劲了。祖母觉得她的出现可能会使马克有一个音乐的情绪。但是，从什么样的意义上说，反思融入了她的行动当中呢？在她坐下来之前她想到了这些吗？也许吧，从某种模糊意义上说。但更可能的是，在她坐下来的那一刻她就意识到了她的行为的教育学意义。她也可能会说正好相反。马克可能会停止练琴，并向祖母抱怨他不想练琴。那时，祖母又会怎么做呢？她是不是能够将那个情境也转变成教育的时机呢？也许吧。在我们与孩子的教育生活中，没有什么可以完全预见到、预测到、计划好或加以控制。而且，通常是在事后，我们才有机会来反思这个情境的意义。

　　正像行动前反思从粗略地准备到仔细地谋划有不同程度或层次一样，瞬间的行动，从瞬间毫无准备地行动的直觉思维到更加自觉的经过调和后的即刻行动，都有不同的模式。在这种忘我的直觉模式中，这种"反思"具有真正的对话性质，它表达了我们互动的开放性、直接性和分享性。而在那种更加自觉的行动模式中，对话中的我或自我与反思中的我则明显表现出紧张，它阻碍了直觉行动的自然对话本性。在某些情境下，这可能是由对话的参与者或话题的性质所致，这种情况迫使我进入一种更加谨慎的反思情绪。当我在对话当中发现我对自己的观点或动机不大确定时，这种情况就会发生，它导致对细节更加觉察和注意。在这种情况下，我在行动时便意识到我自己的行动。在另外一些情境中，当我发觉我不相信与我交流的对方时，瞬间行动的这种自然对话就有些被迫性。这时，我选择的方式就像我在繁忙的交通高峰时间选择道路一样。我改变车道，为了走近道。可是，我已经发觉我将会在左拐弯的交通信号后面滞留，因而会失去已选择的走左边车道的优势。在这种现场主动判断交通的情况下，我已经意识到某些组合行动的可能后果了。我瞬间就知道了某个行动可能会出现什么样的后果。在交通高峰时间，你同样也没有时间去进行仔细反思的过程。

再举一个例子，来看看瞬间行动和反思态度的关系。父亲正在忙着什么活儿，这时，他眼角的余光注意到6岁的儿子托尼正在将什么东西藏到碗橱的后面去。"你在干什么，托尼？"父亲问道。"我们不把东西放在碗橱的后面。你为什么不用抽屉来放东西呢？"托尼停了下来。他显得有点尴尬，甚至有点做错了事的感觉，但是，他说："噢，没有，没干什么，爸爸。没有什么。"但是，爸爸却紧逼不放："但是，你刚才在碗橱后面干什么，托尼？能给我看看吗？"托尼温顺地拿出来一把小刀。"这是杰夫的刀。他借给我今天玩儿。我连刀刃都不会拿出来的。我只是想等到明天再还给他。杰夫的妈妈准许他玩儿。"托尼的脸有点涨红和紧张。他知道他的爸爸不准许他玩小刀。确实是这样，他爸爸说："托尼，你知道在我们家不准许玩小刀。请你把小刀还给杰夫，好吗？"

托尼离开房间之后，父亲感到有点不平静了。他为什么要这样做呢？甚至在他对儿子说话的时候，他就开始对自己的做法感到不舒服了。后来，他将此事说给他的妻子听。他说："你知道吗，让我感到非常恼火的不是托尼拿了刀玩儿，而是他想对我隐瞒什么。也许，我觉得他在做偷偷摸摸的事。而且，撇开了我。好像我和他之间有了隔阂。托尼和我一直都是非常坦诚和相互信任的。现在，我感到这把小刀就像一个秘密，在我们之间造成了距离。我从他的脸上看到他很尴尬。好像他有了这个面罩，而没有通常的那种坦诚了。"母亲和父亲又谈了一会儿小刀和秘密。

第二天，父亲把托尼叫到一旁。他说："我不知道拥有一把小刀对你这么重要。我想,你年龄已经够大了,可以拥有一把小刀了。"然后,他递给托尼一把小刀。"让我来告诉你怎样拿这把小刀,这样我们就不会伤着了。你知道怎样打开,怎样切割吗?对了,你做得很好……注意总是要这样拿,不要对着自己的身体方向来切东西。"

托尼的爸爸给了他儿子拥有一把小刀的责任。但是还有更多的事没法预料。托尼一直在保守秘密。父亲对儿子的隐瞒行为作出了直接的反应。经过反思,托尼的父亲逐渐认识到保守秘密并不一定是件坏事。这样,托尼的父亲更倾向于允许托尼有自己的小秘密。这位父亲甚至看到了在托尼的独立性逐渐成长的过程中秘密的重要性。

这些小故事说明了两种情境:在其中的一种情境中,成人实现了教育的时机(马克的祖母);而在另外一种情境中,成人起初失去了适当行动的教育机会(托尼的父亲)。但是,托尼的父亲从这个经验当中得到了某种启示,于是又能够弥补开始时失去的教育的可能性。他对年龄小的男孩拥有小刀作了反思,而且他对秘密的体验对于托尼可能具有的意义也作了反思。之后,父亲选择了更加富有教育性的智慧取向。以后,假如托尼再次向父母隐瞒什么,他的父亲可能就会倾向于不去揭开它,因为现在父亲对孩子需要有他们自己的空间有了更加全面的理解。但是,当这发生时,它就不是行动中的反思了,而是对行动的反思了。

对行动的反思

这样,我们看到了教育的时机不仅要求行动中的反思,而且更加要求对行动的反思。但是,对行动的反思是回忆性的,它总是发生在事情过去之后。有时,我们对我们做过的或没能做的进行反思,因为那件事困扰着我们,促使我们反思。另外一些时候,我们对过去的行动进行反思,仅仅是因为教育学要求一种对生活的反思取向。当我们从教育学意义上与孩子们或年轻人生活在一起时,我们往往也会对情境中一些表面上看来不重要或琐碎的方面进行反思。

一般而言,教育学的反思试图对教育情境中的行动是否恰当(在具体的情况下是最好的、正确的）给予关注。这个情境中正在发生什么事？这对孩子来说会是什么样？它的教育意义是什么？我说得对吗？做得对吗？换句话说，对行动的回忆似的教育学反思总是在问"我本应该怎样做？"通过对"我本应该怎样做"进行全面的反思，我实际上决定了我想成为什么样的人。再换句话来说，我将我的存在和准备行动与某种智慧（thoughtfulness）融在一起了。然而，我现在作为教师怎么样尚不清楚，直到我又得到了进一步地以适当方式行动的机会。我作为教师的个人是根据我的行为和智慧性行动的可能性来决定的。但是，我的可能的行动并不是魔术般地发生的，它们依据的是我在回忆性的反思中所能够获得的智慧。

当然，对行动的追溯反思可以通过与他人的对话来进行。事实上，正是常常在与他人的对话中我们能够最好地对一个具体情境的意义进行反思（如托尼的父亲和母亲做的那样）。但是，对话中的反思也只能在将我们自己从时间和空间上与经验脱离开来，使经验变成我们反思的对象之后才能实施。在日常生活中，我们经常互相讲述我们与孩子在一起的经历。这种反复地讲故事可以看做是实践中的父母和教师自然地进行的一种理论升华过程。当我们在向别人讲述我们与孩子的经历时，我们已经在试图通过将经历言语化来理解这些经历。常常，当我们对我们的行动感到失望的时候，我们会说，"我本应该怎样做……"这不只是桥下的流水：当我们对我们的经历作反思的时候，我们有了认识这些经历的意义的机会。

让我们通过实例来对儿童保守秘密的含义和意义进行反思吧。非常年幼的孩子往往无拘无束地回答父母的问话。但是，随着孩子逐渐地长大，他们会突然对父母真诚的询问感到愤怒，这是常见的事儿。突然间，儿童体验到这些问题好像是父母在刺探。这对于儿童来说是一个崭新的经历：知道某些他的爸爸妈妈甚至都不知道的事，独自地拥有某个事物！这是与儿童不让父母知道、独自拥有秘密相关的某种力量。父母对这些儿童来说，是如此无所不能和无所不知。拥有秘密给了儿童一种个性感。在秘密的体验中，儿童发现了他的内部世界、隐私、内心看不见的东西。当某件事情被隐藏起来，不让别人知道而成为秘密时，"自我"也被以某种方式隐藏起来了；那就是为什么秘密给了被隐藏起来成为秘密的东西以价值感的原因。（而且，那也是为什么人们常常竭尽全力地想去探索、揭开或了解被隐藏起来的秘密的原因！）

儿童隐藏秘密也是一种走向自主和独立的成长过程的现象。现在，某种开放性、相互性和透明性在儿童对父母保守秘密过程中发生了转变。通过拥有秘密，通过将某事隐藏起来，儿童将他的自我（心灵）与家庭（社会）分离开来。①因此，学会保守秘密的体验是儿童时代及儿童成长的必要部分。值得注意的是，儿童的许多游戏都与秘密的特性相联。起初，拥有秘密不让父母（和兄弟姐妹或朋友）知道，对儿童是一种解放的体验。它是对自己的隐私的发现和自我成长的宣言。到了后来，与父母或一个可以信任的朋友分享秘密也成为走向独立的成长过程中另外一个重要的体验。一个不能保守秘密的人缺乏独立性，而一个不能与他人分享秘密的人也同样缺乏独立性。

上面这几段展示了教育学的反思是如何来考虑某些体验的含义以及在那些情境下应该怎么做的。因此，对行动的教育学的反思是为了后来的行动更加留心和富有机智。当某一天托尼的爸爸再一次注意到托尼表现得偷偷摸摸时，他可能会更加机智地让它自然地过去。这不是他当场对他6岁大的孩子对他保守另外一个秘密的意义进行仔细反思的结果。相反，而是由于对过去与托尼相处的情况进行了反思，他已经变得能更加智慧地行动了。换句话说，托尼爸爸的行动已经同过去的反思一致起来。假如托尼的爸爸在与孩子的交往中表现出更加机智，那是因为他的行为是由那些对儿童拥有秘密的愿望的教育学意义更加敏感的行动所构成的。一个机智的父母希望尊重孩子的秘密，因为刺探孩子的秘密就是不尊重孩子的个体性和无视孩子对个人空间的需求。

---

① 确实，从词源学上说，"秘密"（secret）这个术语是"分开"（separated, divided, set apart）的意思。

第 5 章　教育学的实践

与那位在一个医疗情境中边行动边反思的医生不同，教育时机要求的行动既是"充满智慧的"(though-ful)，又是"未加思索的"(thought-less)。换句话说，父母或教师与孩子的教育互动不是以行动中的反思为标志，而是以一种充满智慧的机智行动为特征。机智行动 (tactful action) 是充满智慧的，因为教育者对情境所要求的和什么样的行动才是好的这两方面表现出了恰当的敏感性。但同时，机智行动又是"未假思索的"，因为你不可能退出来，在行动中反思。机智行动是一个"瞬间反思的行动"(instant thinking acting)，它不可能是充分的反思——也就是说，它并不是一个真正意义上的解决问题或制定决策的思维过程的产物。

教育情境要求我们瞬间的行动和参与。由于教师或父母并没有时间去反思并决定该怎么做，因此，自然就常常会犯错误。他们的行动或说话，或者不行动或不说话，事后看来是不恰当的。在这一点上，教育学与医学有着根本的不同。如果医生出错，它对病人的健康后果将是严重的。牙科医生拔错了牙，就不可能再插回去。但是，当父母或教师出了错，它几乎总是可以得到补救或纠正。事实上，承认犯了错误，并能坦诚地说出来，对于个人的成长，对于父母或教师与孩子的关系会有积极的效果。

常规化的和习惯性的行动可以是充满智慧的吗？

到了现在，我们该提醒我们自己，在我们的日常生活中，在家里或在学校，我们的许多行动和与孩子的互动活动在某种程度上都是常规化的。此外，我们还形成了某些个人的习惯，它们也成了我们教育生活中的一部分。在很多情况下，常规和习性的存在是不变通和枯燥的迹象，并且常常支配着孩子的生活。这是非常可能的。我们都知道教师，觉得教师应该在他们的日常实践当中加入更多的反思和革新。有时，教师形成了令人讨厌的习惯，如谈话单调，或者过多地使用一个词，将它变成了口头禅，如，"好啦"："好啦，现在大家安静！好啦，我想让你们现在就做的是……"但是，常规和习惯的存在本身并不表示这些活动是没有道理的或从教育学上说是该受指责的。事实上，优秀的教师会表现出源于仔细反思并经长期形成的良好习惯。比如说，在全班同学没有全部注意听课之前我不会开始讲课，这可能已成了我的"第二本性（习惯）"。当全班同学变得有点烦躁不安时，我就会习惯性地降低嗓门和放慢语速。

让我再举一个良好习惯的例子。在荷兰的师范学院里，我记得，作为新教师，我们曾讨论到要时刻意识到作为教师我们不应该无情地浪费孩子们时间的重要性。我们不应该匆忙地不仔细备课就上课，我们的活动安排应该更加有组织，这样学生才能够更好地全面参与，而不是等着轮到他们，一个一个地来，或者等着老师最后终于将投影仪摆弄好。（在一个拥有30个学生的班上浪费半个小时，就等于浪费孩子们生活中的15个小时！）

与这个尊重孩子的时间的往事相关的是当时流行的信念：作为惯例，小学的孩子应该每天早晨先学习和做数学练习题，因为这门课要求精神十分集中和精力充沛。相反，"自由阅读时间"一般都建议设在早晨晚些时候或下午晚些时候，这时学生可以充分地进行默读。这样，"数学成为早晨第一件事"在荷兰的许多学校成为习惯。而这种常规惯例所依据的教育原理是有道理的。

与此相对照的是，在加拿大和美国目前推荐的是小学生早晨第一件事是"无打扰的持续默读"。我们可以对"早晨数学第一"和"早晨阅读第一"哪一个对孩子更有益作个检查。但是，撇开哪一个惯例更有道理这个问题不谈，惯例和习惯从教育学上说并不一定是坏事——即便这些惯例并没有受到日常的批判性反思。事实上，儿童不但需要接受新的富有挑战性的学习经验，他们同样也从以过去反思性教育决策为依据的惯例和习性所创造出来的信任和安全感中受益。习惯，以其适当的位置和适当的比例，使得生活在某种程度上变得适宜，可以预测、舒适和可靠。

假如我们的行动总是需要瞬间地、批判性地、理智性地反思的话，生活很可能就会变得没法生活了。教师和学生一样需要能够依赖从教育学原则上可以说得过去的常规、惯例和习惯。当我们教孩子诚实、友好和关心他人，或者常规地在早晨进行"无打扰的持续默读"的时候，这些习惯都应该是以过去的教育学反思为基础的。当然，这些习惯总是对检视和进一步的教育学反思保持开放。儿童们学会一些习惯，同时也可以学会对这些日常习惯进行批判性反思。

十分自然，习惯和日常惯例可能会变成盲目而机械的行为，而不再有什么意义。比如，一些学校有一些纪律性的政策，这些政策完全忽略了学校是一个教育的机构而不是罪犯看守机构或法院，罪犯看守机构或法院的主要功能是"维持社会秩序"。学校纪律的维护应该主要是以教育的原则为基础而不是以法学为基础的。我们始终要回答的问题是："这个孩子，以及我们的整个社会，从这里能学到什么？"

常规、习惯和习俗对于生活的偶然性来说并不一定是熟视无睹的。事实上，它们对不断变化的环境可能具有高度的反应力。确实，机智本身可能也会变成一种习惯，一种与孩子联系起来的方式。这就是说，教师在不断变化的环境中具有对孩子采取智慧的行动的倾向。即使是"早晨第一件事是数学"的常规惯例，也可以意味着教师对课程和学生的需求十分敏感。

教学和与学生相关的生活有某些像习性一样的特征，对此可能最好的描述词就是风格（style）了。风格不仅仅是一个习惯性的、特异性的举止言谈方式。同样地，风格也不应与教学技巧和方法混淆起来。风格是一个人的外在体现。从某种意义上说，有自己的风格就是，走你自己的路，按你自己的真正的样子为人处事。当某人说，"那不是我的风格"，他或她其实是在说，"那不是我的方式。那不是我"。

新教师们必须花时间去发现他们是谁，什么属于他们，他们能获得什么样的习性。教师用一个简单的眼神就能让一班吵吵嚷嚷的孩子们安静下来，教师用一个难以捉摸的微笑就能激发起学生的兴趣。这些行为是不容易模仿的。理由是这些行为本身必须从教师身上由衷地体现出来。教师因此运用某些习惯性的行为和表现方式在与孩子的生活中表现自己，对于这些他们自己最多也只是模糊地意识到了。教育的理论很少论及这些教学当中的风格特征是由什么构成的，原因是这些特征更多地与独特的、个人的东西有关，而不是与普通的、可概括的东西有关。

我们讲授科学、艺术、文学或数学课的方式，绝大部分是我们自己内化这些课程内容的方式的体现。一位科学课教师不只是一个碰巧讲授科学课的人而已。一位真正的科学课教师是一位反思着科学，探索着科学的自然属性和自然界的科学的人——一个真正的科学课教师是一个体现了科学并身体力行的人，从某种强烈意义上说他就是科学。也就是因为这样，我们常常可以通过这个人将他或她所教授的东西"风格化"的方式，来分辨出这个人是否是一个真正的教师。

那些对孩子没有感觉，或者对他们所教授的课程没有感觉的人，可能不能够对教育学的这些微妙的、难以捉摸的习惯性特征形成一种自己的风格。比如说，你自己指向科学的方式就与指向诗歌的方式不同。一名优秀的教师常常表现出一种质疑的方式，一种反思问题的方式，被一种兴趣所激发的方式，它们都与这位教师以其自己的风格体现课程的方式有关。这些有风格的习惯性的教学方式可能非常重要，但却不容易受反思性分析的支配。

教育学上的适合性是心灵加身体的机智

在上面几节里我们主要阐述了在教育情境中与孩子纷繁的交往中行动的性质。当然，在我们的日常生活中，有些教师的行为可能主要是以势压人的权威式的、不敏感的和不假反思的。还有些教师与孩子相处的行为可能让孩子感到矫揉造作、古板沉闷。与教育关系本身更为一致的行为是涉及全面而周到的反思的行为。我们已经看到在教育情境中，教师和学生之间的具体经历中的行动可能并不是反思性的（从一个缜密反思的决策的意义上说不是）。但是这种行动应该是全身心的投入，它获益于反思。这种全身心的行为能力，我们把它称做"机智"（tact），教育的机智。

机智是身体的实践语言（practical language）——它是在教育时机行

动的语言。机智的行动是一种对情境的即刻投入,在情境中我必须全身心地对出乎预料的和无法预测的情境作出反应。我们在积极地与孩子交往中所体验到的机智,是一种对我们行动中的主观自我(subjective self)的可感知的意识。换句话说,当我们作为教师或父母行动时,我们不将我们的行动对象化,或者说,我们的反思与我们的行动没有脱离。

作为人类互动的机智意味着我们在情境中保持着瞬间的、积极的行动:从情感上、从反应上,由衷地行动。即使当我们作为富有机智的教师积极地、敏感地、反思性地与孩子生活——搜寻恰当的言辞或行动,我们也只是隐隐地意识到我们的行动(从一个自我反思的意义上说没有意识到我们自己)。①因此,从哲学意义上说,我们的思维、感情和行动受到我们身体的制约、内化或吸收——从而我们的思维、感情和行动达不到更深远的可能性。

当然,我们的行动总是受某种意向的支配——比如说,我们忙着恢复秩序,或者我们在解释一个晦涩的概念,或者我们在试图唤起孩子的兴趣。然而,我们与他人互动的反思因素是有限的。当孩子在课堂上举止不当时,教师通常没有时间来反思什么才是最佳的行动。一个停下来对一个调皮孩子的粗鲁的言行进行较长时间的反思以便挑选行动措施的教师,很可能会被理解为一个优柔寡断的、稀里糊涂的和没有主见的人。作为教师,你就得即刻采取行动,哪怕这个行动只是对之不理睬或者假装你没有注意到。

与这相似的是,当课堂上一个孩子提出了尚没弄懂的问题的时候,教师并没有那么多奢侈的时间去查阅一本关于教学的书本,以恰好对这个孩子合适的方式来回答这个问题(其实,课本也并不能提供这样的建议)。对于负有教育责任的父母和其他成人而言也同样是这样。当孩子摔了一跤,受了伤,或者对父母提醒上床睡觉表示抗议的时候,他们

---

① 这种意识有那么点像舞台演员所具有的约束扮演的自我的特征。他们常常报告说尽管应该全身心地投入他们所创造性地扮演的角色的灵魂当中,对扮演的行动他们还是有点清楚。但是,在演出中,一个角色或一个人物在某种意义上当然只是一个假设的、"虚构"的自我。相反,教育者(教师或家长)与孩子们相外时,却需要保持他或她真正的自我。

也根本没有机会坐下来想一想该怎样去做。凡需要机智的地方，都没有机会去作仔细的计划和反思。机智的行动总是即刻的、情境中的、偶然性的和即兴发挥的。①

机智性行动总是以限定我与他人的关系的特定指向和义务为框架的：有友谊中的机智，有爱人间的机智，还有一种父母和教师指向孩子的机智。教育的指向是以我们的爱、希望和责任的意向性为条件的。教育性机智在何处找到它的智慧（resourcefulness）呢？首先，我们得记住教育性机智是教育学理解，注意孩子，聆听孩子。这不像行为心理学家的那种超然的行为观察。教育学理解，正如我们在日常生活中所做的那样，是我们日常行为中更为普遍的自然态度。

至此，我们对教育学这个概念的探讨已经表明，教育学上的适合性（fitness）是一种使命感，一种对孩子的爱和关怀，一种强烈的责任感和在危机盛行时的积极希望，一种反思的成熟，一种基于聆听和"看"孩子的能力的教育学理解，一种对年青一代的普遍信任和同情的态度。下面的一章将讨论教育学上的适合性要求对孩子的主观状态的一种机智的敏感性，一种阐释的智力，一种道德的直觉力，一种处理孩子事物的临场果断，以及对世界奥秘的探求和学习的热情，对维护自己信念的道德上的坚定性，对世界的某种理解，对纪律的强烈意识，最后一点，也很重要，就是一种基本的活力和幽默感。

---

① 至于其他有关反思行动的认识论方面的评论，请参考第8章中题为"智慧行动的机智结构"的部分。

第6章 机智的性质

普通机智和教育机智的关系

生活就是接触。

一般来说,机智包含着敏感性,一种全身心的、审美的感知能力。《韦氏大学词典》(*Webster's Collegiate Dictionary*)将机智(tact)定义为:"一种对言行的敏锐感,以与他人保持良好的关系或者避免触犯别人。"但是,就像我将要说明的,机智的本质不在于与他人良好相处或与他们建立良好的社会关系的简单愿望或能力。机智具有人际间的和规范性的特点,这特别适合我们与孩子的教育互动。我们把机智说成是瞬间知道该怎么做,一种与他人相处的临场智慧和才艺。展现机智的人似乎都具有在复杂而微妙的情境中迅速地、十分有把握地和恰当地行动的能力。在谈机智的一开始就说明机智并不一定是指一种温柔、服从、默许的敏感性,这一点很重要。一个富有机智的人可以是敏感而坚强的人。一个富有机智的人必须坚强,因为机智可能要求直率、坦诚和公正,如果情境需要这样的话。机智总是真诚的和真实的,决不能欺骗和误导。

机智由一系列的品质和能力构成。首先,一个富有机智的人具有敏感的能力,能从间接的线索如手势、神态、表情和体态语来理解他人内心的思想、感情和愿望。机智也能迅速地看穿动机或因果关系。一个富有机智的人，可以说，能够读懂他人的内心生活。其次，机智还在于具有理解这种内心生活的心理和社会意义的能力。因此，机智知道如何理解在具体的情况下具体的人的诸如害羞、敌意、气馁、鲁莽、高兴、愤怒、温柔、悲痛等情感。再次，一个富有机智的人表现得具有良好的分寸和尺度感，因而能够本能地知道应该进入情境多深和在具体的情境中保持多大的距离。最后，机智还有道德直觉（moral intuitiveness）的特点。一个富有机智的人似乎能感受到什么才是最恰当的行动。

tact 一词，像 tactile 一样，指的是"touch"（触摸）。touch，按照《韦氏大学词典》里的说法，其意思是"轻柔地握住和感受"，其目的是不仅仅以理智的方式"欣赏和理解它"。我们注意到 touch 也可意味着侵犯或伤害，如在这样的表达里，"I never touched the child"（我从未碰过这个小孩）；我们还说"a touchy subject"（一个棘手的或敏感的话题）。至于"a touching scene"指的是某个场景触动了我，它唤起了我的温柔的情感。

我们需要区分 tact 和 tactic。tactic 指的是一个达到目的的方法。tactic 有一种计算、计划的含义，而 tact 则根本是不能计划的。事实上，tactic 和 tact 从词源上说是毫不相干的。tactic 源自古希腊，它原来指的是军事科学，一个将军在战场上调动军队的战略才干。运用 tactics 来进行教学的人考虑的是如何对一个指导性和目标性的课程计划进行调兵遣将、出谋划策。擅长策略是指一个人善于组织执行计划的活动。因此，策略也包含了监督、指导的意味。教学的策略是人制订的计划、方法、方案、途径和手段。如，一个精心策划的计划、剧本、大纲、蓝图、进程表、时间表或设计方案。

相反，tact 一词从词源学上看，来自拉丁词 *tactus*，意为触摸、产生效果。而 *tactus* 又来自 *tangere*，意为触动。另有一个相关的词是 intact，表示未曾摸碰，完好无损。tactful 意思是完全接触，它也表示能够起到作用。与 tact（机智）相关的一些同义词都与做一个好的父母或教育者紧密相联:"to be tactful"就是有思想的、敏感的、有感知力的、谨慎小心的、全神贯注的、有判断力的、精明能干的、目光敏锐的、优雅得体的、关心体贴的。上面这些词汇哪个不是指好的教育者呢?相反,一位 tactless 的人被认为是鲁莽冲动、粗心大意、愚蠢无知、麻木不仁、不关心他人、笨拙别扭的。一般来说,tactless 就是不尊敬他人、不怀好意、不考虑他人、粗心大意、愚蠢不恭。

最后,还有 contact 一词,源自 *contingere*,按照《克莱因词源词典》(*Klein's Etymological Dictionary*)的解释,意为"亲密地接触",联系起来,保持接触。拉丁介词 *con* 常常对它所附着的词有加强的作用。换句话说,*con-tact* 与 tact 的含义一样,但意义加强了。它指的是一种亲密的人际关系,亲密无间、互相连接。一个"保持接触"、与学生保持紧密接触的教师,意味着其行动受到了机智的支配。

我们大多数人都对社会生活中的机智的价值非常欣赏。tact 一词经常用于我们困窘的时候。于是,有人会对我们说:"唔,是的,我想这样的情形需要机智了。"可是,这样说就等于你对这个情境拿不出什么好的建议来。在这种情况下,机智就像某种神奇的词一样,虽然对解决问题说不出个所以然来,却能解决问题。

机智的行动是充满智慧的、全身心投入的。它也能帮助我们区别充满智慧和富有机智的行动。我们应该看到这两者是同时进行的。它们相互补充。没有智慧就没有机智,而没有了机智,智慧最多也只是一种内部的状态而已。从某种意义上说,机智与其说是一种知识的形式,还不如说是一种行动。它是全身心投入的敏感的实践。机智是一种对他人的作用,即使机智经常就是停顿、等待。

机智作为人际间的特殊互动的意义与教育或教育学非常相关。尽管如此,我们还需要对成人间互动的一般社会机智与成人和孩子间互动的教育机智这一更加具体的形式加以区分。这一区分又让我们重新回到教育关系的结构和性质的问题上来。成人生活中的一般机智是对称性的,而教育的机智则是不对称性的。在成人之间,我们期望机智的行为是交互性的,并与情境的性质和情况保持一致。我们教孩子对其他的孩子和成人运用这种一般的社会机智。富有机智从一般意义上说意味着我们尊敬对方的尊严和主体性，而且我们试图对他人的智力和情感生活保持开放和敏感，不论对方是年轻人还是老人。

但是，作为成人，我们没有权利期望孩子的教育机智。教育机智是一种我们拥有责任的表达方式，我们以此来保护、教育和帮助孩子成长。孩子们并没有被赋予这种教育责任来保护和帮助他们的父母或教师成长。当然，这并不是说孩子们没有教育我们，没有向我们显示在这个世界上体验生活和生存的新途径和可能性。但是，孩子主要不是为了我们才来到这世上的，我们的生活才主要是为了他们的。

也许非常令人吃惊的是，机智的概念在英语国家一直未能引起教育思想家系统的兴趣和对之进行系统的研究。将机智和充满机智的概念引入教育的议题中来的学者是德国的教育者约翰·弗雷德里希·赫尔巴特 (Johann Friedrich Herbart)。1802年，在他的首次关于教育的讲演中，他对听众说，"关于你究竟是一名优秀的教育者还是拙劣的教育者的问题非常简单：你是否发展了一种机智感 (a sense of tact) 呢？"赫尔巴特断定机智在实践的教育行动中占据着特殊的地位。他关于机智的演讲的主要内容是：(a) "机智介乎理论和实践之间"；(b) 在日常生活里我们"作瞬间的判断和迅速的决定"的过程中机智自然地展现出来；(c) 机智是一种行动方式，它"首先依赖于人的情感或敏感性，仅仅从遥远的意义上依赖于由理论和信念形成的判断"；(d) 机智对情境的独特性非常敏感；(e) 机智是"实践的直接统治者"。

可是，尽管赫尔巴特早期对机智有这样的概念，他后期的论文，特别是他的追随者的论文对教育知识和实践行动的关系都持有一种工具主义的态度。甚至在赫尔巴特的这些语汇中，也有一种有关机智在理论和实践间的调和角色的机械性的概念。然而，我们不应将机智看做是将理论转换成实践的工具，而应该将其看做是一个帮助我们克服理论与实践分离问题的概念。我们不应将机智理解成作瞬间的"决定"的过程，而应将机智重新看做是一种深切的关注，它使我们能够在与孩子和年轻人生活时充满智慧地行动。①

在德国，机智的概念偶尔出现在教育实践的性质的探讨当中。②但是，在讲英语的国家，统治着各种教育理论和教育能力的是一种更加技术化的和实用主义的理性思维。机智的概念从未被系统地研究过，而机智在关于教学的英语文献中的参考资料极为罕见。

有一篇论文，是由威廉·詹姆斯（William James）在1892年所写的讲稿。当他论及赫尔巴特时，他几乎以同样的内涵意义提到了"机智"。詹姆斯探讨了心理学和教育学的关系。在赫尔巴特这位伟大的体系建筑师看来，心理学和教育学两者是并驾齐驱的。可是，无论如何，赫尔巴特的教育学都不是来自心理学的，詹姆斯说。教育学不可能来自心理学。掌握心理学绝对不能保证我们成为优秀的教师，詹姆斯这样论述说：

> 为了达到这一结果，我们必须具有额外的天赋，一种愉悦的机智和天赋，来告诉我们在孩子面前说什么样的话、做什么样的事。那种面对学生、追逐学生的天赋，那种针对具体的情境而出现的机智是心理学一点也帮不上忙的，尽管它们是教师艺术的最基本的知识。③

詹姆斯提供了一个他对机智的理解的简洁的例子。他指出，一个

---

① 我认为我创造了"教育的智慧性与机智性"这个概念。请参考，例如：Max van Manen (1984), Theory of the unique: thoughtful learning for pedagogic tactfulness. In G. Milburn and R. Enns, eds., *Curriculum Canada*, University of British Columbia; Max van Menen (1986), *The tone of teaching*. Richmond Hill, Ont.: Scholastic-TAB Press (in Canada); Portsmouth, N. H.: Heinemann Educational Books (in U. S.). 然而，我是从古老的德国文化中知道有关"教育的机智性"的讨论的，尤其是在我的德国朋友和同事赫尔穆特·丹纳（Helmut Danner）寄给我雅各布·穆特（Jacob Muth, 1982）写的小册子（*Padagogischer Takt*, Essen: Verlagsgesellschaft）之后。穆特的文章区分了几种不同类型的教育机智，这些在本书中有进一步的探讨。穆特对机智这个概念的回顾包括了赫尔巴特1802年讲座的内容（Herbart in Muth, pp. 54 – 55）。

② 最好的历史参考，可能要数上面提到的穆特于1982年所著的那本短小精悍的有关机智的角色的小册子。穆特关于教育机智历史的文章里有好几处具有洞察力的见解，给了我启发。

③ William James (1962), *Talks to teachers on psychology*, New York: Dover Publications, p. 29.

富有机智的教师是如何通过将几乎每一个孩子都具有的特点融入学校教育的方式,使年轻人养成一种早期的学问感的:收集东西的愿望。"几乎所有的孩子都收集某种东西,"詹姆斯说,"一个富有机智的教师可能会使他们从收集书籍,从保持一份整洁而有条理的笔记,并在足够成熟时开始用卡片分类,从保存他们自己做的每一张图表等当中得到快乐。"詹姆斯的例子说明教师应该对孩子的天性冲动十分敏感,并将这些倾向与学校的课程连接起来。

我们应该注意到,比起更为普通的、大家更为认同的教师激发学生的动机,让所学的东西与学生联系起来,这里涉及的还要更多一些。但是,詹姆斯所谈到的机智究竟涉及什么呢?他声称这个根本的问题存在于心理学领域之外。詹姆斯在指出心理学对于教育学没有什么可以说的之后,在他的《与教师的谈话》的余下部分便不再进一步提及机智这个问题了。

对于我们来说,这里最重要的一点是詹姆斯提醒了我们,正是机智这一实践性的概念才确定了教师在教育时机的所作所为。机智是一种教育学上的机智和天赋,它使教育者有可能将一个没有成效的、没有希望的甚至有危害的情境转换成一个从教育意义上说积极的事件。

教育的智慧和机智当然并不能描述教师(教育者或父母)所知道和所做的一切事情。教学和抚养后代还有许多日常的和更加技术性的方面。教师必须知道怎样备课,怎样填成绩报告单,怎样有效地利用媒体;父母必须要会换尿片,管理家务,准备营养食品。但是,教学和抚养后代真正的东西是发生在生活本身当中的,你必须信心十足地知道在具体的情境中什么时候该说什么、做什么,或者不该说什么、不做什么。因此,教育的智慧和机智可以看做是教育学的本质和优秀性,我们不妨说智慧构成了教育学的内在方面,而机智则构成了教育学的外在方面。教育学的结构就像机智的结构。

关于机智的历史注释

将机智的概念用来指人类互动的特殊品质,赫尔巴特并不是唯一的一位学者。① 汉斯-格奥尔格·伽达默尔（Hans-Geog Gadamer）提到了赫尔巴特的同时代人——生物物理学家赫尔曼·亥姆霍兹（Hermann Helmholtz）的工作，来说明机智的两个方面：作为人类互动的方面的机智和作为社会科学学术成就的机智。在前一个方面，机智通常被理解为"一种对情境的特殊敏感性并知道在其中如何表现"，但是，为了做到这一点，"我们无法从一般的原则中找到任何的知识根据"②。

在后一个方面，机智通过学术成就得以实施——如，形成一种审美感或历史观，社会科学家运用它来进行学术阐释工作。学者通过他或她所提供的对一个语篇或社会现象的含义的理解来显示机智的大小。在这种区分当中，赫尔曼·亥姆霍兹暗示，机智不是一种简单的感觉或无意识的行为倾向，而是某种"认知和存在的方式"，它是以人文科学的重要概念 Bildung（培养或教育，forming or education）为中心的。③ 这里的一层含义是机智不是简单的情感或可以学会的习惯，但它可以通过更为复杂深奥的人性的成长、发展和教育过程来形成。在过去，我们应该注意到学术方面的机智概念与人类互动当中的机智是以不同的形式来实施的。学术方面的机智通常是在阅读或写作时加以实施的。这是一种高度的人类的反思活动。相反，人类交往的机智则是在当时的刺激下加以实施的，那一时刻要求你以瞬间的直接的形式采取行动。

哲学家施莱尔马赫（D. E. Schleiermacher）也针对机智的行动的诸多方面有过论述。④ 施莱尔马赫运用"调子"（tone）的概念来描述人类互动中让人能够敏感地灵活地与他人交往的特殊品质。在我们现在的普通生活中，我们仍然还这样来谈及富有机智的人，说他或她能够"弹奏一个好调"，因而能够创造一个温暖的社会气氛。当我们走进不同的学校或教室，我们常常发现缺乏或存在这样的萦绕在社会环境中的

---

① 穆特例举了赫尔巴特的前辈们的早期著作，如，Campus（1783）和 Knigge（1788），以证明机智性行动中"敏感"的感觉与"抑制"的行为早已被讨论过。请参考 Muth（1982）。
② H. -G. Gadamer（1975），*Truth and method*. New York：Seabury Press, p. 17.
③ 请参考 O. F. Bollnow（1987），*Crisis and new beginning*. Pittsburgh：Duquesne University Press.
④ 请参考 Muth（1982）.

调子或气氛。这可不只是教师和学生怎样相互交谈的问题。一个"好的调子"的构成要超出言语语调或说话的语气。好的调子的实现是通过这样的交流形式，如，一个"满含深意"的眨眼或话语，一个眼神或手势，一个微笑或沉默，一个动作或出现等。

"调子"的概念也非常适当地指音乐，机智的概念最初也来自音乐。在音乐里，*Takt* 是德语，指"节奏"，音乐时间的单位。乐队指挥的指挥棒，德语词叫 *Takstok*，打击节奏的棒。拉丁词 *tactus* 是 15 和 16 世纪表示"节奏"的词，既有时间的含义，也指乐队指挥的节奏。音乐节奏的概念是指一个音乐作品的"脉搏"——节奏和节拍是一个音乐作品的元素。音乐的节点或节拍是音乐的心脏。音乐家知道没有曲调，节点、节拍或节奏也可以存在，比如打击乐合奏或者非洲音乐的鼓点，但是没有了节奏，曲调是不可能存在的。

节奏在音乐中的运用发生着周期性的变换。这样的变换一方面发生在巴洛克和洛可可式的音乐风格之间，另一方面也发生在随后的经典音乐和浪漫音乐之间。紧随在 13 世纪的业已十分严格的节奏模式和文艺复兴时期演说中的明快节奏之后的，是巴洛克式的音乐家如巴赫（Bach）、维瓦尔第（Vivaldi）、亨德尔（Handel）等的强烈身体节奏。在这种音乐中，节点更加强劲，甚至有些机械，与爵士乐的节奏部分的作用很相像。这种不断再现的打击节奏是如此重要，因此，在文艺复兴和巴洛克时代，乐队的指挥通常会用指挥棒敲打地面来指挥曲子的演奏。让-巴蒂斯特·吕利（Jean-Baptiste Lully），这位法国的作曲家和音乐指挥家，于 1687 年死于血毒症，因为在法国国王路易十四宫廷的一场音乐演出中，他用指挥棒敲打节奏时，不小心击中了自己的脚，引起了血中毒。后来指挥家们不再用指挥棒敲打节奏了。这可能与音乐节奏的作用有所改变有关。对于经典的音乐大师 [如海顿（Haydn）、莫扎特（Mozart）、早年的贝多芬（Beethoven）] 以及浪漫音乐大师 [如肖邦（Chopin）、舒曼（Schuman）、李斯特（Liszt）和勃拉姆斯（Brahms）]，构造音乐的节奏变得细腻、有所减弱和不再萦绕于耳际了。这种由规律性的、机械性的、强劲的节奏模式向更细腻的、有节制的形式的转变可能就促成了 tact（节奏）的概念在社会范围内的运用。在人类关系和互动中，要求人具有细腻的敏感性和适当的约束力。

据说伏尔泰（Voltaire）是将 tact（节奏）的概念从音乐领域引入社会领域的第一人（大约在 1769 年）。① 德国人、荷兰人和英国人采用了法语中的这个用法。但是，仅仅在德国的教育理论中出现了从教育意义上对 tact 的讨论。而且，德语中的 *Taktgefühl* 比英语中的 tactfulness 更具有细腻的感知性质。*Gefühl* 这个词意为感觉、敏感性、情感，即对某个事物有"感觉"的感知性质。因此，要对他人富有机智，你就得能够"听见"、"感觉"、"尊重"这个人的本质或独特之处。英文 tactful 意为充满机智；德语 *Taktgefühl* 还有对充满机智的感觉的含义。这里有一种暗示：机智的性质有点像天赋。我们常常把天赋看做是偶然的天赐——要么你就有了对小提琴或油画、舞台的天赋或"感觉"，要么你就没有。当然，天赋需要发现、发展、培养和加以修饰。同样地，教育的机智，尽管有点像天赐，需要作为一种特别的"感觉"加以准备和实践，这样才能机智地行动。

自然，音乐的"tact"是对社会的机智一个绝好的类比。尝试和遵循比喻性的对照而产生的多种含义常常容易误导，但是，进一步地引申音乐的这个比喻，很具有诱惑力。在音乐当中，基本的节奏和节点是一首曲子得以即兴创造的基本因素。还应该认识到，节奏和曲调并不是相互排斥的——它们互相依赖。然而，节奏（节点或节拍）需要退到背景中去，放松它对整个音乐情境的控制，这样，对曲调的更加细腻的即兴创作才有可能。而且，节奏甚至可以成为音乐即兴表演的组织因素。因此，节拍的这个音乐比喻的存在使我们惊奇：使得社会中的机智成为可能的组织因素又是什么呢？

从某种意义上说，这个问题的答案在本书的第一部分有关教育体验的性质的讨论中已经给出了。成人能够向孩子展示的机智就是教育学本性的作用。换句话说，教育机智之所以成为可能是因为有了教育时

---

① 《牛津英语词源词典》(1979)，"tact"词条。

机的性质、教育反思的价值和指向、教育学的条件、教育理解的因素、教育情境和关系的结构，等等。然而，需要反思的是，机智的教育行动本身是如何架构的：什么是教育的机智？什么是虚假的机智？它又是如何表现出来的？教育的机智能够做什么？教育的机智又是如何去做它所做的事的？

虚假的机智

> 机智不可能说谎。

  对机智作判断就是提出这样的问题：其他人是如何将自身指向善、指向对孩子好的事物的。有时，很容易犯错，错将以个人兴趣或贪婪为动机、以不诚实或虚伪为特点而实际上是操纵式的影响看做是真正地充满机智。有时，一个微笑、一个帮助的手势、一句友好的话、一个暖人的身体上的接触可能表现的是不屑一顾而不是真诚。当一个人对他人装出一种机智的关心，其实却别有用心时就是这样。人们往往容易能够愚弄别人甚至他们自己，给别人留下一个对他人感情十分敏感、对别人的利益表示关心的印象。但是，不是由无私地真正地指向他人的"他者性"（otherness）和利益所驱动的机智，不可能是真正的机智。

  这对父母常常教女儿奥德丽容忍和尊重与他们不同的人。后来，奥德丽，这位年轻的白人中产阶级女士与一位年轻的黑人交上了朋友。现在，她宣布她要与他订婚。起初，父母还能掩饰他们的震惊和不高兴。可是，当奥德丽的男友晚上离开之后，她的父母开始"机智地"劝她放弃她和男友的关系。奥德丽生气地说道："就是承认你们对黑人有偏见！"但是，父母并没有生气，而是十分理解地说："我们并不介意你有一个黑人朋友。事实上，我们很自豪，我们把你培养成了一个对有色人种没有偏见的人。我们并不介意一个人是黑人、白人、黄色人种、橘色人种或紫色人种。但是，你必须认识到，奥德丽，并不是所有的人都像我们这样有容忍性。还有许多人会对跨种族的婚姻感到不舒服。 你会让你和你朋友的生活变得很艰难。此外,你还太年轻,不宜订婚。首先,我们希望你能完成大学的学业。我们考虑的是你的将来。你以前约会的那些很好的小伙子怎么样了?确实是这样,我们都是为了你好——与黑人结婚后的生活将会非常艰难。"奥德丽感到十分困惑:他们因为女儿与他们所期望的生活不一样而感到不高兴,他们难道不是试图掩饰他们自己的无法容忍吗?

施加带有虚伪的和自私的影响的机智是虚假的机智。虚假的机智不是受爱护和为他人着想的动机驱使的。相反,虚假的机智是为了自我。为了自己的利益的"机智",从本质上说并不是机智。机智与虚伪、欺骗、贪婪、占有和利己主义等都不相容。当我试图为了我自己的目的而操纵别人的行为时,我可能会设法给人以机智的印象,但是,这种行为实际上是真正的虚假机智,因为它破坏了机智固有的目的——为他人着想的目的。

"太没有"机智的人一般来说对他人的情感麻木不仁、毫不关心。但是,那些"太有"机智的人同样也是麻木不仁的——对他人的利益不具有敏感性,对于他们的行为给他人留下了"做作"的印象不敏感。"太有机智"是另一种虚假的机智,它可能会给人一种善意和体贴的印象。有些职员不断地用甜言蜜语这样的表达方式去取悦他们的上司,还有一些推销员用恭维和过分友好的话来赢取潜在的顾客。其情形就是如此。 这一点在那些阿谀谄媚、奉承讨好的人身上表现十分明显。他们实际上是有一种控制他人的欲望或者是为了获得特殊的对待和恩惠。"太有机智"的一个极为生动的图画就像狄更斯(Dicken)笔下的人物尤赖亚·黑普(Uriah Heep)那样的人,他在一种乞怜奉承的外衣的掩盖下,为了自己的目的操纵着别人。这种"太有机智"的特点是以奴性的奉承和过分的注意来试图控制他人而不是为别人服务。

其次,还有一种狡诈的行为,也容易与机智混淆。这种狡诈的行为通过从对方的动作、表情、神态和体态语推断来探取他人的内心思想、动机、感情、希望等。虽然真正的机智也可能用类似的方式来行动,但是它不是受自私的利益驱使的。狡诈的"机智"是一种伪装了它真正的意图的行为。它以一种拐弯抹角的、不直接的方式来对待微妙的事情，或者给人提供变味的、扭曲的、偏斜的、不能真正代表他人最好利益的信息。当然，有时我们感到非常惊讶，人在他人不知羞耻的奉承面前是多么脆弱、多么宽容。

虽然虚伪、自私、贪婪、占有欲表面上看好像是为了他人，实际上是欲将他人变成自己的附庸。我拥有的越多，我的地位、名声或财富增加得越多，我越能感受到我的"自我"提升，我感觉我变得"更好"。对于某些人来说，他们的孩子就是这样的"财产"。他们表面上的机智的行为只不过是为了掩盖他们对孩子的投资。在那些通过孩子来替代他们的生活的父母和教师身上能看到这一点。这样的父母或教师因而拒绝让孩子保持他们自己的样子、过自己的生活和成为自己的主人。

真正的机智不仅仅是我们欣赏他人所具有的行为形式，因为它使得顺利的社会关系成为可能。其实，太过显示炫耀机智的人应该引起我们怀疑，因为炫耀显示的机智行为很少是由真正的机智意图所驱动的。一个真正地试图做到机智的人知道，显示所谓的机智的行为将会破坏机智的真正意图，即做到对他人的内心生活敏感和反思周到。真正的机智，不但不炫耀，而且非常细腻，很难为人所察觉，虽然我们的确能够认识到它是人的一个优秀品质。机智往往被作为一个整体的品质来认识，因为任何一个具体的机智的行动是很难加以区分和描述的。

在试图做到机智时你可以撒谎吗？对于这个问题的答案要看我们如何来确定"撒谎"的含义。广义上说，撒谎是为了一个自私或其他别有用心的动机去捉弄别人。撒谎是欺骗性的。（相对照的是，为了保护他人不受坏事物影响的谎话有时被称做"白色谎话"或"天真无害的谎话"。）但是，机智没有捉弄的意图。换句话说，机智没有欺骗或利用他人来达到自己目的的动机。比如说，当我们因孩子完成了任务（从评价的意义上说远非完美）对他进行一番夸奖，这时我们不是在对孩子撒谎，而是满怀爱心去看待孩子工作中好的和值得褒奖的一面。

从教育学上说，虚假机智的动机是为了孩子利益之外的某种别有用心的目的去捉弄和控制孩子。捉弄和控制性的机智从这个意义上说，就是错误的和虚假的。

机智的方面

> 再也没有什么比不言而喻的事情更不为人注意了。

正像我们可以将虚假的机智和真正的机智区分开来一样，我们也可以将赋予机智含义和价值的某些方面和特征区分开来。如我们所见，教育机智是总的社会机智的一个特殊实例。机智当然不是某种神秘的理论现象。我们将它看做是我们日常社会生活中的一个普通的特征。我们大概地知道机智是什么，可是我们很少对它的含义进行反思。仅仅当我们在体验错过发挥我们机智的情境时我们才开始意识到它的存在。

"您瞧瞧，真拿这孩子没办法！"有谁，从未说过这样的话呢？当我们看见或听说孩子被虐待或忽视的案例时，我们常这样解释。令人悲哀的是，孩子受到身体上的、心理上的和性别上的虐待的案例太为常见了。当我们看到成人对一个正在玩耍的孩子、需要什么的孩子、有点吵扰成人活动的孩子表现出无动于衷时，我们甚至会感到不快或吃惊。

当一个成人侮辱或伤害另外一个成人的感情时，我们会认为这个人举止粗鲁，没有教养。但是，当一个成人伤害孩子的感情时，我们会感到更深刻的不安。我们认识到在某些方面，孩子比成人更加易受伤害——他们可能体验到的恐惧和危险要比成人厉害得多。简短地说，多数正常的成人都认识到孩子需要与成人不一样的对待。比如说，婴儿非常脆弱，需要温柔体贴；成人甚至会调整嗓音以适合孩子，为了孩子，喃喃细语，说母子情话或父子情话。（事实上，行为学的研究已经表明，年幼的孩子对母亲的喃喃话语会作出积极的反应。而且，与正常的谈话相比，孩子更加喜欢妈妈的唠叨。）当我们感觉到一个孩子对什么东西感到害怕或者焦虑时，我们会努力消除孩子的害怕，让他安静下来。有些事情我们不会在孩子的面前谈论，因为我们觉得孩子还没有长大，还不够成熟，不宜接触这样的事。

换句话说，我们都知道机智，都需要它来处理孩子的事。可是，我们没有谈论它。教育的理论对于机智的品质和它的行为学上的表现形式的重要性都保持沉默，令人十分不解。是不是我们认为机智只不过是一种额外的，也许是意料之中的，但实际上在教育孩子的真正工作中却是多余的东西呢？抑或是因为机智在我们的日常生活中如此自然地流露着，因此我们往往不对它感到惊讶呢？

机智有一种含义将其与相关的行为区分开来，如"外交手腕"、"演说能力"、"沉着冷静"、"泰然自若"、"处世能力"、"社交技巧"等——虽然这些术语常常被用做机智的同义语。比如说，一位外交官的"外交手腕"是为了政治的目的来操纵他人的看法。这并不一定意味着外交官要撒谎或欺骗他人。尽管外交术可能不涉及讲假话，但是可能会隐瞒本应该说出来的真话。外交官实际上是受自我的利益或他所代表的党派的利益所驱使的。机智则与之相反，它始终是为机智所指向的对象服务的。我们这里没有必要再作进一步的区分，简而言之，机智避免了"外交术"中的政治动机和调和，它不强调那种像"演说术"那样对观众演讲成功的期盼和灵巧，它也缺乏对"常识"的巧妙算计；机智不像"沉着冷静的自信"那样对自己的社会承受力和自我控制力有清醒的自我意识，它不像"社交术"那样强调世俗的经验和权宜之计，它比"老练的处世"这种巧妙的办法更注重什么是恰当的和什么是好的。在下面的几节里，我们将讨论机智的性质的各个方面，而将重点放在教育的机智上。

机智意味着指向他人的实践

> 机智是具有"他者性"的实践。

要运用机智，你就必须克服那种对人类来说似乎十分自然的对世界的指向，即把自己看做是一切事物的中心的态度。每一个孩子和成人都经历过一种自我与世界的想当然的关系：我过我的日子，这是我所生活的世界。在我的世界中我无拘无束。"我生活在这里"意味着我在这里生存,我属于这里。当我与其他人说话或互动时,我不断地成为谈话和行动的主体:我反思、我看见、我感受、我听见、我理解、我爱、我做、我玩、我对事物感到惊奇。我从事这个世界上的活动,这些活动确定了我与这个世界的关系,显示了在这个世上我是谁。我做一顿饭。我喜欢某些食物。我喜欢读一本书。我对某些人或对他们的所作所为有一种观点。我研究反思某些事物。我对我的成就感到自豪,或者我对我所做的或别人对我所做的感到不满、不高兴。我可以去看电影、去酒吧或去教堂。这里的关键是,我是宇宙的中心,我就是我的世界。

当事情很顺利时,我可能感到我在"世界之巅"。一切都看起来很美好。世上的事物的存在好像就是为我而存在一样。这个世界就是我的家,我的王国。我属于这里。有时,这种以"我"为中心的体验可能对个体而言变得从存在上难以忍受。我情不自禁地觉得在这个世界上我实际上是孤独的。当我出现了危机,或者突然面对一个严重的疾病,那时我就感到被抛弃,并因此而颤抖。这将是我的死亡。在意识到生命短暂以及即将来临的生命结束之时,我的世界萎缩成了一个绝望的小空间。

这种"我"在我的世界中为至尊的体验既不好也不坏。人类可能就是这样体验这个世界、探知这个世界、认识这个世界,把世界看做是他们的世界的。但是,当然这并不是人类经验的全部。人不是孤单的。一些人可能会赞赏孤单、独立和分离;另外一些人可能会觉得孤独和与他人隔离十分痛苦。然而,在这些体验当中,他人的存在和消失已经很含糊了。在这个世界上,我们体验到其他的人。生活在我周围的还有其他人。我在这个世界上遇到的还有其他人。这里的问题是:对我来说,其他人是怎样出现的?他们的出现是不是仅仅为了我的存在,作为我的世界的一个部分呢?是不是其他人对我来说之所以重要,是因为他们扩大了或缩小了我的世界呢?是不是其他人的存在只是作为满足我的需要和需求(由我来利用、操纵,随时准备着为我服务)的对象呢?

我不能真正地体验到他人的主体性,除非我能够克服世界以我为中心的观念。有趣的是，我体验他人的"他者性"的可能性就在于我对他人的脆弱性（vulnerability）的体验之中。① 正是当我看到他人是一个这样的个体——会被伤害、会沮丧、会遭受痛苦、柔弱、悲痛或绝望，我才可能开放自己去体验他人的本质存在。他人的脆弱性是这个以自我为中心的世界之中的柔弱之处。我看到了一个受到伤害或遭受痛苦的孩子，于是至少短暂地，我忘记了现在盘踞在我心头的思想。我不再按我个人时间表的计划行事。此刻，我就在那儿，就是为了这个孩子，为了这"另外一个人"。有了对他人的这种认识，就有可能为了他人来行动。因此，当我看到一个孩子受到了伤害，我实际上"看到"了这个孩子的脆弱性，因而我就站在了一个为孩子做点什么的位置。事实上，非常可能是这样的情况：在我还没来得及考虑之前我的意向已经指向了这个孩子。

母亲刚接到了医生的电话。医生告诉她，上次医疗检查发现她可能有恶性肿瘤，经再次检查发现是良性的。被强烈压制的焦虑情绪一下放松下来，母亲忍不住哭了起来。当6岁的孩子走进房间，看到母亲在擦眼泪。他问道："妈妈，你怎么啦？""没有什么，宝贝，"母亲笑着说，"你瞧，有时，我感到能拥有你非常幸运，所以就高兴地哭起来了。"母亲觉得她不能告诉年幼的孩子她自己的恐惧和脆弱性。不管正确与否，她立刻就感到，母亲对死亡的恐惧思想对年幼的孩子会产生太大的负担。但是，现在，她还知道了另外一点。她知道她珍惜生活，但为了孩子她会不惜一切。

一位有一个3岁孩子的单身母亲在电视上接受采访。她知道她带有艾滋病毒，很可能因此死去。人们不禁被这位年轻的女人深深地感动。这么年轻，就知道自己离死神不远了，那是多么可怕呀！但是，这位母亲非常坚强地说："我只希望我能活到可以给我孩子的生活一个好

---

① 有关他者性的性质以及他者性经历产生的人类责任心的讨论，请特别参考：Emmanuel Levinas (1969), *Totality and infinity*. Pittsburgh: Duquesne University Press; (1981) *Otherwise than being or beyond essence*. The Hugue: Martinus Nijhoff. 这一部分，我也受益于扬·恩格伦 (Jan C. M. Engelen, 1987) 的一些例证性讨论 (*Hetgelaat: jij die mij aanziet*. Hilversum: Gooi & Sticht)。

的开端就足够了。"

我们都很脆弱。但是，我们知道孩子的脆弱与成人不同。特别是，面对年幼的孩子（甚至年幼的动物），成人非常普遍地体验到这种柔弱无力的脆弱感。自然地，孩子方面的这种脆弱性可能会被成人所滥用。面对需要保护和帮助的孩子，成人可能会觉得自己很了不起，很强大。然而，当看到孩子犯了错误或做了一些看起来笨拙的事和"典型的孩子气的事"的时候，成人会感到放下了防备，温柔下来。想一想，在圣诞节孩子们在父母和邻里面前表演的"并不总是完美的节目"中父母和成人们的笑声吧。当孩子无意识地做了一些滑稽可笑的动作的时候，并不是嘲弄的冲动让成人们大笑。正是成人们善意的笑声表明了他们对成人和孩子之间差异的了解。

正是在面对毫无抵抗力、容易受伤害的孩子时，成人发现自己变得更加慷慨大方了。但是，当孩子提出正当的要求的时候情况又怎么样呢？当成人太注重自我、太关心自己的事的时候，成人还能看到多少孩子的脆弱性和孩子的他者性呢？

自然，从真正意义上说，每一个人都是脆弱的；每一个人的生命都是短暂的，都受到恐惧和危险的支配。每一个人都是我的"他者"（my other）。他者实际上或者潜在地是柔弱的，就像我知道我自己实际上或者潜在地是柔弱的一样。可是，他者的存在并不仅仅是自动地表现为我对这个他者的被伤害和痛苦的怜悯和同情感。更加准确地说，我将他者体验为一种声音、一种向我的呼唤。而这就是我们所说的当我们与孩子一块儿生活的使命感和召唤感。

对他人的体验意味着打破以"我"为中心的我的世界的沉静。他人的声音使以我为中心的宇宙消失。从这个意义上说，新生儿的诞生打破了女人和男人世界的"自我"中心。孩子将女人和男人的世界变成了母亲和父亲的世界，因此，女人变成了母亲，男人变成了父亲。当然，并不是所有的男人和女人都体验到了孩子的诞生使他们成为父母这一转变。有些人觉得，要在他们的生活中为孩子开辟一些空间，并承担责任义务十分困难。但是，有幸的是，一般来说，新妈妈、新爸爸迟早会体验到孩子的诞生是一种呼唤。新生儿的柔弱性呼唤着我去关心他。而这种呼唤的体验就将我由女人变成了母亲或从男人变成了父亲。我现在知道了,我必须为了他人的他者性,考虑周到、行动协调。从这个意义上说,机智就是指向他者的实践。

充满机智就是"打动"他人

简单的一个触摸比千言万语更有意义。

一天的学校生活结束了。在回家之前,老师与她的同事聊了起来:"这个孩子从外观上并不为她的同学所注意,甚至学校的老师也不大注意。孩子们一般都避开她。不论怎样,有个男孩用尺子打了她的手臂。她没有抱怨,也没有回击,只是站在那儿!她蜷缩着身子,低着头,轻轻地哭泣着。我展开手臂抱着她,并轻轻地擦揉她的手臂。我好一会儿这样抱着她,对她说话。然后,去应付那些走进教室的孩子们。我感到有点吃惊,她在我的拥抱中十分地柔顺。她一点也没有畏缩的样子。我就觉得她需要我身体的接触。那天中午,她在我的桌子上放了一张纸条,上面写着:'我喜欢我的老师。'放学之后,她腼腆地问我是否可以帮我点什么忙。这个向来畏缩的孩子对人的抚摸的反应,真是奇妙。我现在非常清楚地觉得身体的接触对于孩子来说是多么重要——特别是对那些在家中几乎得不到这种抚摸的孩子来说,尤其如此。"

机智用抚摸,用一句话、一个手势、一个眼神、一个动作,用沉默来感动人。尽管机智从词源学上隐含着身体的接触,但重要的事实是,机智含有非身体的影响或一个人对另外一个人的作用。机智既不是侵犯的,也不是好攻击的。机智常常意味着停顿,对某件事一带而过,而对于那些机智的行动所指向的人来说却能体验到它们强有力的影响。机智确实有一种身体的品质:机智的行动就是智慧的化身。

机智不应该指一个人对别人的感情过分地敏感,我们有时在日常生活中就是这样来理解机智的。一个人可能对另外一个人太"温柔了",而这时恰恰需要的是果断和直截了当。机智确实可以意味着坚强果敢。机智描述的是在一个特殊情境中的适当的行动。有时,适当的行动就是要直接、果断和直言不讳,这才是最有作用的。规定性的教育理论和意识形态在转圈:我们现在的意识形态喜欢这样的词汇,如"自由"(freedom)、"赋予力量"(empowerment)、"批判性反思"(critical reflection)、"解放性的行动"(emancipatory action),却不喜欢昨天的语言,如"温顺"(obedience)、"纪律"(discipline)、"权威"(authority)、"使命"(cocation)等。然而,我们不应该就因此以为"纪律"和"权威"从教育学或教育的意义上说一定是不好的。

尽管剥夺性控制意义上的"操纵"显然是不好的教育影响,但是,很难否认,甚至是在最开明的实践中,操纵的各种仁善的形式都似乎是存在的。"操纵"(manipulation)这个词的词根是"着手处理"(hand)。操纵即以某种方式"处理"一个情况。操纵并不一定是反教育的,正像引导一个人进入生日晚会的惊喜一样,并不一定是不好的。教学,也同样可能涉及操纵或处理一个学习情境,以便吸收积极的价值观和重要的理解。从某种意义上说,每一个教学计划、每一本教科书、每一个教学方法都含有操纵的因素。就孩子而言,假如操纵是为了孩子的利益,便是无可厚非的。

现在,问题当然是后面这种说法可能会使一些自以为公正的人将他的意志强加给孩子。因此,这里,还是没有什么技术的准则可以确定什么是要反对的,什么是教育学上可以辩护的。有时,操纵,甚至武力,不得已时,或者并不是被用做为某个教条服务的自我辩解的原则时,也可能是恰当的。操纵和武力,如果以机智的精神加以运用,并不一定会与孩子要求自由和自我责任感的愿望相矛盾。

机智不可以事先计划

> 机智是无法计划的。

一般来说，计划一个机智的行动或对策是不可能的。比如说，当我们需要将一个坏消息告诉我们所关心的人时，我们便意识到了机智的无法计划的 (unplannable) 性质。事先，我们可能发现自己在准备一些我们觉得应该可以说的话。我们需要温柔。我们不想太直率或说出一些不得体的话。我们想做对他人得体的事。但是，当我们身临其境时，我们通常就不顾脑海里的脚本，担心自己矫揉造作。我们与对方相见，我们用我们的眼睛搜寻对方脸上的表情，以寻找合适的话语——这些话语通常迸发出来。机智的行动无法事先计划——它总是在具体的、出人意料的、无法预见的情境中自然迸发出来，在这些情境中，你觉得必须要为对方服务，主动地帮助他。然而，虽然机智无法计划，但你还是可以为其作些准备的——你可以作好思想和心灵的准备。

在教学当中，常常是那些不稳定的、不连续的、变化不定的时刻需要某种无法计划的机智的行动。这些不稳定的时刻并不是教学中的偶然事件，它们从本质上是教学的一个有机的组成部分。

老师布置学生阅读莱昂纳德·科恩 (Leonard Cohen) 的诗歌。学生得选择一首他的诗阅读，然后将他们所喜爱的写下来。老师总的意图是通过研读一首诗来帮助学生成为诗歌的良好读者。我们以前也做过这样的作业。这是一堂好课，我一般都能期望有优秀的文章。可是，当我要学生们说一说他们的见解时，反响有点冷淡。他们的语言消极、无精打采、有点不情愿。显然，我对学生的兴趣判断有误，备好的课将不会生效了。于是，我问他们对科恩的诗歌的一般反应是什么。我问道："你们不会觉得他的诗伤人吧？"女孩们认为科恩的诗辛辣，对妇女言语不恭，性的描述太多。她们感到吃惊。男孩们也对科恩对生活的低调持否定的态度。他们奇怪为什么他的诗歌不能描写好的事情和蓝色的天空。我感到有必要将科恩的诗歌从他们错误的理解中挽救过来。但，我没有发表一堂演讲，也没有试图去说服他们，而是放起了科恩的《悲怜的姐妹们》（Sisters of Mercy）和《安妮》（Annie）的音乐。我给他们简单地讲述了对于第一首歌我所知道的：它是在一个晚上就在这个城市写的，是为了献给他的女朋友们的；她们都入睡了，科恩将这首诗留下来送给了她们。学生们开始觉得这首诗更像是表达对妇女的敬意了。由此，大家开始热烈地讨论个人的存在、社会问题、性别问题，进而讨论起科恩诗歌中的犹太人和其他宗教的象征主义等更深刻的问题。学生们表达了他们个人对科恩的诗歌主题的见解。这真是了不起的一堂课！但是，它却远非我最初的想象。具有讽刺意味的是，从我最初的计划的观点来看，这堂课完全是一个失败。

机智受见解的支配同时又依赖于情感

真正的能动性知识是身体体现出来的知识。

我们认为机智是一种对他人的关心指向。一方面，关心是主动愿意为他人承担重负、困难和悲痛。另一方面，关心他人也意味着注意他人、爱护他人，慈爱而温柔。关心（caring）这个词表达的是一种态度和感情，而不是一种能力和技巧。我可能关心某人或某事，但却不知道该如何做才好，或者没有能力去做我该做的事。与此相对照，尽管我们可以这样说，"机智"也同样隐含了关心的意义，但是，机智要比关心的概念复杂得多。有机智就是能够将他人的感情考虑进来。机智对微妙的情境十分敏感，而且对它所要求我们做的有一种直觉。但是，机智又不仅仅是一种感情或情感。因此，说机智属于情感的而不是智力的或认知的领域，这是不恰当的。这种区分是教育理论中人为的区分。机智表达的是关注一个人的整体存在的智慧，是对他人的主体性，对他人的特殊之处的一种主动的敏感性。

机智是一种实践中的规范性智慧，它受见解（insight）的支配，同时又依赖于情感。机智之所以可能是因为人类具有运用感知、敏感、理解和与对方的经验相互协调的能力。这对于成人和儿童同样如此。儿童常常对与他们一块儿分享生活的成人的情绪、脾性或者真正的精神非常敏感。在与其他儿童和成人互动过程当中，儿童常常能作出了不起的机智行动。但是，随着他们在成长的过程当中变得坚强和迟钝，孩子们逐渐地变得对他人体验的细微之处不那么敏感了。

运用机智意味着能够看到呼唤敏感性的情境，能够理解所看到的东西的意义，能够感受到这个情境的重要，能够知道如何做和做什么，而且能够实际地将某件事做得十分贴切。行动的机智可能包括所有这些，然而，机智的行动又是瞬间的。所需要的感知力、理解力和洞察力以及正确行动的直觉，所有这些并不一定是按照一定顺序分离的步骤。理解力和感觉有点像是在一种以某种集中思维为特点的行动模式中瞬间实现的。

机智支配着实践

机智没有规则，然而，也不是不能加以规范。

要想做到机智，并没有什么规则可循。尚没有什么理论和模式可以解释机智行为的原则。要想将机智变成一套技术或技巧，以便在需要机智的情境中连贯地可以预测地行动，这是不可能的。尽管机智有无法控制的性质，还是有必要指出机智在实际的情境中是以一种积极的、规范性的方式表露出来的。机智的基础条件是某种智慧和倾心的关注，是它们激发了机智的行为。

将机智与社会风俗礼仪作一比较可能会有些启发。机智与礼仪（etiquette）不是一回事。懂礼仪是指知道什么样的社会准则或行为方式可以运用于什么样的具体的环境（如，餐桌礼仪）。从表面上看，机智可能看起来像礼仪，因为礼仪与怎么说、怎么举止以保持良好的社会关系有关。但是，礼仪应付的是社交或正式情境中所要求的规定性行为和程序。运用礼仪可能暗示受过良好的教养。礼仪的规则是由传统或权威所留下来的。礼仪最终是可以预测的、受规则支配的行为。机智则缺乏这样的一套明确的规则。相反，机智是临场发挥的。

在日常生活的某些方面——如与孩子相处——机智可能就是人类互动的基本特征。从这个意义上说，机智就支配了实践（praxis）（它可定义为"充满思想的行动和充满行动的思想"）。机智统治着实践（practice），尽管机智不能变成规则，机智本身并不是无法控制的。换句话说，机智不是任意性的。它不是随意地操作的。机智需要的是一个微妙的规范。机智要求你能"读懂"或理解社会的情境以便作出恰当的言行。机智要求你知道他人是如何体验一个情境的。

第7章 教育机智

教育机智是怎样表现出来的？

教育机智是怎样的？我们怎样才能看到，在哪里才能看到教育机智在发挥作用呢？这些都是难以回答的问题。要分辨出真正的机智行为与做作、虚假的行为方式，对我们来说并不总是那么容易的。后者似乎并非真正出于对孩子们幸福的关心。孩子们常常能够准确地分辨出哪些教师是"真正"关心他们的，哪些教师是"假装"的，并非真正对他们感兴趣。

教育机智主要体现在与孩子们相处时的关心取向上。这与其说是某种可观察到的行为表现，还不如说是一种主动建立起来的关系方式。尽管如此，我们还是有办法来描述机智在我们的教育言行中的表现方式。下面几节中将谈到机智可以表现为克制，对孩子的经历坦诚以待，尊重孩子的主体性，潜移默化的影响，在情境中充满自信，还可以表现为一种临场的天赋。

机智表现为克制

有些时候，最好的行动就是不采取行动。

几个月前，科妮莉亚有一次没来上我的英语文法课。对于一个老师认为是在逃课的学生，老师有时很难接受和保持友好。在一次课间休息时，我在走廊上碰巧见到了科妮莉亚和她的好友梅拉妮在一起。于是，我问她为什么那天早晨没有上课。她脸上露出天真的表情，说："梅拉妮感觉不舒服，于是我决定陪陪她。"作为老师，我十分恼火，想要说几句严厉的话，训斥她一番。但我没有这样做，而是转向梅拉妮，问道："你没事吧？"梅拉妮回答说："是的。"但很显然，梅拉妮心中在为什么事苦恼着。于是，我伸出手臂搭在她的肩上，并问她是否需要帮助。梅拉妮再次说她会没事的，可是，我看见她都快哭了。我克制住了自己要对科妮莉亚说的话。就在这时，下一节课的铃声响了。

过了一会儿，我几乎都忘了这件事，这时，第四节课的学生走进了我的课堂。梅拉妮也在这个组。当她走过我的身旁时，我的第一个反应就是想问她怎么样了。但是，她的神态使我欲言又止。我间接地观察她，猜测她的心态。在接下来的这堂课里，梅拉妮表现得好像早晨没有发生那件事。于是，我耸了耸肩，不再追究下去。值得注意的是，打那以后，梅拉妮在我的班上像是变了一个人。在那件事之前，她的行为常常有点别扭、不合作，而且通常也不说话。但是，自从我对她表示关心之后，好像我们之间多了一份无言的理解。这种新的态度对她的学习起到了积极的作用。因此，机智也包含一种这样的敏感性，知道什么该随其自然，什么该保持沉默，何时不介入，何时"不注意"什么。

克制的一种特别之处在于忍耐，能够沉着平静地等待。确实，耐心一直被描述为每一个教师和父母应该具有的美德。① 耐心能够让教育者将孩子与其成长和学习所需的时间协调起来。当期望和目标被确定在一个恰当的层次上，耐心就会使得我们在期望和目标尚没有完成，尚需更多时日或需要尝试其他的办法的时候，不着急，不放弃努力。

在我们的西方文化中，当孩子做某件事比我们预料的要容易、要快或者更好，取得惊人的进步时，做父母的或做老师的往往非常高兴和自

---

① 请参考 O. F. Bollnow (1989), The pedagogical atmosphere—the perspective of the child. *Phenomenology and Pedagogy*, vol. 7, pp. 47–51.

豪。孩子希望成长和更加独立，这正是孩子的天性。而父母和老师希望孩子成长、学习进步，这正是教育学的性质所在。正因为如此，有时，成人不是克制，而是急于求成。比如说，成人们都知道，到了上学的年龄时，多数孩子都会非常容易地学会阅读。但是，成人们也知道，稍稍给孩子加点儿劲，孩子可能能够更早学会阅读；如果多加些劲，一些孩子可能会在更小的时候就学会阅读。孩子发展的许多方面都是不能强迫的，需要我们大人有耐心。但是，由于有可能在某种程度上加快孩子学习和成熟的速度，急于求成就变得很有诱惑力了。而正确的态度是我们应该给予孩子们成长中自己的空间和时间。

当孩子好像不知道怎样做时，当年轻人在一开始做得不对时，或者当学生做事慢得要命时，要想让大人试图克制自己常常难以做到。大人变得愤怒，想要去干预，去"帮助"，而这时孩子可能应该或者可以自己处理好这个情况；或者大人干脆代替孩子去做（"瞧，让我来给你系鞋带吧！"），而这时孩子可能确实需要自己去领悟、学习和实践。当然，从孩子的角度上看，大人总是行事匆匆。大人就是不能明白，当还有其他许多更重要的事情要做的时候这个孩子怎么就是这么散漫。同样的事也常常发生在课堂上。尽管还有不少孩子尚未弄明白或掌握好一个新概念或技巧，老师就迫不及待地想朝前赶，并布置测试。结果呢，孩子学到的是失败、成绩差和自尊心受挫的滋味。

何时克制自己，何时忽略什么事，何时该等待，何时"不去注意"某件事，何时后退几步，而不去干预、干扰、打断别人的工作，大人对于这些机智的领会对孩子的发展来说是一个十分珍贵的礼物。当然，有些情境中，正确的和机智的行动就是以一种直截了当的方式行事，比如说，当课堂失控，或者在某种情境中有太多的冒险和危险的时候。有时，克制自己、置之不理的行动是不机智的，比如当孩子需要直接面对事情的时候，或者孩子很明显地需要帮助和反馈的时候。

而且，对孩子所有的事情都置之不理，在成人的主动介入很有必要的时候拒绝介入，这将是十分错误的。有一些老师和家长实际上对孩子的行为漠不关心。他们可能总是想阻止自己直接参与，因而完全与孩子们脱离了教育学意义上的关系。比如说，有些老师以充分地让学生自己作决定为无比的自豪。同样地，也有一些家长们就是不愿意去观察孩子在日常体验或生活决定方面对家长的引导、指点、参与、约束、责任和义务的需求。他们以给予孩子们充分的"自由"为自豪。但是，没有限制和标准的自由不是真正的自由。

机智表现为对孩子的体验的理解

总是先问一问：这个体验对于孩子来说是什么样的？

在白天，7岁的威利是一个滑板的高手，尽管他已经摔得鼻青脸肿，但他还是敢去做一些冒险的动作。他的小伙伴都敬佩他的才能和勇猛。他显然不是一个胆怯的孩子。但是，到了晚上，当天黑了下来，威利却害怕独自上床睡觉。他的父母注意到了这一点。虽然他们很希望他能战胜对黑暗的恐惧，但他们还是保持耐心和理解的态度。他们是非常具有机智的父母，因为他们感受到威利对黑暗的恐惧从客观上是毫无根据的，但是从主观上看孩子的这种体验又是实实在在的。他们不愿将自己关闭起来，不去探索对孩子体验的理解的各种可能性。而且，他们还认识到对于大人来说，黑暗也具有令人恐惧的特点。因此，该由父母来决定适当的行动办法，来帮助威利面对恐惧并克服恐惧。要做到这一点，他们需要就威利对恐惧的体验之于威利的意义这一方面保持开放性的理解。

对年幼的孩子保持开放性的理解并不总是很容易的。劳里的语文老师对劳里的作文中所充斥的黑暗、反抗性、深深的仇恨和责备的描述感到吃惊。九年级的大多数老师都管不了她。她穿着时髦，公然挑战学校不允许吸烟的规定在洗手间吸烟。但是，这位语文老师却总觉得对劳里作出这样的判断是错误的。劳里也有点觉得她的语文老师站在她这一边。一天早晨，她走到老师跟前，问老师是否愿意读她写的诗。老师非常高兴，将她的文件夹带回了家。老师发现她的作文表现出了青少年的病态和内心冲突，但同时这些诗也写得特别地有力。这个女孩，她写诗是因为她必须写，既为了自己，也有艺术的因素。虽然，老师觉得她并不真正了解劳里，但她还是知道，她应该对劳里保持一种开放、支持和同情。

汉克的父母要求与老师和校长面谈。他们非常担心汉克。汉克才10岁，却结交上了一帮已经交了女朋友、在街头游荡的朋友，而对学校的学习却不怎么感兴趣。他们说，汉克非常注意自己的"外表"，当父母强迫性地采取一些限制，因而使得他的伙伴们不认为他"帅"的时候，他就很不高兴。而且，他想做一些对他这样的年龄还很不合适或不成熟的事情——如，夜晚在街头游荡，在商店的电子游戏机上乱花钱，在电话中与女孩长时间聊天，看一些含有明显暴力和色情片段的录像带。老师和校长理解汉克的父母所说的这些。他们明白孩子的群体对孩子的压力。令人欣慰的是汉克的父母并不是简单地排斥汉克的行为。父母必须与孩子保持一种开放的关系。老师建议多与汉克交谈所有这一切，多去探索相互的感情并互相保持紧密的联系。汉克是一个敏感的男孩，他不想伤害自己也不想伤害他的父母。通过对汉克的体验保持体谅，而不是简单地批评和审查他的行为，父母就能努力去鼓励积极的朋友关系。父母如果能够让汉克更多地在家玩儿，并花些时间与他在一块儿，一家人做些有趣的事，也是非常有帮助的。

对孩子的经历保持开放，意味着努力避免用一个标准的和传统的方式来处理情况。这里的思想开放意味着一个人试图从成人（老师和父母）以外的角度来看待孩子的经历。

机智表现为尊重孩子的主体性

把他人看做主体，而不要看做客体。

一位老师在谈论班级的扩大对她与每一个孩子的主体性相协调的能力所产生的作用："9月份我的六年级这个班只有22个学生；现在，

这个班有了 31 个学生。我确实注意到了这带来的差异。以前，我应付得了克丽茜的古怪动作，克丽茜是一位有着行为和学习缺陷的学生。我发现，随着孩子的增加，我现在对她的耐心少了许多。我不那么倾向于考虑她的需求和用什么方法能够使她在班上建立一种更加配合和有效的关系了。相反，我知道我表现得不那么有耐心了。我开始用一种纯粹的管理方式来看待和处理克丽茜的行为。我现在关心的是：我怎样才能让她安静？比如说，昨天我知道她为某件事情十分不安，我猜想这一定与家中发生了什么事情有关。可是，我并没有把她叫到一旁，而是用纪律来约束她。但这件事让我感觉很糟，因为我知道，如果我对她多些理解，她可能会表现得好些……"

一个学生抱怨说："我为什么要学这个东西？我想学工程技术。我不明白学习英语语法有什么用。我可没有什么当作家的志向。这真是令人头疼！"另一个学生在诉苦："为什么我们要做这些数学题？所有这些数学练习对我绝对是没有用的。我的爸爸都说他忘记了怎样做高中的数学题了。"对于老师来说，应付"为什么我们得学习这个？"这样的问题可能会令人感到气馁。有些老师说："我们必须要做这个因为这是课程上安排的。"或者说："你必须学会这个因为考试中可能会出现。"或者说："你需要它才能上大学。"这些都是现成的回答。但是，它们却不是有力的回答，因为它们把问题推给了课程设置当局、考试委员会或者大学入学委员会。问题表明对于这些学生来说，他们的一部分学习体验仍然是毫无意义的，甚至是令人失望的。对于这样的事实，这些答案显得不敏感。有些老师可能会试图通过让学生明白语法规则或数学练习的实际运用价值，或者这些与他们要成为一个受教育的人的理想有关，来证明学习的必要。但是，即使是实用型的或理想型的回答也不会令不愿学习的学生满意。从某个意义上说，所有这些回答都没有注意到学生对课程的主观体验。相反，教育机智会努力帮助学生培养对语言或数学全面的内在兴趣。即使这不可能做到，对于"为什么我们得学习这个？"的一个机智的反应，至少会是对学生学习的主观体验本身作出反应。

一个寓意深刻的教学比喻说，为了来学校学习新知识，学生需要跨过一些障碍（比如说，一条街）才能来到老师的身边（学校）。但是，一个接近孩子体验的老师可能会意识不到这个学生仍在试图"从街道的另一边"来理解事物。许多教师简单地期望学生能走到教师身边来。这样的老师是那些站在教室前面的讲台上只顾讲解的教师；他们的态度是，学生理解不理解那是学生的事。如果他们没有理解，那就是笨！可是，学生可能就是有困难、缺乏兴趣，或者就是不知道怎样才能跨过障碍来到教师身边。老师似乎对课程的内容有一种观点、激情或概念，并且期望学生也有与他们一样的体验。但是，这些教师忘记了学习始终是一个个人事件。

　　一位机智的教育者认识到要跨过街道走过来的不是孩子，而是老师。老师必须知道"孩子此刻在哪儿"，"孩子是怎样观察事物的"，这个学生从他本身的角度遇到了什么样的困难，因而不能跨过街道走进学习的领域。老师应该站在孩子身边，帮助孩子认识要跨过去的地方，为孩子寻找有效的方式，帮助孩子顺利走到另一边来，走到这个另外的世界中来。在这种行动中确实包含了 *educare* 的意义，即"引入"（to lead into）这个世界中来，一个增强了意识、提高了责任感和理解力、茁壮成长的世界中来。

机智表现为"润物细无声"

> 我们总是在接受着影响。

　　贾森是一个大小伙子。当他走进教室的时候，总像走错了地方，好像教室变成了酒吧或舞池。他的那种昂首阔步的样子和强健的身体表明他过早地成熟了。不可否认，贾森养成了自己的一种"帅"的形象。英语教师喜欢贾森，她有时感到纳闷，这个壮小伙是怎样忍受诗歌课和接下来的有时热烈的讨论的。这个老师将贾森引入课堂学习中来，但十分小心，尽量不强迫他做不合他性格的事。通常，贾森都是安静地坐在他那个对他来说显然太小的座位上，既不怎么说话，也不捣乱。因为他时常心不在焉的样子，英语老师开始怀疑他是否吸毒。但是，当她最近与贾森谈话时，贾森说他一直在一家当地的餐馆上晚班，做快餐厨师。他们进一步谈下去。贾森说他需要这份兼职工作，好攒钱买一辆摩托车。照其他老师的看法，贾森只不过是坐在学校消磨时间罢了。他很少完成家庭作业。如果可能的话，他会弃学去做一名卡车司机。

有一天在上课前，贾森早早地进了教室，在老师的周围踱来踱去。显然，他有什么心事。"瞧……我……写了这个。"他说，将一张纸片放到老师的桌上。是一首诗。诗写得不错，老师很吃惊。"这首诗写得很好，贾森，我喜欢它的意境。""我喜欢写诗，"贾森说，"我已经写了好一阵了……自从我上您的课开始。"接着，他有点不在意地说："也许，您可以将它贴起来。"老师一直习惯将选中的学生的诗贴在大厅的一块大贴板上。从前担任过小学教师的她，一直非常高兴地看到，中学的学生发现他们的作品被展出是多么有趣。不只是小学的孩子喜欢看他们自己的作品。贾森建议她展出他的诗令她感到吃惊。 她吃惊的是贾森也在乎这样的事。但她还是非常高兴地答应了。那天晚些时候，她注意到贾森和一个朋友在一起。他正指着墙上："就那首诗，是我写的。"

有时，老师认识不到他们是怎样影响学生的，甚至是那些他们认为最不可能会听他们话的学生。他们的影响可能会非常微妙，在日常生活当中我们老师自己发觉不到。常常因为一件小事或发现，我们才意识到了我们的这些影响。是因为老师与贾森单独谈话而给予贾森的特别注意吗？是因为老师在处理贾森上诗歌课问题上的敏感性和细心的对待吗？是因为她将学生的作品贴在墙上所创造的气氛吗？也许这些因素都有，也许还有别的什么因素。在这位老师身上我们看到了她对待贾森的风格和形式的机智性。甚至当贾森递给她诗的时候，老师都似乎认识到当一首诗像这样出乎意料地送过来，你也得愉快地接受。这可不是说下面这些话的时候："唔，贾森，你这儿还有几处拼写错误。"或者说："贾森，这结尾还不太好，你应该修改一下后几行。"老师知道将来还有机会帮助贾森修改他的诗。首先,她可能通过在班上将诗的收尾作为一个一般话题,试图间接地给贾森指出某些给这首诗收尾的看法。用这样的方式,她可能又能够微妙地影响贾森,使他学会和理解更多的诗歌写作技巧,而不是单单挑选出他的诗进行批评。贾森的例子同样也让我们看到了我们是多么容易错误地判断孩子和年轻人。即使其他人已经对孩子失去信心了,我们仍然还是有办法"打动"学生。

机智表现为对情境的自信

每一个情境都有它自己的调子。

"我真羡慕她啊!"一个老师在议论另外一个老师,"不知道为什么,她总是能够找到适合每一个学生或班级的调子。"这样的言论流露出了一种无能感,同时也表示出了一种不安全感。不管老师如何精心地准备一堂课或一个情境,似乎任何一个教学情境都总是会出现某种不确定性。这堂课牵涉在科学实验室做各种各样的实验活动。老师在学生当中不时地走动,这儿提出一个问题,那儿说几句鼓励的话,学生需要时则给予帮助。教室里有一种令人愉快的创造性活动的调子。 老师感到很高兴……就在这时,杰克走进了教室,他走路的声音特别地吵。他迟到了,但他丝毫也没有不影响其他人的意识。不一会儿,他就搅乱了几组学生的活动。"瞧,凯茜,我给你带来了家庭作业,"他叫喊着,随手将一个避孕套扔在她的膝盖上,"我可以帮助你学习性生活,如果你能帮助我做数学题的话。"凯茜大声尖叫。这个小橡皮玩意儿又传到了另外一组学生那里。一阵大笑声。这玩意儿又到了空中,像一个漏气的气球一样朝前冲。这真是令人惊讶,顷刻之间,一个积极的学习情境就转而变成了一片混乱。老师大声喊叫着:"大家安静!遵守纪律!要遵守纪律!"但毫无用处。

这样的情境很可能是许多新教师(有些有经验的教师也一样)的恐

惧。充满信心地迎接无法预见的情境，这是一个很大的挑战。可能性很多：一个学生十分不敬地嘲弄地答话；全班失去控制；学生不愿意做要求他们做的事；一个孩子以一种歇斯底里的方式对某事行动过火。正是在像这样的情境中，老师需要能够显示自己的信心和机智。

具有了一般机智的老师学会了在不断变幻的情境和环境中充满自信。最为重要的是，这样的老师能够将这种信心传递给自己的学生。当然，还有一些老师显示出处理情境的许多自信，可是学生却感觉到这种自信是装出来的。虚假的信心是很脆弱的，极易因为冲突和严重的抵抗而破灭。虚假的信心是没有根基的，因为它所需要的物质是空洞的。一个老师很难长时间装做有信心或保持表面上的有信心。在两种情况中的任何一种情况下，这里所缺的就是那种给予老师对自我的信任和对学生的信任的充满智慧的机智。

当然，也有一些办法是通过运用震慑、支配或权威的力量来处理社会情境的。以这样的办法来处理情境的老师可能对自己有信心，但他们却得不到学生的信赖。没有建立在信任基础上的成人和年轻人之间的关系，使他们丧失了教育学上的合法性。

机智表现为临场的天赋

> 教学就是"即席创作"。

"要是我见到了我的爸爸，这就是我会给他的，"马丁说着，用小拳头做了几个不漂亮的冲拳，"我恨我的爸爸。"马丁9月份来幼儿园时，就看起来有一股子怒气和敌意。老师通过了解知道，马丁的爸爸为了另外一个女人离开了妻子和家庭，之后不久，马丁的妈妈在一个很亲近的宗教团体中为她的孤独寻找到精神的寄托。可是，她新找到的信仰不再允许她进行生日、特别的节日和圣诞的庆祝活动。因而家里的生活从经济上和感情上变得十分困难和匮乏。马丁似乎将他幼小的生活中的所有不幸都归咎于他的爸爸。即使在学校，当事情很不顺当的时候，他也很容易发怒。老师觉得马丁感情脆弱，于是尽量给马丁提供一个支持性的环境，并让学校的生活与马丁的兴趣关联起来。

再过几天就是父亲节了。孩子们都在为他们的爸爸做特别的卡片。像这样的节日通常都给老师带来了特别的困难，因为有不少孩子不与爸爸生活在一起。马丁似乎很用心地为某个人做一张父亲卡。那天晚些时候，老师很惊讶地遇到一个陌生人自称是马丁的爸爸。让不让他进来与马丁度过这个下午呢？这位老师说学校非常欢迎父母的参与，并把他带进了游戏室，马丁正在忙活着。老师打心底里担心马丁见到他父亲的反应，但她也感觉到这个经历可能对他有好处。马丁见到他的爸爸时，立刻站了起来，呆呆地站在那儿，脸上变得苍白。这位爸爸也站在那儿，对儿子的出现显得拘束不安。"你好，马丁，"他轻轻地说，"我想见见你。"可是，马丁站在那儿不动。这种僵局似乎无法打破。于是，老师在马丁的耳边低声地说："你的那张漂亮的父亲卡呢？"马丁转过身，拿起他做的那张卡，递给了他的爸爸。接下来，马丁紧紧地抱住了他爸爸的身体。多种复杂的情感交织在一起。但是，马丁所有的愤怒似乎都从他身体中消失了。

当然，老师对此不只是笑笑而已。这可不是一个简单的喜剧故事。马丁的妈妈听到这事后会怎么想呢？这位父亲是可靠的吗？但不管怎样，老师决定将孩子的母亲叫过来，谈一谈马丁的需要。也许，这位父亲可以成为马丁生活中经常的探望者。试图促使这事成功就是老师的意图。也许，她可以邀请这位爸爸定期地来学校看望马丁。这主要取决于她与马丁的妈妈谈话的结果。而这里，老师将要再一次展示她的临场机智。

教育孩子或年轻人是很难的，不仅仅是因为教师十分忙碌，得不断地采取行动，而且是因为教师必须不断地以一种教育机智行动。一位不仅仅是作为知识传授者的教师需要不断地感知怎样做才是在教育上正确的言行。换句话说，就像一个爵士音乐家知道如何临场演奏一首乐曲（去吸引观众）一样，老师知道如何从教育学上对课程进行临场的发挥（为了孩子的利益）。好的爵士音乐家的标准是审美性的，而好的教育者的标准则是教育性的。自然,爵士音乐和教育的另外一个差别就是音乐是艺术的表演,而教学则是教育的活动。①

教育机智做什么?

教育机智是一种教育行动的形式。它涉及母亲和父亲与他们的孩子交往的方式。它描述了教育者可以在教与学的关系中行动的方式。教育机智描绘了任何一个成人可以与年轻人进行教育交往的方式。在对年轻人的教育行为中,学生得到了影响。但是如果这种影响用机智加以调和,则不至于成为权威式的、控制性的、支配性的、操纵性的关系,不至于成为利用孩子,或者使年轻人变得无能,只得依赖你。机智不是一个价值中立的(value-neutral)术语。教育机智也是受到规范性的敏感所支配的。不论我们作为父母或老师做什么,我们的教育行动总是受到来自规范性意图的信息的指导:我们总是想以对那些我们身负责任的孩子和年轻人好的方式采取行动。

教育机智做什么呢?教育机智做那些对孩子好的和正确的事。可是,我们怎么知道什么对孩子好和正确呢?假如你不能上升到道德和批判性的理论高度,去以一种概括性的方式寻找答案的话,那么你就需要下到日常生活体验的具体层次中去观测机智在具体的情境和环境中做什么。我们从与孩子生活的体验中知道什么样的行动是在教育机智的范围之内的。在下面的几节中,我提出了教育机智能做的事:保留孩子的空间,保护那些脆弱的东西,防止受到伤害,让破碎的变成整体,巩固好的品质,加强孩子的独特之处,支持个性成长。

---

① 与教学的"科学"(the "science" of teaching)相比较,教学的"艺术"(the "art" of teaching)经常用到。然而,这可能是一种不幸的概念。如果教学是一种"艺术",那么教室就像一幕"戏剧",一种"表演",或者某些如此人为的表演或产品。但是,教师的教学并非为了被人观看或欣赏其人为性的"表演"能力。教学的目的在于成人与孩子或教师与学生之间教育关系的意向。

机智保留了孩子的空间

成长和学习需要空间。

在其他同学面前演示一个十年级的科学实验的结果时,科里完全失去了他的潇洒和信心。现在他感到十分地尴尬,简直就希望能钻到地底下去,这样他就永远也不要见到他的同学们了。孩子们注意到了他内心的斗争,有些开始窃笑,而其他的同学则为科里感到很尴尬,于是假装不去注意。这使得情形变得更糟。科里僵立在那儿。脸上抽搐着。那种安静变得让人无法忍受。就在这个时候,老师打破这种尴尬,递给科里一支粉笔,并问他是否能够用两三个要点将主要的结果提炼出来。科里这时有了一个机会转过身去,镇静一下自己,不面对其他同学。同时,老师向班上作了一些评论,以帮助科里回忆和梳理结果。最后,科里的实验结果陈述作得还不错。老师说:"谢谢你,科里。你刚才经历了一个很艰难的时刻。我们都经历过类似这样的时刻。你做得很好。"

老师的做法让一个可怕的、尴尬的经历变得可以承受。通过她的机智的干预,科里的体验变得轻松了些,可以承受。虽然这是一个科里不会觉得自豪的尴尬时刻,但他还是可以挺过去的。老师闯进来挽救局面,而不是取消科里作为陈述者的地位(比如,建议他坐下来),她实际上帮助挽救了科里的空间,使他能够恢复对局面的控制。在闯进情境之后,她又迅速地撤了出来,让科里自己去处理。

机智意味着可能的时候撤出来,但是当事情出现问题的时候,又随时在场。通过撤出来,成人给孩子创造了空间,这样孩子得以用自己的方式来作决定。然而,机智地撤出,与完全地撤出、让孩子自己去做是有区别的。后面那种放任自流的教育方法被以孩子为中心的民主进步主义的人所误会。孩子需要我们给予犯错误的自由并从中吸取教训。但是,完全撤出教育关系让孩子充分"自由"地去作他们尚未有充分能力去作的决定和选择,这是错误的机智。

在许多家庭中,大人可能太忙于他们自己的事务,而没有意识到孩子内心的生活世界。良好的交流能够保持一种亲密水平,而不会窒息孩子对个人空间的需求。在许多家庭里,成人很可能与他们的孩子交流太少,这里积极的一面是,使得一种内心的生活发展起来了。过分保护孩子或者过分窥探孩子秘密的父母与孩子交流得太多,欲刺探孩子的思想、梦想、想象力、感情、恐惧等。一种恰当的交流关系能增进自我认识的更大的机会,而人类亲密和亲情的满足感能促进敏感性。 但是,缺乏交流在多数家庭中很可能比过分交流要更普遍。爱刺探的父母往往对孩子多疑,因此,他们的孩子可能更想将一些事放在心里,不让父母知道。这样,在孩子独立的需要与父母控制孩子的事情的欲望之间形成了一种默默的斗争。了解某人秘密的一个办法就是去寻找那些受压抑的例证。它们有时可以告诉我们秘密的性质或位置(比如,未进入青少年期的儿童突然避免在父母面前脱衣服)。

教师不仅应该意识到孩子对机智的支持和个人空间的需求,他们也应该意识到家庭中的缺乏交流和过分交流。孩子在家里的交流方式可能会影响孩子分享思想和情感,以及在学校时探险的主动性。

机智保护那些脆弱的东西

孩子的脆弱性软化了成人。

体育老师带孩子们去游泳。多数孩子都玩儿得很开心。有时老师帮助孩子改进划水的动作。他看到了斯蒂芬,一个不错的游泳者,站在跳水板上。斯蒂芬站在那儿好长一段时间了。他在判断到水池表面的距离。他渴望像他的一些朋友一样,勇敢地跳下去。可是,他就是克服不了恐惧。他的朋友们叫他跳下来,一起玩儿水中捉迷藏的游戏。 但是,斯蒂芬摇了摇脑袋,假装说他更喜欢在跳板上。"等一会儿!我在休息!"最后,斯蒂芬在没有人注意的时候,从跳板的侧面爬了下来,跳到了水中加入了大家的游戏。老师将斯蒂芬的内心矛盾看在眼里，觉得直接去干预，公开地鼓励斯蒂芬战胜恐惧，会引起他的同学的注意，这不恰当。后来，他找到了一个不引人注目的机会给斯蒂芬指点了一两下，帮助他完成了第一次跳水。在游泳快结束之前，斯蒂芬有一次勇敢地爬到了跳板上，自己朝下跳了下去。随后，他又跳了几次。斯蒂芬显然对他新获得的勇气和技巧感到非常高兴。老师注意到这点，对他大加赞扬："做得好，斯蒂芬！我很喜欢你在跳水时四肢伸展的样子。"

一个机智的教育者能够分辨出孩子身上那些积极的但可能起初却是孩子的弱点的品质。机智决不粗暴地或轻率地对待这样的情境，相反，机智要求成人以"看见了却不去注意它"或"分享秘密"的方式来对待这样的情境，回避这样的情境。成人常常很难做到这一点。比如说，那些重新回到大学拿额外的资格证或高级学位的老师，在参加考试或者在大学课堂里要在他们的同学面前表演时，常常体验到自身的脆弱性。然而，同样是这些成人，可能对他们自己的学生的脆弱性却十分地不敏感。

尽管如此，当成人们注意到孩子们是多么易受伤害的时候，他们往往会感到更加有责任和富有同情心。孩子的无助和相对的柔弱使得成人更加感到温柔和心软。我们可以说，孩子的柔弱和脆弱让成人也变得柔弱起来，并且呼唤着成人对孩子负起责任来。很少有成人没有体验到年幼的孩子向他们呼唤的力量。恰恰是因为孩子容易受到伤害，成人才立刻就能体验到孩子由于毫无保护自己的能力和脆弱性所形成的那种呼唤。孩子的这种脆弱以其神奇的力量，将成人的鲁莽和粗心转变成温柔和体贴。从某个方式上看，孩子的无力和脆弱使他从成人那里奇怪地独立出来。孩子向成人发出的呼唤阻止了后者滥用权力。因此，滥用权力的成人遭受到了道德上的失败。

机智防止伤害

要使伤害变得可以忘记。

在希拉从学校回家的路上,她的男朋友汤姆骑着新买的摩托车从她身边驶过。他们互相招手。"别忘了明天!"他叫道。她用手势回应着,脸上带着期望明天约会的微笑。他呼啸着向前开去。希拉脸上的微笑尚未消失,这时突然一辆汽车出现在路中央。摩托车猛地转弯,旋转着向空中飞去。汤姆就像一个扔出去的玩具一样,嘭地撞上了另外一辆汽车,然后躺在地上一动不动了。那天晚上,希拉尖叫着从梦中醒来。她做了一个可怕的梦。她的母亲来到了她的卧室。母亲知道,劝希拉试着忘记这个事故一点儿也不会有用。"妈妈,我总是看到那个场面。一遍又一遍地看到它。我怎样才能不见到它?"她的母亲在她旁边坐了下来,扶着她,在希拉小的时候,她就是这样扶着她。"汤姆还活着,我们真是幸运呀,"她对希拉说道,"在他康复的过程当中,他需要你的友谊,你可能还要帮他完成家庭作业。"母亲和女儿,就这样静静地坐着,在寂静的夜晚。

希拉的母亲试图促使希拉忘掉这个可怕的经历。当然,并不是绝对意义上的忘记,因为一个人无法将所发生的完全抹去。但是,我们却可以使这些事件变得可以忍受,从而使精神上的创伤消失。一个可以忘记的经历是那种不会变得与我们其他的经历不连续的,因而也不会与我们的自我感(sense of self-identity)不和谐的经历。

不连续的经历是那些在我们的个人历史上留下了深刻创伤的经历。一个孩子因为死亡或离婚而失去了父母中的一方,这可能会成为孩子的一个精神创伤的记忆,需要加以抑制,这样孩子才能继续生活下去。然而,受到抑制的创伤记忆只是表面上被遗忘了。尽管不出现在意识当中,但它们却是无法忘记的,因为这些记忆没有经过处理。它们会转变成我们生活中的不连续性,外在地表现为恐惧、依赖、困扰、精神扭曲，阻止我们与世界和其他人建立健康的关系。

我们寻常的学校经历可能会变成这样具有创伤的记忆，令我们后来将其看做是"对做不好某些似乎很难的事情的恐惧"，"害怕数学"，"讨厌科学课"，"憎恶诗歌"，等等。我们当中一些人没有把这些记忆发展成不连续的记忆，这要归功于我们的一些重要老师的智慧性机智。

机智将破碎的东西变成整体

> 机智使伤口愈合。

一个孩子很伤心，因为他觉得他班上所有的同学朋友都背叛了他。一个学生非常气馁，因为一系列的低分使他感到了失败。一个小学生表现得像被击败了一样，因为他认为失去了他最喜欢的老师的尊敬。在人们的生活当中，特别是在孩子的生活当中，事情不断地破碎或遭遇到破碎的危险。正是在这种特别的情况下，机智发挥着它该发挥的作用。机智努力使事情不致破碎，并且试图将破碎的恢复起来。一个感到别人背叛了他，觉得受到了挫折或伤害的孩子不仅认为他生活中的某个东西破碎了；更严重的是，这种挫折感、背叛感、受伤害感折射出孩子生活中破裂的关系。当一个人感到他人背叛了他或对他人很失望，他与这个人的关系就不再是一个整体的关系了。

机智必须处理孩子体验中的客观和主观方面。老师们可能希望不理睬学校孩子当中这些看起来很微小而琐碎的矛盾冲突。一个观察很仔细的老师知道，在孩子的学校生活中，孩子们是如何将这些"小"问题体验为巨大的障碍的。接受感或拒绝感很可能比老师为这个上午所准备的数学或科学课的知识对孩子具有更重大的后果。

教育中有许多的倾向与教育机智的更深层次的兴趣相矛盾：课程政策更主要的是关心可以度量的学校成果，老师感到被迫以考试为中心进行教学，学校的规章制度没有帮助孩子体验集体感（a sense of community）——所有这些都往往忽视了这样一个事实，即所有的教育最终是为了整体的人的教育。许多老师直觉地知道，对于所有的学生来说，他们的教育是一个终身的活动。每一门课程、每一个主题、每一个成就必须从这个更大范围的年轻人的生活活动出发加以理解。许多老师自己不知不觉地在与官僚的、行政的、政治的结构进行一场无声的战斗和对其进行个人的改革。他们这样做是为了保存孩子教育体验中的健康品质。

机智使好的品质得到巩固和加强

对孩子信任就是给孩子以力量。

怎样来理解"加强好的品质"呢？大约在两百年前，裴斯泰洛齐(Pestalozzi)在他的《斯坦瑟信》(Stanser letter)中，作了这样的表述：

> 成人期望好的品质，孩子愿意对它们敞开胸怀。但是，孩子想要那些好的品质并不是为了老师。孩子是为了他自身才想要那些好的品质。而且，你想让孩子具有的好品质不应该受到你的心血来潮或一时激情的支配；相反，它必须本身就是好的，在本质上就是好的。而且，它必须让孩子觉得它就是好的。然后，在孩子期望同样的好的品质之前，孩子必须感觉到你是根据它的情境、它的需求来期望好的品质。孩子想要所有他喜欢的东西。孩子想要所有那些给他信任的东西。孩子想要所有那些唤醒他内心伟大的期望的东西。孩子想要所有那些给他以力量，那些使他能够说"我能够做到"的东西。但是，这种期望的产生，不是用言语，而是通过对孩子无微不至的关心和因此而唤醒的孩子内心的情感和力量来达到的。言语并不能产生事物本身，而仅仅能够唤醒对事物的意识和清晰的看法。①

---

① J. H. Pestalozzi（1799/1954），*Ausgewahlte Schriften*, W. Flitner, ed. Dusseldorf/Munchen. p.103.

教育者需要信任孩子。尤其是对他或她所负有责任的具体孩子的潜力和善良充满信任。我对孩子的信任给孩子以力量——自然，这要在孩子体验到我的信任是真实的、积极的时候。一个成人说，"让我来替你做"，可能只是想帮帮孩子而已。但是，可能孩子会觉得这是对他的能力和独立性的冒犯。"我要自己来做！"孩子可能会这样说。另外一个孩子可能会将"我来替你做"理解为缺乏信心，因而反应更加消极。他或她可能会对自己的能力缺乏信心。不信任或疑惑使得真正的教育几乎不可能。那些不能显示对孩子充分的信任的成人，不能成为真正意义上的老师或作为教育者的父母。这可能就是那些对世界和对他人的信任受到打击的成人的情况。假如我不信任别人，假如我充满疑惑，不能以信心和希望面对生活，那么我可能就不能够为了孩子的缘故来珍惜信任。

怀疑会带来否定、恶意，甚至邪恶。它容易使孩子也产生怀疑和不信任："你为什么还要这样做！""难道你就总做不好吗？""为什么我这次就应该相信你？""我知道你做不到那样的！""我知道我不能指望你！""你刚才做了什么？"孩子听见成人这样对他说："我知道我不能指望你"，他和成人的关系就不会有合适的调子。这可能会导致孩子不能正眼看人，说话张口结舌，尴尬地停顿，喜欢低头朝下看，或者倾向于说道歉的话和说那些成人想听的话。于是，成人会发现他的怀疑得到了证实。很快，教育的关系变成了一种武力和操纵的关系——在这种关系下学习则变得十分荒唐可笑了。

机智加强孩子的独特之处

时刻要注意孩子的独特性。

前些天，我又想起了亨利。亨利那时可能并不出众。至少这就是每一位老师在亨利的成绩报告单上所写的评语。他是那种你不会注意的孩子，虽然他就坐在我所带的五年级的班上。从外观上看，亨利显得像一个矮小的戴眼镜的中年人。他有些矮胖,行走蹒跚,上体育课时总是很别扭。但是,亨利有一种愉快的性格和一种奇特老练的谈话方式,加上一种英国犹太人的口音。几乎在所有的学科中亨利的成绩都很平平。他的数学技能很成问题。但亨利对诗歌的思想和对语言的不可思议的理解给我的印象很深。令人惊讶的是这样一个在所有学科中表现平平的孩子却能写出如此优美和精心构思的诗歌。事实上,学校的其他老师听到这个男孩有这种不为人知的本领时也感到很惊讶。亨利在他的同伴当中也不受大家的喜爱。

但是,五年级的学习对于亨利来说却出乎意料地富有成果。他觉得太特别了!在老师的鼓励下,加上老师的一些指点,亨利写出了他儿童生活中富有意义的事件的诗歌。他甚至在地区的文学杂志上发表了诗作。他的父母对新发现的孩子的才能感到摇摆不定。如果他能够在数学上取得高分他们会更高兴些。亨利已经尽了全力,但是总是不能满足他父母的期望。当亨利升到六年级,然后上初中之后,他的父母无疑感到松了口气,因为孩子对诗歌的着迷突然终止了。

那是在九年级的时候,我意外地撞上了亨利。那天我去访问他所在的那所学校。"啊,亨利,"我对他说,"很高兴再见到你。我常常想,我们的小诗人现在怎么样了。"亨利不好意思地承认在过去的四年,他写诗的活动停了下来。就是这样!他耸耸肩膀,带着歉意地说,"太忙了,您知道的"。而且,写诗也不再是他的强项了。我想我是带着疑惑的眼光看着他的,接着,我们握了握手,道了别。但是,就在那天快要结束的时候,该校的校长给我送来了一封信。"是亨利写的!"里面是三首诗。它们抒发了同样明确清楚的希望,尽管标题并不是那么有创造性:"老师颂"。我深深地被打动了。"毕竟还是一个诗人,"我这样想着。

机智能够识别孩子的独特性和差异性,并加强它。相反,一个没有机智的老师看不到孩子的差异。一个没有机智的老师用同样的方式来对待所有的学生,错误地认为这样的方法符合平等、公平和一致性原则。其实,所有的孩子在性格、能力和背景方面都不一样。注重公平地对待孩子仍然包括老师能够看到孩子们的独特性和差异性。教育机智知道如何去识别和评价差异性。教育机智旨在巩固这些差异性,这些在孩子的成长和发展过程当中所存在的差异。每一个教师应当不断地问自己这样一些问题:这个孩子在哪些方面与我和其他人不一样? 孩子怎么会有这样的差别?这个孩子是如何地想与别人不一样?我能够做些什么来帮助这个孩子认识到自己的与众不同呢?

机智促进孩子的学习和个性成长

个性成长就是深层次的学习。

在十一年级的英语课堂上,每个学生都被指定了一个短篇故事来作讨论和解释。老师向学生反复解释了通读所有故事的重要性:"你当然不会愿意来讨论一篇其他人没有读过的故事吧。这些故事都很有趣,请大家都通读一遍。同时这也是尊重你的同学们。"这点大家都明白。(当老师提到以前老师常常准备一些和让学生讨论一些学生根本就没有兴趣阅读的材料时,他们似乎吃了一惊。)

现在每一个故事大家都读了一遍。每位学生对指定的故事还阅读了多遍。故事的讨论常常是非常生动活泼的,同学们的理解既带有个人的看法,又很有见地。就像每一个读者一样,学生们往往都在自己经历的背景下来理解这些故事。斯蒂芬正在脑海里搜寻词汇来解释洛里所讲述的故事,他说尽管故事很有趣,却对他"一点用也没有"。这时,老师请求允许她来解释一下斯蒂芬的观点。老师运用斯蒂芬的话,十分巧妙地阐述了用来娱乐的"消遣文学"(escapist literature)和增加我们理解力的"阐释性文学"(interpretive literature)的区别所在。两者都是很有价值的文学形式。而且,当然,有时对于一个人来说是阐释性的文学对于另外一个人来说却是消遣性的文学,因为这个人只觉得故事很有趣,但并不为故事所打动。

结果,由于老师的巧妙干预,斯蒂芬和洛里两人都发现他们各自对这篇故事的看法得到了老师运用的文学概念的确证。老师也很高兴，因为，为了帮助斯蒂芬和洛里澄清对故事的不同反应，她成功地以一种他们俩都很可能不会忘记的方式，使他们俩的学习更加稳固。他们将明白阐释性的文学是那种打动某个人的文学，但它也可能对另外一个人来说却还不足以动人心弦。我们有时都读过这样一本书，它就像一段余音缭绕的旋律一样，不让我们摆脱出来。我们必须去理解它。我们将它推荐给朋友们阅读，以期与他们一道来讨论。阐释性的文学是那种让我来理解语篇而同时又好像语篇在理解我的文学。相反，消遣性的文学，可能仅仅因为它给我提供的经历或兴奋才有价值。但是，阅读消遣文学的体验是瞬间和短暂的、易于忘记的，就像在周日下午喝一杯及时的咖啡一样。

在隔壁的十二年级的课堂上，另外一个老师正在口述"阐释性文学"的定义。所有的学生都在将定义写在他们的笔记本上。他们并没有投入到这个术语当中去。在这个课堂上没有时间来使用"学生讨论法"，因为老师感到了为了期末考试而教学的压力。她希望学生能够就阐释性文学的概念对一个多项选择的问题作出正确的选择。然而，很可能这个概念并不能帮助他们理解他们阅读文学的体验。在十一年级的课堂上学生拥有学习经历的方式，与十二年级的学生不一样。事实上，后者并没有真正"拥有"这些他们为了考试而去死记硬背的故事和概念，他们没有将这种学习转变成他们自己的东西。显然，"学生讨论"这种更为间接的教授英语文学的方法，时间效率并不高，而那种口述笔记和为了考试死记硬背的更加有效的方法，却能节省许多时间，甚至还能涵盖更多的课程计划的内容。但是，尽管如此，这种更加有效的方法最终却是失败的，因为学生由此得到的仅仅是更加容易忘记的肤浅的知识。

上面这个对比说明了几点问题。一门具体学科的教学方法对内容获得的方式产生影响。这里不仅仅是效率和有效性的问题。学生和教师的关系也在改变着教育质量：十二年级那个班的更加控制取向的教育方法和十一年级那个班的更加具有对话性的方法。在十二年级那个班上，老师受到时间效率的引导。而在十一年级的班上老师则是考虑到学习要与学生生活相关联。所有的教育都是规范性的。问题是老师是否愿意并且能够选择教育的规范而不是非教育的规范。

学习的过程是对最初的或多或少的前反思的经历不断发展的解释和说明的过程。儿童和年轻人学习在这个世界上生活以及与这个世界的主要方面进行交流的活动，比如，阅读和文学。尔后，他们学习对这个世界进行反思，尤其是对他们在这个世界上的具体体验进行反思，比如说，通过区分那种作为娱乐来欣赏的文学和那种因为它所提供的见解而为人们所喜欢的文学，来进行反思。

我们需要越过一堂课的表面上的品质来观察老师在孩子面前的方式。我们将看到，对课程内容的选择和老师教授这个内容的机智的方法，两者几乎都能产生学习和成长的结果，这将影响孩子的性格和反思以及批判性地理解世界的能力。教育机智促使年轻人形成学习研究的个人责任感。

教育机智如何实现它的目的？

通过实施某种认知的敏感性和实践一种对孩子的主动关心，教育机智实现它的目的。一方面，教育机智依赖我们的能力来感知孩子的需求和这个具体的孩子的各种潜力。这就意味着只有当教育者的眼睛和耳朵以一种关心和接受的方式去搜寻孩子的潜力——这个孩子可能成为什么样的人时，教育机智才起作用。这要求一种指向孩子的独特性的感知和聆听，运用多种视角和思考方法来试图获得对孩子的教育理解。将这种具有开放性的机智的敏感能力与你想要听到或看到孩子的事的那种看和听的倾向区分开来，这非常重要。后者的意图导致了一成不变的判断、成见和归类——只能看到孩子的外部行为，看不见他们的内心生活以及他们个人的意图和行动。

另一方面，机智敏感的眼睛折射出它关心的眼神。通过运用眼神、言语、沉默、动作等方式来调和（mediate）机智地干预和关心他人的工作，机智就表现出来了。我们可以比较一下，居高临下的冷静观察和判断的那种漠然的分析性的眼神，与实际上建立接触并在与孩子的对话当中搜寻教育理解的那种同情的眼神。仅仅观察孩子行为的眼神将对象物化，而机智的眼神将对象主体化：机智的眼神让人接触，从而使得亲密的关系成为可能。

我们可以考虑一下这样的一些情境，当我们在与他人互动的时候，我们觉得对方并没有真正与我们谈话，而是在研究我们。这个时候我们就知道了这两种眼神的区别了。在后面的这一种情况下，对方不是在看我，而是在看我的身体，我的手、我的脸、我的腿——对方是在"检查我"，即我的身体，因而"忽视了我"。将人物化的眼神不能够调和我机智的行动。同样地，将人物化的耳朵也不可能让我的嘴用机智的言辞来调和富有智慧的听的反应。假如我听不到孩子说话时的内心世界的潜在调子，那么我自己就不可能说出机智的话来。在下面的几节中，我将提出一些建议，来阐述机智是如何以言语、沉默、眼神、动作、建立气氛以及树立榜样来加以调和的。

机智通过言语来调和

机智创造一种积极的言语气氛。

这位老师说："现在我要大家拿出课本来，翻到第 86 页。我不想听到任何的讲话声！你们首先阅读第 14 课的说明，然后在阅读的基础上完成列出来的问题……"

另外一个老师说："凯茜似乎已经准备好了。我们是不是像凯茜一样？我们现在开始来讨论诗歌好吗？这些诗歌我们昨天觉得有趣极了，让我们翻到第 87 页来……"

这两种谈话的方式我们在课堂上经常地遇到。这些老师向学生讲话的方式有些什么隐含的意义呢？第一位教师和第二位教师的区别在于前者将自己摆在中心的位置（"我想要你们翻到第 87 页"），而后者则是从学生的情境出发，然后将自己加入到学生与课程的内容关系之中去（"让我们翻到第 87 页"）。即使我们对这两位教师其他的情况什么也不知道，我们还是能够区分这两位教师对学生说话的语调的差别。在第一位教师的例子中，教师和学生之间存在着某种距离；这位教师的语气似乎折射出一种对班级"做这个、做那个"的管理式的态度。相反，第二位教师似乎与学生们建立了某种联系；她的谈话方式反映出一种投入、连接、关系。虽然第一位教师说话时重重地使用第一人称"我"，具有讽刺意味的是第二位教师尽量地在谈话中避免频繁地使用第一人称代词，却创造出了亲切体贴的言谈方式。

笼罩着学校和教室的那种种言语气氛可能会阻止或者促成教师和学生间的联系和接触感。这种气氛是由存在或匮乏某种机智所导致的。比如说，教师召唤学生，给他指导、提建议、作解释等的方式，会产生特定言语气氛。我们都感觉得到老师叫学生的名来对学生说话和仅仅用学生的姓来对学生说话的差别：一位老师说，"难道你就不能正确地握笔吗？"而另外一位老师这样说，"你能像我这样握笔吗？"；一位老师命令道，"练习吧！"另外一位老师问道，"大家为做这个练习作好准备了吗？"；一位老师命令道，"好啦，你可以坐下来了！"而另外一位老师则说，"谢谢你做的这件事儿！"

教师的声音占据着学校的绝大多数时间，不管正确与否。当然，声音是人类接触的主要形式。这就是为什么我们应该认识到声音能够产生各种神奇的音质、音调变化，这点非常重要。声音可以是刺耳的或者温和的，高傲的或者谦虚的，贬低的或者鼓励的，漠然的或者关心的，令人压抑的或者令人振奋的、尖酸的或者愉快的，让人躁动的或者令人镇静的。过了许多年之后，我们仍然记得母亲、父亲、一个老师、一个朋友、一个爱人富有深意的机智言语留给我们的特殊品质（quality）——即便我们不再能准确地记住他们对我们说的话。是那种特殊的语调触动了我们，是那种声音所创造的特别的气氛让我们永久不忘。我们都记得我们由于一种不赞同的、刺耳的或嘀咕抱怨的声音而变得烦躁愤怒的情境。这样的声音激起我们的抵制和反抗。相反，温和的或机智的言语可以促使我们变得更加随和,突然之间从新的方面看待事物。在这两种情况下,不仅话语起到了这种效果,而且那种声音所创造的气氛也造成了差别。同样的话以不同的方式说出来可能会产生相反的效果。

一位优秀的教师知道可以通过镇静的声音让那些躁动不安、过于好动的孩子安静下来。当人们想约束一个或一群孩子的时候,往往喜欢提高嗓门。但是,一个机智的老师明白语调的细小变化的微妙效果。它所传达出来的一种遗憾、失望、劝告、伤心感,或者相反,它所传达出来的那种惊讶、满意或快乐感能引起共鸣。机智的声音建立了接触。当孩子和成人之间有了真正的接触(这里我不是指那种老是"好好好"、"行行行"的附和孩子的声音),通常就很少有消极的反应,也很少需要"约束和惩罚"。对声音和言语形成的气氛与教室里的教育关系的相关性无论怎么强调都不过分。假如与孩子生活在一起是一个机智的问题的话,我们就需要注意我们的语调、我们说话的方式。

我们乍一反思,可能会觉得用机智的言语去取代非机智的言辞很简单。学会使用能培养一种接触关系的谈话方式、语调和措辞方式看起来不是很难。但是很可能,那些可以学会的言语表达方式表面上看起来似乎反映了机智的行为,但实际上却与那种由机智和智慧本身由衷地发出的言辞大不一样。经过特别训练的推销员的推销艺术就是一个很好的例子。推销员受到了良好的训练,运用动作(如握手)和语言(如用名来称呼顾客)技巧,以便创造一种瞬间的"亲近"、"真诚"和"友谊"关系。但是,许多人很快就感觉到这种瞬间的关系是一种虚假的、不真实的关系。通过一套受过训练的语言练习不可能建立一种心心相印的情感,因为机智的言语是植根于具体的情境中的,无法通过一套固定的模式和公式来捕捉到。

机智通过沉默来调和

> 此时无声胜有声。

肯尼变得激动起来。他匆匆忙忙地写完了指定的作文，但老师指出他并没有真正写好。他跳过了几个部分，也没有检查拼写，而且他的字迹潦草。老师试图让肯尼理智些。"你同意你能做得更好些吗？"老师这样问道。可是，肯尼拒绝同意。他很可能将老师让他理智些的要求体会成不合理的。"我不会再写一遍的。"肯尼毫不动摇地说。但是老师坚持，她不会接受没有达到肯尼应有的标准因而不算是做完了的作业。她对肯尼说："瞧，假如你没有能力做到比这更好些，那么我就可以接受它。但是，我知道你，肯尼。我尊重你的智力和能力。在我的脑海中，你是一个好学生。"肯尼气愤地回到座位上，炫耀地拒绝继续做作业。他坐在那儿，做出挑衅的样子，两个手臂交叉挽起来，合上书本，眼睛直视前方，嘟哝着说他已经受够了！有些孩子惊奇地看着他。肯尼在显示对峙和抵抗。他肯定要有麻烦了。但是，老师似乎对肯尼不理不睬。她将注意力转到其他同学那儿。她知道肯尼。他有一种自傲的性格和强烈的自尊心。肯尼不喜欢别人告诉他该怎么做。然而，老师接受肯尼的针锋相对的挑战既对肯尼不好，也不利于课堂的气氛。

老师了解肯尼破碎的家庭生活背景。她希望能够充分鼓励肯尼，因此她从某种意义上是在要求肯尼充分地投入——以积极的一面充分展示自己的能力。她回避了对肯尼的对峙作出直接的反应。老师保持着沉默，不理睬肯尼的装腔作势。过了好一阵肯尼才冷静下来。这时，老师，从眼角的余光望去，注意到肯尼终于重新打开书本，继续做作业了。肯尼很固执，但也很聪明。他开始明白了一项作业"真正地做完"意味着什么，也明白了标准与他自己对老师的态度有关。很可能下次他将作业拿给老师看的时候，他的作业会有很大的改进。

下课后，十二年级的吉姆来到他的老师跟前。"今天中午您有时间见我吗？我对您昨天布置的英语作业实在弄不懂。您能不能给我一些提示告诉我该怎样来做？"老师说："当然可以。吉姆，你去将你的午餐带到这儿来。我们可以边吃边谈。"当他们开始吃饭时，吉姆很快就谈开了。他对一些东西不敢肯定，而且还有不少的想法。老师多数情况下只是听着，鼓励地点点头，很少提出一个问题。多数情况下是吉姆在谈话。最后，吉姆似乎比较满意了。他仔细地概括出了他对作业的想法，然后向后仰靠在椅背上。老师微笑着，两人都沉默了一会儿。最后，老师站起来，"好吧。该作下一堂课的准备了"。"多谢了，您总是能给我很大的帮助。"吉姆说。但是，老师知道，比起想法和建议来，他更多的是给予了吉姆默默的聆听。

沉默自然是机智的最有力的调和剂之一。在机智的交流中，沉默可以以不同的方式起作用。比如说，有"无声胜有声"的沉默。这是"沉默的谈话"的机智，在这样的谈话中，唠叨很不适宜，多余的提问也只会打扰和伤人。"谈话"（conversation）一词的词源词根有"一起生活、相联系、陪伴、相识"的含义。话语的噪音会影响你"听见"那种陪伴式的对话可以带出的那些事情。在良好的谈话中，沉默与语言同样重要。机智知道沉默的力量，也知道何时保持沉默。

此外，还有一种给予的沉默，它给孩子自己认识和成长留下了空间。这种沉默不仅仅是以语言的空缺为特征。相反，它是一种耐心的等待——就在那儿，同时维持着一种期望的、开放的和信任的气氛。它可能涉及一种默默的信任式接受（而不是去审视或探求孩子的情绪），或者一种果断的转开（而不是真正的离开），或者静静地让它过去（而绝不是忽略不管），或者一种在你面前非打扰性的出现（而不是为了特意去展示你的出现是为了孩子）。自然，机智的沉默不应该与否定的沉默相混淆。否定的沉默给人以沉默的对待，如成人惩罚性的沉默或孩子挑战性的、报复性的沉默。

最后，还有那种聆听的沉默。这是一种对年轻人的思想感情的全心全意的注意。机智的沉默并不是指你有系统地、有条有理地拒绝说话，而是你认识到有些时候，不发表自己的意见、看法、建议或任何评论要更加重要些。

机智通过眼睛加以调和

当嘴巴和眼睛相互矛盾时，孩子往往相信眼睛。

又到了写日记的时间。四年级的孩子和他们的老师每周有三个早晨要花上 20 分钟的时间写日记。尽管许多孩子都把他们的日记给老师分享，但老师并没有要求他们这样做。尽管如此，许多孩子还是经常将他们的日记放在老师的桌上，老师看完后，还给学生，并加以口头的评价。孩子们和老师都非常珍惜这段时间，它给大家创造了反思和表达用其他形式不易表达出来的感情的机会。通过这些日记老师了解到许多孩子在这个市中心学校外面的生活情况。她知道哪些孩子可能早晨是自己上学的，没有吃一顿体面的早餐或者没有带一顿营养午餐。她知道虐待和忽略孩子、酗酒的家庭生活方式、相互打骂的影响、父母不在家、离婚、失业、无家可归和福利待遇等种种事例。每一个孩子的生活都是一个故事。这个孩子在学校的表现必须依据这个故事才能加以测量和理解。当老师正在自己的日记本上写她自己家里的两个孩子的事的时候，她抬起头看了一会儿。她的目光停在了妮科尔的身上。妮科尔与老师有特殊的关系（事实上许多孩子都是这样）。老师知道要让妮科尔讲述她的感觉和她在家中经历的问题很不容易。妮科尔的妈妈和爸爸合不来。母女俩都生活在一个凶暴的丈夫和爸爸的恐惧之中。当妮科尔今天早晨走进教室的时候，老师问道，"没有什么事吧，妮科尔？"妮科尔回答说"没有"。但是，从妮科尔的脸上，老师知道一定出了什么事。不过，妮科尔已学会了在日记中写出这些不能直接说出来的事。从某个意义上说，老师应该感到高兴。这个市中心的孩子，四年级的学生，4 个月前几乎连一个句子都写不好，现在却能够用写作来表达自己的思想了。妮科尔也抬起了头。她的目光与老师的目光相遇了。"没有什么事吧，妮科尔？"老师的目光似乎又在问她。在这样的理解的目光之下，在这样的洞察一切的目光下，妮科尔找到了表达她的需求的可能性。"如果他知道我们要搬走的话，他会杀死我们的，"她写道，然后，又加了一句，"但我会想念我的爸爸的。我还会想念我的老师。她对我来说太重要了。"

不时地，老师和学生相互阅读着脸上的表情和眼神，去理解什么东西重要、有趣、干扰人、感人、令人厌烦、激动人心、让人心中不平静。通过他们的眼神，成人和孩子立刻就达到了一种理解。当脸上的表情和声音互相矛盾的时候，孩子更可能相信眼睛，而不是嘴唇。为什么呢？因为孩子本能地知道眼睛比从嘴中说出的话，与心灵有更加直接的联系。优秀的教师在这一方面有点像孩子。与许多的忘记了这一点的成人不一样，他们不会仅仅被言辞所愚弄。一个优秀的教师能够读懂孩子脸上的表情，就像细心的父母能够读懂自己孩子脸上的各种表情一样。

毫无疑问，我们体验到他人的存在大多数是通过眼睛来进行的。通过眼睛我们可以体验到对方内心深处，她或他心灵的存在。眼睛直接地给我们提供了观察对方的本质的"一瞥"。而且，通过眼睛，对方也获得了了解我的存在的途径。目光与目光的接触就是存在与存在的接触。通过眼睛我们能够相互谈论那些用言语不足以传达的信息。怎样说的比说了什么更加重要：那种开放性和脆弱性使得目光与目光的接触成为真正的碰撞——在这种碰撞中，我知道它触到了我存在的中心。

我们知道眼睛在表达心灵的复杂情绪方面具有很强的表现力。这些是爱的眼神还是憎恶的眼神？是充满激情的还是心灰意冷的？诚实的还是欺骗性的？信任还是恐惧？希望还是失望？关心还是漠然？眼睛可以表达所有这一切，甚至更多。我们可以从与我们生活在一起的孩子身上看到这一点。孩子看见了什么？我们的眼睛说了些什么？当我们的眼睛与我们的嘴唇试图要说的相矛盾的时候我们知道吗？

能够读懂孩子脸上的表情，并对之加以注意，这十分重要。只有在眼睛与眼睛相接触的时候，眼睛才能调和机智。这里我们又一次意识到我们提到"机智"(tact)实际上也就是在说"接触"(contact),其实,能够注意他人脸上、眼中所表达出来的就是能够看到和理解他人的心灵——能够看透目光、眼睛,看到产生这种目光的源泉。用这样的方式,机智的眨眼、温暖的目光、请求的目光,就能够让愤怒的瞪眼缴械,融化无精打采的目光,改变批评的蹙眉。理解的目光、洞察的目光就在目光的深处,在脸上不断变化的表情之中发现了每一个人的脆弱性。

机智是如何行动的呢?机智知道运用眼神的诀窍。一方面,它是指一个人知道如何理解他人的眼神所传达的信息,另一方面,你必须学会通过你的眼神来表达你自己。这听起来可能有些奇怪。难道我们不是通过我们的眼睛自然地生活的吗?是的,当然是这样的。但是,正如一个伟大的演员通过更真实地让脸部替代整个身心说话的方式来学习如何运用脸部的语言一样,我们当中的许多人也可以通过眼睛进行更深层的接触。要想能够与孩子智慧地交往,我们必须受到对孩子的爱和关心的激发和驱动。它使教育关系成为可能。我可能想表扬和鼓励一个难处理的孩子。这个孩子的行动是出于引人注意或需要鼓励的心理需求。我可以说合适的称赞的话语。但是,我的眼神却流露出了我不喜欢这个孩子的真正感情。只有在我可以看透孩子的困难,看到他或她的脆弱性的时候,我才能够使我的眼神与我对孩子的教育意图真正地和谐起来。

因此,认识到我们的目光通常情况下不能够像我们说出的话那么容易塑造和控制,尤为重要。一个鼓励的点头,一个理解的目光,一个饱含深意的眨眼,一个邀请和欢迎的脸部表情——这些都不是一套简单的,可以在一个关于课堂管理的研讨班上学到的行为学技巧。一个用温暖和支持的目光机智地鼓励孩子的老师必须要有对孩子温暖的感情。这个老师必须成为他或她所传递的目光本身。①

---

① 也请参考 van Manen (1986).

机智通过动作加以调和

我们是通过身体和动作初次相遇的。

在三年级的课堂上,所有的孩子们都在静静地做数学题。马克弓着身子坐在自己的座位边上。他正在专心致志地做数学题。他仅仅是有点感觉到老师在过道附近走动着。接着,是一阵困窘的脸红。他体内的肾上腺素陡然往上冲,其他孩子则哄然大笑。原来,老师猛然间将椅子从马克的身下抽了出来,马克一下跌在了地上。"这样会教会你在自己的椅子上坐端正了。"老师取笑地说。但是,马克几乎听不到这些话。他满脸通红,很羞怯地爬到自己的座位上。过了好一阵子,他才能够不再理睬其他孩子的嘲笑,继续做数学题。

在另外一个三年级的课堂上,所有的孩子们都在静静地做数学题。迈克尔弓着身子坐在自己的座位上。他正在专心致志地做数学题。他仅仅是有点感觉到老师在附近的过道上走动着。突然,老师的脸出现在他旁边,看着他的作业。"做得很好,迈克尔!"老师说,"我很喜欢你排列数字的整洁。我还没看到一个错误。"当老师对他低声这样说的时候,迈克尔几乎可以感觉到老师脸上的温暖。它就像一种爱抚一样。迈克尔挺直了身体,调整了一下坐姿。他几乎没有注意到老师的手在他的背后鼓励似地轻拍,同时这又是一种有效的动作,让他挺直身体,调整好坐姿。

一方面,身体的动作是一个人情绪的征候,一个富有洞察力的老师可能会对学生姿势神态的心理或情感状态十分注意。比如说,一个学生在座位上低垂着头可能是觉得很疲劳、腻味了或者懒散。另外一个学生坐在自己座位的边缘上则可能是完全投入到学习上去了。另一方面,一个老师的动作可以创造一种气氛、关系、理解和情绪。从这两个意义上说,身体的动作就像一种语言一样,可以有力地将意义融入情境中去。

从人们相遇和互动的那一刻开始，他们首先就是以他们的身体和身体的动作出现在他人面前的。比如，我走到布朗先生跟前，提出一个问题或作出一个评价，然后，当我们谈话时，我感到我欲表达的思想得到了加强和确证。后来，我和史密斯先生进行了类似的谈话，但是，这一回我感受到了自我的意识、犹豫，我的言语变得很别扭和结巴。区别在什么地方呢？区别似乎就在于两个人动作的接受性方面。我强烈地感到了布朗先生的伙伴关系，因为他的整个身体和脸部都在一心一意地赞同地听我讲述。在史密斯先生那儿，我就感觉不好，因为在我说话的时候，他有点儿坐立不安，而且有点不耐烦地看着其他什么地方。区别就在于对话时整个身体动作的构成上。这些区别有些与明显的动作神态有关：手的摆放位置，是否有友好的点头和微笑的表情。还有一些则可能非常微妙：目光中一种关切的或不感兴趣的凝视，头部和整个身体一种聆听的或僵硬的倾斜。

科学课的老师正在演示一个物理实验。英语老师正在介绍一首诗。艺术课的老师正在讨论希腊建筑的重要意义。假如我们在场，但却不特别地观察的话，我们是不会注意到姿势和语言是如何在老师和学生的亲密空间里交融在一起的。语言就是动作，动作也是语言。正是通过这种动作的语言，一个共享的现实才得以成功地塑造。从某个方式上说，动作的品质起到了让学生自然地进入物理、文学和艺术的富有意义的现实中来的作用。通过动作，学生的身体进入了动作所带来的意义的领域。

当然，这并不是说，老师必须粗犷地挥动手臂和移动身体。事实上，那位英语老师几乎就没有移动。她只是站在那儿朗诵着诗篇——挺直着身体，静静地，十分专注于眼前的诗句。她的整个存在似乎都与这种寂静产生了共鸣，诗的语句将之掀起了片片浪花。然而，微不可见的是，诗的朗诵者的这个奇怪地绷紧的身体似乎也在颤抖。抑或是此刻正在全神贯注地凝视着这个诗化了的身体的听众在颤抖？也许是这个诗的语言本身的原始声音深深地打动了朗诵者和听众？

从教学的动作的性质中我们可以学到什么呢？我们知道了语言就

像动作,动作就像语言。而且,机智的教学知道如何创造动作式的开始,并引入自然的现实中去,如文学、艺术、数学等,这样学生就能够自然地进入这些课程的学习中。

机智通过气氛加以调和

> 对于人来说,所有的事情都有气氛。

一个老师刚读完一本书的最后一章。她每天都给全班同学读一部分。她静静地合上书,一些孩子在叹气。一本好书结束之后,会有一种痛苦、一种失落感。你希望故事能够继续下去;你可不希望它就这么结束。这个老师知道这种感觉,因此,精心地培养这种气氛的魔力,"你们当中可能有些同学想借回去自己阅读这本书"。有几个同学举起了手。"同时,"老师说道,"我们还可以找一找看这个作者还写过其他什么书。现在,我们怎么来找找……"

老师用一种合适的调子来给全班同学阅读一个故事,能够创造一种集体感和分享叙述的体验。有些人觉得给班上的同学阅读一些东西只能在小学做。但是,在高中,给学生读点东西也可以创造一种特别的情绪或气氛,它同样也有助于进一步增强学生对故事和文学的欣赏力,包括一种集体价值。

教师不仅仅通过他们所说的和所做的来创造一种气氛,而且也通过他们在同学面前的表现方式来做到这一点。他们通过对课堂的时间和空间侧面精心地进行策划从而创造了一种气氛。气氛是通过对教室里的课桌、椅子和其他设施的摆设,通过在墙上和教室走道做些布置而产生的。每一个老师的教室和每一个学校都具有某种独特的气氛。问题不在于是否应该有一种气氛,而是哪一种气氛最有益于教育学的关系。

孩子们对他们分享经历的气氛十分敏感。一个老师仅仅出于义务或让孩子们安静到下课为止的缘故来给孩子们读故事,一个父母在睡前给孩子讲故事或者仅仅是为了对孩子遵守诺言而讲故事——这样的老师和父母不可能从中得到快乐。他们不能创造真正的叙述气氛。那种成人和孩子都被故事所吸引，而且孩子能从中感受到一种共同分享的感觉的阅读体验将是多么不一样呀！成人和孩子不仅享受着故事的快乐，而且也从互相给予的快乐中得到了快乐。

一个初中老师告诉他的八年级的学生们："我这儿有一个非常好的故事，叫做《千纸鹤》。我想与大家来分享这个故事，以此来纪念'死难将士纪念日'（Remembrance Day）①。在这个纪念日里，我们缅怀那些由于人类的冲突和战争而失去了生命的人们。"老师很快地把故事的背景介绍了一下。它讲的是第二次世界大战的余悸。原子弹迫使日本结束了战争，但是人们至今仍因为二战的余波而死去。老师开始阅读故事。全班同学都静了下来。但是，随着故事的展开，学生开始发现老师有点控制不住自己了。她的声音在颤抖——不是有意这样做来创造戏剧性的效果。这个老师真正地被故事打动了。学生们感受到的是老师在故事力量面前的脆弱性。但他们发现老师对故事的反应也同样感染了他们。很有趣的是，这些初中生没有一个利用这个情境来取笑老师。为什么没有呢？取笑一个多愁善感的人很容易。但是，这些感情不只是伤感而已。这个故事揭示了人类的真实。所有的学生都被它感动了。

老师感到最好停下来，她对一位同学说，"你能从这儿接着读下去吗？"当故事读完之后，老师发现许多学生都被故事感动了。有一些学生很快地用手指擦擦眼睛，还有一些学生低下头，不愿让人看到他们被感动的样子。教室里寂然无声。接下来的沉默不是注意的沉默，也不是等待的沉默或服从的沉默。它是这样一种沉默：使得故事余音尚在，让人反思，与某种深层有力的东西达成和谐。

---

① 死难将士纪念日为每年的11月11日，是为了纪念在第一次世界大战、第二次世界大战和其他战争中牺牲的军人与平民的纪念节日，主要在英联邦国家设立。——译注

机智由榜样加以调和

我们禁不住要为年轻人做出榜样。

英语老师对她十一年级学生的书法质量很不满意。由于字迹难认,她觉得读起来很困难。在给每个学生写评语的时候,她小心谨慎,让自己的书法工整优美。在课堂上,她格外小心,在黑板上写出的字特别漂亮。她试图通过亲自展示书法的差别,让学生们认识到清晰工整的书法让人感到舒服和有特别的亲切感。当我们收到一封来自朋友的信并认出来很有特色的笔迹的时候,难道我们不感到既高兴又惊讶吗?这就像听出一个我们认识的人悦耳的声音一样。许多教育者都觉得,以身作则、亲身垂范的教学从短期看可能看不出明显的效果,但从长远来看却是很有效的。

我们刚才描述的那位英语老师就是在以身示范,而没有引起大家特别的注意。当然,有时,你可能希望更加明确些。但是,即使是在这种时候,老师仍然能够保持一种机智的办法:那位英语老师刚才在黑板上用漂亮的流畅的书法书写着。学生很清楚地看到老师不是在胡乱把什么东西写下来。接着,她退后几步,从学生的视角来看自己的书法。她说:"我希望你们注意到了我正在试图改变我的生活——从现在起,我希望你们能够看懂我写给你们的东西。"她接着又说:"你知道,把你的文章给别人看就像去赴一个约会一样,你得将自己打扮得可以见人,让别人觉得与你在一起舒服。我觉得我的书法有时会发出'难闻的气味'。现在,我决定改变它。"

当然,并不是每一个班、每一个学生都能受到榜样和微妙激励的影响。但是,将作业本甩给学生,同时厌恶地嘟哝,肯定是不明智的。最好是这样说,比如,"我喜欢你文章的思想,但是,你的笔迹说明你写得太匆忙了"。

有些老师似乎想通过反面的范例来进行教学,比如,那些坚持要求学生书写工整，而自己的书法简直就让人看不懂的老师。再比如那些强烈建议学生改掉吸烟的坏习惯，而自己却不能戒烟的老师。当然，优秀的老师是不害怕展示自己在某方面的困难的。但是他们会用榜样的方式来展示真正地努力去做意味着什么。通过使用自己的积极的范例来作为一种教学方式，机智地采取行动，能够将消极的方面从孩子身上去除掉。

我们应该认识到，不论我们喜欢与否，成人自觉地在为年青的一代做榜样。我们向孩子们和年轻人展示着我们在这个世界上的行动，我们生活在这个世界上的方式，这个世界对我们意味着什么。从这个意义上说，我们都是老师，即使我们当中有一部分人不愿做一个教育者。我们都是教师，因为我们通过我们自己，通过我们的文化生活方式，通过我们独自的个人生活体验，向孩子们和年轻人提供了生活应该怎样来度过的景象。

第 8 章 机智与教学

教学中机智的重要性

对机智的研究使得我们能够对教学情境中的某些因素加以重视,而这些因素是大多数理论、模式和教学方法一直不愿或不能够谈论的:教育学中赋予父母与孩子、教师与学生的世界以特殊品质的活力因素;教育情境中不可缺少的教师本身的因素;所有教育情境中随处可见的偶发性因素。教育者如何充分准备他们教育孩子和青年人的任务呢?对此问题的回答是:在其与孩子们相处时培养和形成一种教育智慧(pedagogical thoughtfulness)与教育机智(pedagogical tact)。

教育智慧与机智指的是那种能使教师在不断变化的教育情境中随机应变的细心的技能。教育情境是不断变化的,因为学生在变,教师在变,气氛在变,时间在变。换言之,教师不断地面临挑战,在意想不到的情境中表现出积极的状态。正是这种在普通事件当中捕捉教育时机的能力和将看似不重要的事情加以转换使之具有教育意义的能力,才使得教学的机智得以实现。教学的机智总会对学生的本性有所触及,这一点确实是每一位教师的愿望。

机智能对意想不到的情境进行崭新的、出乎意料的塑造

机智将小事变得有意义。

我们可能会听到某个教师说:"今天早上的课上得还不错,尽管与我计划的有些不一样。"这说明,课程的计划与机智的教学并非不兼容。毫无疑问,仔细而详尽的备课对教学效果是有好处的。这一点与那些认为备课减少了教师对课程和学生临场发挥的灵活性的观点相反。后者是建立在对"计划"意义不恰当的理解之上的。计划不是写出死板的讲稿。计划是考虑、预期、想象事情会如何发展,孩子们会怎样体验或看待事情。当教师考虑在几十分钟的课堂教学中要对学生们说些什么,做些什么时,这个教师就为教学情境准备了意向的框架。教育者越仔细考虑和孩子们相处时可能发生的相互作用,就越能按照准备好的讲稿即席发挥以便对某一偶然情况作出更敏捷的反应。一个好教师充分备课以便能够在原计划的基础上临时发挥。

在意想不到的情况下,教师应该马上知道该说什么或做什么,这样才能机智地修正偏差或重新将课堂引到具有教育意义的方向上来。但教师可以把这种临时出现的时刻看做对原订计划的偏离。教师可能一步一步精心设计好了语言课或数学课,却一上来就发现孩子们无法按预期的那样投入进来。蹩脚的教师会忽略学生们冷淡的反应这一明显的信号,简单地强行按照定好的顺序把课上完,或者放弃努力而改用别的什么内容来打发剩余的时间。好教师认识到学生们的课堂体验决定了所学东西的最终意义。也许学生对某些必备技巧的掌握并不像教师事先所想的那样好;也许前一堂课激起了学生们某种程度的情绪波动或将其兴趣集中到某一点上,从而分散了他们当前的注意力;也许总的课堂气氛不像计划的那样有助于注意力长时间地集中;也许孩子们对课程的概念和理解与教师的期望很不相同。

因此,机智使人能够分辨出教育时机富有意义的因素。如果一个老

师能够完全理解数学或诗歌课所具有的教育价值,他或她就更可能机智地将计划调整到适合学生们的性情或状况,因为他或她已经仔细地考虑过这堂课的关键内容和结构。备课差的教师或备课不充分的教师不了解这堂课的根本目的和意义,这样的教师就只能出差错了。

机智在孩子们的心灵上留下痕迹

接触可能产生奇迹。

"我是彼得·雷马斯。差不多 10 年前您教过我,您把我的一首诗发表在一本杂志上……您可能没意识到,但就是那首诗改变了我对待学校和学习的整个态度。我以前认为自己愚笨,是个失败者。我对上学没有了信心。您的教学给了我一种自豪感和勇气,让我感到自己也许可以做得更好。中学毕业后,我晚上在本地一所大学里学英语和一些其他课程,感到其乐无穷。我现在毕业了,非常需要您的建议。我想在大学读研究生课程,做一名教师……您认为我行吗?我想知道这有什么要求。您是我唯一能请教的人。"

很显然,不只是父母,教师和其他教育者也给孩子以影响。成长中的人的很多经历都对其个性和自我产生着积极或消极的作用。但只有那些和年轻人保持教育关系的成年人和那些从教育的目的出发与之接触的成年人,才能使年轻人个性的形成成为自己行动的计划。真正的学习从来就不只是纯粹的智力增长:当我们获得的知识、价值和技术与我们自身的成长相联系时才是真正的学习。性格(character)是个人与众不同之处。

希腊语单词"*kharakter*"是指一种用来在一个物体上划出明显的刮痕或印痕的工具。我们讲一个人"有性格"时是说那个人的一举一动、一言一行有一种基本的和谐与一致。这和"个性"(personality)不能混淆。人可以有"个性"是说他或她通过其行为举止让别人感到惊奇。有很多"个性"并不一定是指好的性格。个性是人需要在别人面前做什么时所关心的。主要由做作的举止行为构成的"个性"对别人而言是讨厌的。但是真正基于人的性格的个性则是令人满意的。孩子们常常欣赏和羡慕教师有"风格"(self)或有"个性"，只要这种自我的表现是真实的。

有时候，年轻人模仿他们所尊敬的最喜爱的教师的行为。从这个意义上说，教师可能影响孩子的个性。但是从教育学上讲，影响个性的主要因素还在教育者之外。相反，性格的形成主要是教育者的任务。博尔诺(Bollnow)说："真正可以称做教育的教育基本上就是性格教育(character education)。"① 许多对教育有过深深思索的人认识到教育不能只限于给孩子们灌输某种知识和各种各样的技巧。教育学总是关注这个与众不同的人：这孩子是什么样的人，他正在成为什么样的人。

一方面，人们可能怀疑教师们能极大地影响孩子们的性格。确实，许多由教育部和教育董事会颁发的教师手册上写着冠冕堂皇的指导方针："教育者必须教授孩子们积极的价值观，如诚实、真诚、尊重他人和财产、乐于与人合作、富有责任心、有主见、好学、忍让和坦率"，等等。相反，有些怀疑论者和最低纲领主义者(minimalists)认为学校做不了所有这些事情。他们认为学校应该去做最基本的：阅读、写作、数学和少许一些别的——在中学包括基本的历史、科学、地理，也许再加上一门第二语言。怀疑论者认为这就是学校从理性上讲能做到的一切了。

可是怀疑论者和最低纲领主义者的"现实主义"是以可怕的代价作为基础的：漠视了他们与孩子们的教育关系的本质。当教育学不再与人的独特性相关时，那么教育就变成了一个企业。而在这个企业中，学校成为"市场"，孩子们及其父母则成为"顾客"和"消费者"，教师成为"教室的管理者"，校长成为"学校的高层经营者"。这是现代教育学理论有时所采用的语言。它使得学校校长认为他确实就像"工厂的

---

① O. F. Bollnow (1982), On silence—findings of philosophico-pedagogical anthropology. *Universitas*, vol. 24, no. 1, p. 57.

高层经理,与食品超市的经理没有什么两样"。在这种概念构想中,教学等同于"传输教育商品",课程则等同于"教育商品的传输系统"。在这种教育理论中,教育的原则变成了市场交易中的某种模式。教育被转变成一种使学校更加"高效率"和"有效"地生产的经济方程式。这样一种设计不适合教育学,因为教育学总是首先问:"我们应该朝什么方向去?"接着问:"为什么这样做很重要?"所谓最"有效"的学习模式,从教育学意义上而言常常是最不令人满意的。

实践的首要性

教育学理论从根本上是一种实践。无论我们获得什么样的教育知识,无论我们在教学上、为人父母上、照看孩子上获得什么样的知识和洞察力,这种知识和洞察力必须对我们与孩子们相处有意义。我们也可以将这句话反过来说,我们日常与孩子们的相处,我们的实践活动,是我们对教育学进行反思乃至形成教育理论的起点。但是,我们也不要以为一定能在实践中发现优秀教学的最重要的东西。正因为理论常常完全脱离优秀的教学实践并对其无关紧要,所以实践常常忘记了或脱离了优秀教学所要求的最本质的东西。

在家里或在学校与孩子们的日常生活中,我们经常忘记一些关键的东西。比如,作为父母,有时候我们太忙以至于没有时间和孩子们在一起。或者我们因工作和个人问题而过于沮丧,在家里很难去倾听小家伙的叙述。在这里,做好父母关键的东西——抽点时间听小家伙们的叙述——在实践中被忘却了。在学校也是一样,实践常常阻碍了我们,让我们看不到优秀教学的本质。

要使这种本质的东西能在学校和教室的日常活动中被想起来并得到运用,得通过一种特殊的反思过程。在某种程度上,我们在日常生活中自然地进行着这样的反思。与孩子们生活和相处的过程不断地促使我们反思自己的生活和行为:"我们应不应该那样做?"有时候我们会因自己对待孩子们的方式而感到内疚。而当我们回想自己的成功与失败时，我们会感到困惑，进而反思：别人期待从我们这里得到什么，我们又期望从自己身上得到什么。

在教与学的世界里，有些主题诸如困难、兴趣、原则和幽默等会在我们的日常经历中反复地再现。在下面几节中，我们将参照教育的智慧和机智来检视一下其中某些主题的意义。

机智的教师更易于发现困难

教师应该能够体会到对什么东西不理解、误解或理解同别人不一样时的感觉。为了做到这一点，教师们是否应该很聪明？或者，做教师的人曾经当过差生是件好事，因为他们能看出自己的学生中谁有困难。对自己所教授的东西非常了解和熟悉对优秀的教学来说究竟是不是个障碍，对这一点进行辩论似乎很荒唐可笑（虽然确实有人这么做）。但是聪明本身不能保证造就一个优秀教师。当然，那些曾经自己学习有困难的教师也不一定就能成为好教师，这正像小提琴课程学习不及格的人不能成为一名好的小提琴教师一样。优秀的教师更有可能是那些既聪明又很容易理解困难的人。

教师应该擅于对某些观点、角度、看法、偏见、倾向作出选择。他们应该能够从孩子的角度来看待事物。孩子们理解事物的视角与成人很不相同。而且，这个孩子看事物的方式跟那个孩子也很不一样。然而，当存在理解错误、交流错误或解释错误的时候，往往不是教师而是孩子被认为经历着困难。

要让孩子们像教师那样或像教科书解释的那样来看待事物可能存在困难。明确地区分那些因心理因素产生的学习困难和那些与学科的逻辑结构有关的学习困难总不是件容易的事。教育研究者频繁地使用"认知过程"与"认知策略"这样的术语来指孩子们反思一个问题的方式。我们需要认识到，这些术语常常代表的是一些从孩子们实际怎么想的基础上高度推理、概括和总结出来的概念。当运用到具体情境时，有关诸如"认知的指导性教学策略"的方法论建议可能就价值很有限了。

甚至讲"这些学生在做更'正规'或'抽象'的练习前需要更多'具体'的经验",有时也无多少益处。在具体情境中,比如,在学习数学当中学生对数值概念的理解和操作,重要的是要感受到某个具体的学生有什么具体的困难。这个学生是否掌握了小数点的意义?这个孩子对带小数点的数字有什么印象?这种概念是否模糊而容易忘记?这个孩子在形成什么样的理解?数学课本常常小心翼翼地将数学逻辑结构简化和按顺序排列成可传授的心理结构。可是课本撰写者所提供的心理过程、实例和练习有时候令孩子更难理解那些数学概念。有经验的数学教师了解这一点,当孩子们对数学概念和操作形成自己的理解时,他们比较敏感。因此在课堂情境中,教师必须懂得怎样把孩子们现有的理解联系起来,何时督促孩子们进行理解,何时只传授解决数学问题的技巧,或者何时传授学生简便算法。机智意味着对孩子的理解过程、心理状态很敏感。只有当教师掌握了孩子的理解过程时,他或她才会明白怎样把新的概念传授给孩子,而不是让孩子自己用某种方式去努力弄明白教师的意思。可以说,只有当教师站在孩子这一边,他或她才可能知道他们能一起走到哪里,怎么样才能到达那里。

不管学生在学习上存在什么困难,做教师的都需要努力去了解学生关于困难的体验有着什么样的意义。好教师容易理解学生遇到的困难。或者,换句话说,聪明的教师理解孩子经历困难时的苦恼。教学上的聪明不纯粹是知识意义上的聪明,教学上的聪明是指充满智慧的敏感性。当一个教师对阻碍孩子变得聪明的因素敏感时才是个聪明的教师。

有时候,学习是痛苦的。事实上,可以这么说,一切有意义的学习都可能包含一定量的焦虑、紧张或困难。是的,生活本身在某种意义上说就是生活在困难当中。我们不应该使生活中的所有事都变得容易,相反,我们可能需要重新恢复一些生活中的困难以便提供机会作积极的挑战、探奇、冒险,面对及调和人生问题和其他重要的疑难问题。可是,如果孩子们在学校经历过多的焦虑、困难、紧张的话,其消极作用会大于积极作用。比如说,教师们都知道,一定量的焦虑感可能有助于学生更好地学习一项任务或更好地完成一项测试，只要这种焦虑感不使个人失去对其基本能力的信心。

消极的焦虑是那种不能使孩子变得更强有力，反而削弱了孩子活力的焦虑感。消极的困难不能使学习更有意义，恰恰相反，它使得孩子的学习变得更加乏味平淡。消极的紧张是那种不能深化自我感觉，反而简单地损耗孩子智谋的紧张感。消极的焦虑、困难或紧张伤害着孩子，而不是加强、促进、巩固孩子的成长与成熟。

因此，机智的教育努力防止使孩子们心灵受到伤害的环境和因素出现。然而这也意味着，当教育者向孩子们提出挑战，分配学习任务时，他或她得理解学生们生活中的焦虑、困难和紧张的含义。某些形式的焦虑（如因测试而引起的）对某些学生而言具有激励和挑战作用，而同样的焦虑却能使其他一些学生丧失信心从而表现很差，甚至引起身体上的痛楚。

一方面，教师和培训教师的教育者似乎经常认为教育的任务就是使孩子们的学习与课程变得容易些。怎样才能使数学、写作、第二语言、科学课变得容易？那是许多教育研究的基本问题。另一方面，教师们不时地给学生布置一些准备不充分的作业或者对学生采取强硬的态度，不关心怎样接触学生。他们错误地认为他们是在迫使学生们对自己的学习更加负责任。显而易见，一个"难对付"的教师并不一定是个好教师，而一个"容易对付"的教师从教育学的观点看，也并不总是令人满意的。

好教师懂得什么时候某个具体的学习体验是怎样的过于困难或过于容易，这个困难或缺乏困难从教育学上看是否是积极的。而且，好教师懂得任何学习情境对不同的学生都是不同的体验。对这个学生起消极作用的事情对另一个学生来说可能是积极的挑战。所以，当两个学生在不同的场合请求教师帮助解释一个相似的作业或问题时，教师会平静地帮助其中一位学生适当地进行反思，而同时，可能同样平静地鼓励另外一位学生继续努力，独立反思，解决问题。

当然，从上面的讨论中得出结论说教学并不难那就错了。优秀的教学是难的,尤其因为教育者在各种教育情境中所遇到的难题没有技术的解决办法或现成的灵丹妙药。

机智对孩子的兴趣感兴趣

"拿出点兴趣来!"教师们对看起来缺乏动力或者不愿参与课堂教学活动的学生这么说。学习情况报告卡通常给家长和孩子带去这样的信息:"对学校的学习应该表现出更大的兴趣。"孩子们则从自己的角度抱怨教师应该"让知识更有趣些",教师应该"帮助我们变得有兴趣"。兴趣是学习活动的最基本的要求,尤其是在学校这种有些人为创造的环境中学习。很少有教师会不同意这样的看法。

兴趣不是那种需要时就能获得或产生的心理状态。"兴趣"倒可以说是用来描述人在这个世界上的存在方式的一个词。对什么东西感兴趣就是置身于(inter esse)某事之中,参与,对某事持一种关心的态度。感兴趣就是热烈地投入某事或某人当中去。通过热烈地投入,我集中地体验到自己的兴趣之所在。我也更明确地体验到个人的偏好倾向。当我精力集中于某一感兴趣之事时,那种集中使我能够全神贯注。因此,热烈地投入某事或某人让我意识到了该主题的开放性、不可定义性和各种可能性。令我感兴趣之事就是对我而言重要之事。

不幸的是,趣味索然、无聊乏味、漠不关心在许多上学的孩子们和年轻人身上普遍存在,尤其上完小学之后。然而,要让孩子们进入那种学习的准备状态,有什么东西能比兴趣,比被教师所教的内容强烈地吸引更根本、更重要呢?兴趣是人与知识、反思与生活之间关系的最基本方面之一。没有兴趣,真正的兴趣,学校所进行的一切就都会有一种变得做作、虚幻、不符合实际和假装重要的危险。教师的命令"拿出点兴趣来!"可能真的会成为要求学生假装有兴趣,合作演出一场幻觉的游戏。[①] 当教师要求学生表现出兴趣时,学生们可能感到要求他们模仿、

[①] 本节中,我借用了以下著作中的思想:Cornelis Verhoeven(1980), *Tractaat over het spieken*: *Het onderwijs als producent van schijn*. Baarn:Ambo.

假装出某种行为——表现出某个样子、某个面孔来掩盖其真实感情。问题在于无论是教育者还是学生，谁都不愿承认所表现出的兴趣里有很大的幻觉成分。然而对学生而言，学校常常是一种"没意思"的经历。

乏味无聊或无所事事的经历导致腻味、沉闷、昏睡、疲倦、消极的气氛。在这样的气氛中，学习会停留于表面，毫无意义。相反，伴随兴趣而来的则是专心致志、勤奋努力、遵守纪律、学有所获——所有那些教师认为对学习至关重要的东西。但是，专心、用功、努力、守纪、思想集中和学有所获必须与兴趣保持一种直接的、本原的关系。

强迫而不是由兴趣所引起的专心转瞬即逝。强制而不是由兴趣所激发的用功只是半心半意的。受人驱使而不是因兴趣而作出的努力并非真正的努力。由威胁所致而不是出于系统地追随兴趣的愿望所产生的守纪，容易引起逆反心理。强行而不是出于对内在兴趣的内在反应的思想集中，很可能是一种心不在焉的集中。以乏味作为代价而不是由全身心投入的兴趣获得的成就，很可能是肤浅、暂时的成就。

如果我们认识不到在学习和兴趣之间存在着一种本原的关系，那会怎么样呢？目前在学校和教室里，在学生缺乏兴趣时也必须强行推进学习的情况下，人们用隐藏的诱惑或强制的冲动所产生的外在力量代替欲望和兴趣所引发的内在力量。这意味着我们开始期望和要求孩子勤奋努力，有好的学习习惯，乐于服从并专心于那些容易让人感到枯燥、单调、乏味的课堂安排与活动。当然像勤奋和努力这样积极的道德价值似乎有很多值得推荐的地方。当孩子们不再对课程有兴趣时，对教师而言除了强调强制性的努力、勤奋、习惯、用功和人为的善意外，很少有别的选择了。然而，认为我们必须墨守成规地用工作的实用价值来代替伴随着真正的学习兴趣的欲望的自然价值，显然是错误的。

兴趣（interest）这个词的概念还有一种意义，表示你在某方面有投资。这是"兴趣"（利息）更物质更经济的意义——对某事有法律上的所有权。在这个意义上说，对某事"有兴趣"意味着对其有法律上的优先权，对其有一定的支配权。但是，如果这件事不能吸引我们，那我们能支配它又意味着什么呢？对某事有兴趣意味着对某事有投资，这一点还有更深的意义。比如，大家普遍感兴趣的事情对大家都有好处。兴趣决定了我们与所生活的这个世界的关系，而对什么感兴趣就是进入世界的那个方面。教师可能把我的注意力吸引到某事上从而激发出我的兴趣。教师知道当一件事能吸引我们的注意力，能令我们关心时，那件事对我们而言是有趣的。

很难想象一个孩子对事物丧失了所有的兴趣会是什么样子。我在海滩上看到一个孩子完全被退潮后岩石间沙砾中留下的宝贝所吸引。如果孩子也像某些成人一样对所有这些"宝贝"完全厌倦的话，那么那个孩子还是孩子吗？孩子就生活在兴趣中。兴趣的积极术语是"惊奇"（wonder），与枯燥、无聊、厌倦和想当然正好相反。一个机智的教育者会保持和加强惊奇的活力，因为正是这种惊奇激发了孩子们的各种活动。

机智的纪律产生自律

纪律，特别是课堂纪律不只是使成人得以控制孩子们行为的命令。人对纪律的态度就是此人自己对命令的指向的理解。我们经常注意到当中学的孩子被问及喜欢教师什么时，他们频繁提到一种秩序、清晰和公正感。青少年尤其喜欢那些有学问，懂得怎样组织课程，怎样引导学生进入学习情境，怎样处理作业，怎样以一种自信、清晰而果断的方式进行测试的教师。

备课不充分，含糊其辞，优柔寡断，缺乏自信，前后矛盾的教师不自觉地创造出一些令年轻人变得秩序混乱，注意力分散，不愿学习的情境。我们因此找到了教师为什么存在纪律问题的原因。当纪律变成对规章制度的忧虑时，纪律问题就变成了管理问题——怎样控制学生们的无秩序行为并尽力按每天的课堂规矩进行下去。

"纪律"（discipline）这个术语与 *disciple*（指跟随伟大的教师或优秀的榜样的人）的概念有关，也与 *docere*（教）和 doctor（博学的人）这两个术语有关。一个纪律性很强的人随时准备学习，接受秩序的影响。激发学生或某人自己的纪律性就是创造真正的学习条件。当然，教师们经常会碰到有些学生似乎根本不守秩序或完全不愿认真学习。不管是什么原因,这样的学生似乎在利用一切机会捣蛋,要么就破坏课堂或讨论。

有个教师刚读完一个小故事,然后她让学生反思一下为什么故事的主人公要那样做。罗德尼立刻就讲:"这是个愚蠢的故事。正常人谁也不会做那样的傻事。我不懂我们为什么要来讨论这种愚蠢的事情。"教师有点恼火,因为在前一堂课中,这个故事引出了发人深思的热烈讨论,可是现在罗德尼的迅速发难似乎一时间制造了傲慢无礼的气氛。本来可能充满好奇的学生现在似乎也趣味索然或者同样感染了这种讥讽的态度。教师对罗德尼怒目而视。"我无意与你争辩这堂课的价值,因为你对我们这堂课要做的事所持的否定态度令我十分不满。你在语言艺术课上不能做得更积极些,这真令人遗憾。既然看起来这门课你是通不过了,你干吗不去找一份收垃圾的工作!"

这个学生似乎随时都准备进行批判、打断或捣乱,教师对此感到气愤可以理解。可是,用报复性的嘲笑和考试不及格相威胁来迎接学生的挑战对课堂气氛无济于事,也不能让罗德尼对语言艺术课更积极。当然了,如果教师用强硬的手段强行控制课堂的话,她可能会使罗德尼就范。孩子们对于在他们的对手面前受到嘲笑或羞辱很敏感。面对严格的纪律约束,罗德尼实际上很可能觉得受到了挑战,进而采取更不易察觉的破坏手段。

然而,如果教师已经料到罗德尼可能作出这种不适宜的反应的话,那么她很可能更有技巧地先向其他学生发表有助于课堂讨论向有益方向进行的意见,从而阻止罗德尼先发难。例如,她可以对全班说:"请先反思一下故事的主题……写下你自己认为重要之处,过会儿我再叫某个同学大声读出自己所写的东西。"

因此,有一种正式的纪律,它主要通过害怕的原则来维持:害怕失败,害怕惩罚,害怕当众受到嘲笑,害怕讽刺,害怕拒绝,害怕丧失尊严。①这种课堂"秩序管理"是一种虚假的纪律。典型的反应,尤其是

---

① 请参考 M. J. Langeveld (1953), De pubescent en het orde probleem:enkele aspecten. *Paedagpgoscje Studien*, 30, pp. 369-388.

成长中的青少年对中学里这种纪律的典型反应是要么抵触和反抗，要么妥协和服从。

依靠正式纪律的教师对于他或她所教的学生来说没有亲近感。这样的教师仅仅被学生们看做是一个"教员"、一个"监工"———个对所教课程可能有着丰富知识的人，一个能够用一种简洁明了、十分有效的手段来教授这门学科因而值得称道的人。可是，需要利用学生的害怕来约束课堂的教师（就像某些驯兽员一样）只不过是课程的指导者，而不是孩子们的教育者。最终，孩子或年轻人会感到在这种背景下学到的知识是外在的，与他们的个人生活无关。

只有当教师的存在以一种个人的方式体现在课程当中时，只有当他或她能够让大家看到这门课与他或她的个人生活之间存在着一种活生生的关系时，课堂气氛才能从死板的权威式的约束转变为生气勃勃，充满活力。但是，没有人情味的命令，强加的、等同于僵化的规则的命令，最终会使学习受到挫折。因此，具有教育意义的纪律来自对秩序的强烈的个人指向———种源于纪律化的激情或者激情化的纪律，来自人内心的自我的指向。对孩子而言没有比这种自律感（sense of self-discipline）更好的纪律了。

幽默的机智创造了新的可能性

暑假过后学校又开学了。十年级的同学们集中在自己的教室里，老师在黑板上写说明。教室里有点紧张，有点"第一天"的焦虑感。拉里向他的新老师提了一个问题："'occuring'这个单词是不是有两个'r'？"他指着黑板上的单词问。老师有那么一会儿看起来有点困惑，然后说，"你是对的"。接着她狡黠地笑了笑说，"只是为了考察你们一下"。可是拉里却不够宽容，"今年你准备教我们拼写吗？"就好像是说"你究竟是哪方面的语言教师？"然后他看起来有点为自己的傲慢感到吃惊。有几个小家伙已经开始窃笑了。然而，老师却安之若素地反击了："噢，我本想把这个秘密保守得稍微长点，但现在只好坦白了：我并不完美！但这肯定不能阻止我期望你们所有的人完美无缺。"

幽默常常会在一个人面对自己的缺点、错误、失败、弱点或不足时展现出来。[①] 尤其就像在教师与学生之间一样，当力量悬殊，表现出不平等时，幽默特别有效。当人认识到当时真实的情形是什么，人们对他的期望是什么，或者恰当的举止应该是什么样时，人对尴尬时刻的反应通常是诙谐的、滑稽的、笨拙的或者可笑的。在这种情形下，幽默常常因为当时令人惊奇的骚动，令人惊讶的时刻，或者发生的出乎意料的事情让人放松了警惕而迸发出来。有时候相反，作出的反应是气愤、恼火、尴尬或者苦恼。那么，情况会变得更加尴尬或糟糕。但如果作出的是幽默的反应，那么紧张感通常都会消除。

幽默能使原本紧张、杂乱、乏味、平凡或困惑的事情出现新的转机。在我们与孩子们相处的日常生活中充满着这样的时刻——当气氛过于沉闷时，当进退两难时，当事情向令人尴尬的方向转变时，当陷于困境难以自拔时，当事情变得过于复杂令人难以理解时，当某种关系引发的紧张感令人不再感觉舒服或安全时。幽默能逐渐扭转这样的局面。幽默是我们可以支配的一种人性化的方法，它能缓解、融解、释放或者恢复已经变得不再具有教育意义的局面。而且，幽默还可以使我们在这样的情况下保持冷静。托马斯·莫尔（Thomas More）爵士就是一个典型例子。他在前往断头台时对执刑者大概讲过这样的话："您帮我上去好吗？下来时就不用您帮忙了。"

很显然 10 岁的贾森晚上不勤于刷牙。当他想偷懒不刷牙就上床睡觉时，他的父亲说："那就只刷你想留下来的那几颗牙齿"。幽默是一种机智地告诉孩子真相的方式，丝毫不会损害其真实性。孩子不会将通过幽默表现出来的真实体验成一种破坏性的、中伤性的、谴责性的评价。机智的幽默能解除人的戒备心理，而嘲弄的幽默或野蛮的真相则可能使人生疏、产生敌意、丢脸面、形成隔阂。

对孩子而言，幽默可能是重新确定他们与成人关系的方式。对成

[①] 在本节中，我借用了以下著作中的思想：M. J. Langeveld(1954), Humor in de paedagogische ontmoeting. *DUX*, vol. 1, no. 5, pp. 369–388.

人而言，孩子的幽默可能意味着给成人提供了新的看法。其实，幽默是在教师和学生之间保持一种轻松、友好、开诚布公、相互体谅的气氛的奇妙策略。当笑声来自温暖、同情和爱时，这种幽默就是好的；当整个一群人一起大笑时，这笑声就似乎用一种团体感、集体感温暖了我们共享的空间。有益的幽默使人们更加亲近，因为它能使人们之间的气氛变得轻松。

一个优秀的喜剧家说："我从来不取笑那些脆弱的人或者某个受压迫的少数民族。但嘲笑我们自己或者那些有权势又需要提醒其权力的相对性的人却没有关系。"当然，教师，由于其所处的位置，对学生来说可以看做实权人物。学生们取笑教师或者在课堂上制造闹剧，可能就是他们消减或平衡一种与其说是与教育学不如说是与官僚或独裁更有关的权力的方式。教师们需要看到，成为孩子们的幽默对象并不是真的对他们个人或他们真正的教育权威造成了威胁。幽默感是有益于重建和平衡师生间良好关系的力量。

当然，幽默感并不一定就是取笑或者使人发笑。相反，幽默感是一种能力，它使原本会将我们压垮的事情变得轻松而更容易承受。通常我们可以区分两种幽默：机智型的幽默，积极而能创造出开诚布公和更多的可能性；嘲弄型的幽默，大多数都是消极和虚无的。嘲弄式的幽默讥讽嘲笑那些成为笑柄的人。嘲弄的幽默可以表现为冷漠的愤世嫉俗、憎恶式的蔑视、辛辣的挖苦、严厉的讥讽、敌意的嘲弄，或者对抗的侮辱。像积极的幽默一样，嘲弄的幽默能暴露事物，不同的是这种幽默令事物支离破碎。

也有这样一种幽默，它本身不知所措，结果变成了大智若愚。那些总是想表现出好开玩笑、诙谐、滑稽的人就是这样的例子。我们都了解这种幽默的效果——当我们想和某人谈话时，他却把我们所说的所做的都当做玩笑。真正的谈话是不可能的。最后，我们感到别扭、恼火和失望。同样，一个"总是想开开愚笨的玩笑"的教师，就像学生们所说的那样，让深入的学习，严肃地对待所学课程变得更困难。

有些教育者由于日常的各种期望一个又一个地破灭而时常感到紧

张劳累。对于这些教育者来说，幽默十分重要。积极的幽默促进我们对自己的职业使命和对孩子们进行教育学的定位，使我们看到实际问题的相对性，却又不丧失我们的职业道德感和义务感。后者很重要，因为有时候我们看待情况的相对性的倾向往往使我们错误地相信所有的价值观念都相等，或者更糟糕——我们的职业道德最终毫无价值。积极的幽默懂得怎样逐渐地在我们所有人身上注入某种谦卑，它具有帮助我们在日常生活中遇到困难和失望之时能屈能伸而不被击垮的力量。积极的幽默意味着，作为教育者，我们懂得怎样接受自己在教育孩子们时所起到的有限的作用，但同时也看到我们的影响在孩子的生活中所起到的不可缺少的作用。

对教师来说，尤其是新教师，抵制让理想破灭的消极幽默的影响是一种挑战，而这种消极幽默在某些学校的教师休息室里经常能见到。在一些老城区的学校里，面对各种邪恶和破坏性的社会力量，日复一日地为孩子们过上积极健康的生活作准备的奋斗似乎是无望的。在某些学校，教师可能感到缺乏管理上的支持，或者因为家长喋喋不休的唠叨与批评，因为经常发生的家长对孩子的漠不关心、忽略、虐待而心力交瘁。孩子们本身可能也对生活的价值以及为自己、为世界努力奋斗的理想感到消极无望。面对如此多的消极因素，幽默的力量是一种不可思议的源泉。孩子们需要这样的教师和家长，他们没有丧失对在生活中、在教育中的确存在奇迹的信念，而且认为奇迹还不少。学习本身就是一个这样的奇迹。对于每一个孩子和每一个成人来说，他们的生活中有或者曾经有过一位母亲、一位父亲、一位教师为了使孩子能够茁壮成长，将自己许多年华奉献给了孩子，这是一个奇迹。

每一个教育者都应该有种幽默感。幽默更像一种后天获得的性情，是一种反思性智慧的结晶，而非某种遗传的天资或才能。当我们能够忽略日常生活所伴随的各种缺陷和摩擦时，我们就在学习以一种幽默感看待生活。我们对孩子们、对生活的美好所具有的信心和信念，使得我们能够对最终也许并非十分重要的事情保持一种幽默感。这并不意味着幽默包含对事物好坏的容忍，也不意味着幽默应该对那些需要严肃对待的事情轻描淡写。但是在需要我们指导的情境中,幽默常常使我们能够机智地与孩子们相处。

孩子们,即使是(或特别是)当他们似乎不需要我们时,就像当他们反抗或拒绝我们时,也是需要我们的。机智的成年人会希望,即使起初看起来徒劳的努力也能对孩子们或年轻人有些影响。教育者深深地相信他或她对孩子们的生活所具有的价值,诙谐地利用这一点所产生的幽默有益于教育者和孩子双方。它能使双方感觉到彼此互相信任的深度以及他们与大千世界之关系的广度。

智慧行动的机智结构

许多教师总是在讲述他们与孩子们相处的日常经历中的趣闻逸事。[①] 我们可以说趣闻逸事是日常理论升华的一种形式,它使讲述者能够把经历用语言表达出来。作为教师,通过这种方式,我们可以更好地理解在这些趣闻逸事中某些有深远意味的、值得讲述的、十分重要的事情。父母也一样喜欢互相讲述一些有关他们孩子们的趣事。有些事是带着骄傲,有些是带着好奇,有些则是带着一种怀疑或困惑感讲出来的。(的确,没有孩子的人可能有时候会很恼火地发现自己置身于一群互相谈论下一代故事的父母当中。)讲述故事是十分有益的,因为它让人们懂得怎样看待一次经历或一件事情,怎样在这些事情当中获得具有教育意义的理解,还可能获得适当的处理办法。一个单身的母亲曾经这样说:你找不到一个人,一个像你自己一样关心你的孩子的人可以讲述这些故事,这是做一个单亲父母最困难的一方面。

前面我提到,教育时机是指具有教育情境的时机,在其中教育者或父母在与孩子的交往中,做了恰当的事儿。我还提到,事实、价值、一套教学方法的知识以及教育哲学本身并不能准确地告诉我们,在与单个或一群孩子相处的具体情境中该怎么做。各种成套的事实、价值、方法和哲学可以在有计划的或有准备的方式下指导我们的行动,但是在任何

---

① 有关这几行的讨论,请参考 van Manen (1989)。

具体情况中，它们却不能实际地告诉我们怎样行动。假设我们因此就可以为自己的教育行为提供有效的基础那就错了。在与孩子们的交往当中，能够技术地或机械地采取行动的情况很少发生。相反，在我们每天与孩子们的社会和教育交往中，我们所做的首先是行动——我们希望我们的行动充满智慧！

日常的实际行动产生于我们对生活的态度，而不是由一套特殊的技术技巧或能力决定的。① 在机智的行动中，我不经意地表现出作为一个教育者我对孩子所能做到的。在后来的反思中我发现了自己所作出的行动，同时也认识到自己能够展示的机智行动。当我在对自己日常与孩子们的交往进行教育反思的时候，我发现了自己的教育本性，它目前所存在的局限和所具有的潜能。

充满智慧的反思能够发现事物，而未经反思的行动是"缺乏智慧"的、没有机智的。因此，对过去的教育经历进行反思的体验，丰富了我未来的教育经历并使其更具思想性。这可不只是一种智力上的训练，而是作为一个完整的人的教育适合性（pedagogical fitness）的问题。我们所说的"教育适合性"，是一种认知的、情感的、道德的、同情的以及身体的准备状态。确实，就像我前面所提到的，机智地行动很大程度上是一件包含整个人的事情：心灵、感情和身体。

我们可以说教育智慧是知识的一种形式，然而，教育智慧与其说是一种知识，不如说是对孩子们的关心。把智慧（thoughtfulness）看做是一种指向性的关心（mindfulness）使我们联想到"思想"（thought）和"心灵"（mind）之间的词源关系；"心灵"这个词与"男人"（man）、"人"（human）共一个词根。起初，"男人"并非只是指人类中的男性。就像德国术语"Mensch"和荷兰术语"mens"一样，它是"人"的意思。《克莱因词源字典》指出，"心灵"和"男人"两个词的词根都是指"思考的人"、"记忆的人"。

---

① 也请参考 M. van Manen (1977), Linking ways of knowing with ways of being practical. *Curriculum Inquiry*, vol. 6, no. 3, pp. 205-228.

"心灵"这个术语也与"*minne*"有关，后者最初是指"爱的记忆"，而这个词的希腊语词源包含"欲望、热情、精神、感情"的意思。那么，如果智慧具有"心灵"的精神因素，机智就是其具体的对等物。正如我们先前看到的一样，"机智"（又指"接触"）这个术语又携有"碰触"、"身体"、"触觉的"等物理指征。有机智（触摸的）就是对你所指向的人的身体上的留意，机智就是在具体情境中体现自己反思性的智慧。如果要认识反思性智慧与机智之间的关系的话，我们不妨说机智是智慧的体现，是身体作出的反应。

强调机智所包含的身体方面的特性，我不是说心灵在这方面所占的比重就少一些，而是说机智不只是智力的和认知的方面。在我们所了解的知识或理论与实际行动之间常常存在一个很大的鸿沟。比如，从知识上我很清楚抽烟有害，但我还是继续抽。从理论上我可能知道对孩子们而言鼓励最有益于其学习，但我还是继续批评他们。相反，机智使心与身、智力与感情、理智与情感更紧密地结合。例如，教师自然地提高嗓门让其他学生都能听到她表扬一个成功经历并不多的学生——这个学生就会因自豪而充满喜悦。父母自动地把孩子的注意力从一个情感上令人很不舒服的话题中引开。教师及时对一个打算嘲笑班上其他孩子的学生惊诧地瞥上几眼。

这些机智的举动，诸如鼓励、保护、警示孩子们的动作尽管来得突然，出乎意料，冲动而自然，却是充满智慧的。这一点表明，智慧不只是反思的结果，也是一种急中生智的性格表现。通过对孩子们的体验所具有的教育意义进行充满智慧的反思，我们能够变得更加富有智慧和机智。在人为的"智慧"与真正机智的智慧之间存在差异，前者是通过对外在技巧或技术的机械运用而产生的。机智不是我们使用的某种技术，而是我们所拥有的一部分。因此，当我们谈到机智所包含的智慧、关心时，我们是指人的心灵与身体所具有的某种行为方式。

机智是一种与身体的技能和习惯相似的具体知识。我们都知道人获取或者学习某种身体的技能和习惯，它们成为我们生活中的第二天性（second nature）之类的东西。我渴了时就从老地方拿起一只杯子，把水龙头打开，然后"不假思索"地把水龙头关上。在某种意义上，对这种日常行为，我几乎是盲目地听由我那熟练的习惯了的身体在做。这并不是说我不知道自己在做什么，而是说我可以不经意地无意识地做一些习惯性动作。只有在水龙头关不上或者水有异味时，我们才可能中断这种日常行为。

对于生活中的很多事情，我们都依赖自己身体的知识去完成某些任务。电灯开关在哪儿？怎么打个结？水龙头朝哪个方向开？我们可能不得不模拟动作才能知道我们的身体都知道些什么。很多学术任务也是一样，依赖于这种身体技能：怎么拼写"lieutenant"？有时候我们可能不得不把这个单词写在纸上才能发现我们的手指业已知道的东西。我们的身体技能也让我们完成一些需要灵活性和自发性的动作，就像当我们开车或骑自行车穿过城市时一样。一旦到达终点，我们可能记不住多少曾经停靠的车站——因为我们具有技能的身体引导我们穿过了繁忙的交通。

智慧与机智不同于技能和习惯，然而它们就像一群体现技巧与习惯的星座，已经成为第二天性，在某种程度上决定着我们是谁，我们已经成为什么人，我们能够感知、理解和做什么。根据《克莱因词源字典》的解释，"技巧"一词与"*skilja*"这一术语有关——后者表示辨别、区别，区分两个不同的事物。所以，身体技能这个概念十分有助于我们对充满智慧的教育感知力之天性的探索。

在我教一群孩子时，我注意到有些孩子体验到害羞、愉快、沮丧、活泼、厌倦、惊喜、好奇、困惑或者恍然大悟等，然而我所看到的，与其说是通过我在教师效能研讨会上学到的技术性教学技巧所获得的，不如说是我以更经验性的反思方式学到的具有教育指向性的技能帮助我看到了这一切。① 然而，这种感知技巧（比如感知某种情况对孩子的意义）却不是像诸如备课、组织课堂或者讲故事等技巧那样能够加以练习的。

教育的感知力（pedagogical perceptiveness）部分来自某种无言的直

---

① 请参考 M. van Manen（1977）有关指向性技能（orientational skill）的讨论。

觉的知识，教师可以从个人经历中或者通过见习某个更有经验的教师教学获得这种知识。许多依赖于知识和技能的人类活动都包含着默契或直觉的综合因素。比方说，医生遇到某些病症时，可能以一种难以言表的直觉方式感到病人得了什么病，尽管这些症状并非那么容易就能确诊或清晰地说出来。①同样，一个教师感到孩子在处理某个问题时遇到了困难，却不一定能够确切地说出这种感知的依据是什么。我们的身体所具有的技能和知识的默契或直觉的本性，是通过把自己和具体情境协调起来而微妙地获得的。

　　教育感知力的技能存在于智慧和机智之中。而智慧和机智是我们通过教学的实践——不仅仅是教学本身——所获得的。通过过去的经验，结合对这些经验的反思，我们得以体现机智。我们以各种方式反思性地获得了敏感性和感知力——通过文学、电影、孩子们讲述的故事、有关孩子们的故事，以及孩提时代的回忆，等等。

　　充满智慧的反思本身就是一种经历。它是一种感知或赋予其所反思的经历以意义的经历。因此，我们通过充满智慧的反思对过去的经验所赋予的意义，就留下了活生生的记忆，与我们通过一种少许的反思方式所习得的身体的技巧和生活习惯相比，这种记忆更是一种包含在身体内而体现在身体外的知识。然而，这一机智行动的、蕴含着思想的身体知识，给我们日常的普通行为和经历赋予了一种关心性的、思维的品质。

---

　　① 波拉尼（Michael Polanyi）认为我们学习各种各样普通事物的细节，这些细节形成了一种意会的或无言的知识（a silent or tacit knowledge）。我们很难表达清楚是怎样了解这些事物的。例如，从一群过路人中我认出了朋友的面孔，可是却很难说出朋友的面孔有什么不同才使得我能辨认出来的。波拉尼认为这一点证明"我们知道的比我们能说出来的要多"。出于某种原因，我们能够把许多印象和具体的经历概括成整体的直觉；波拉尼把这些直觉称做每个人为了获得完成某些任务的能力而必须掌握的"个人知识"（personal knowledge）。例如，一个医生不能只从书本上学习怎样辨别某些病症。这个医生必须通过经验或见习学会这些常常是很微妙的诊断技巧。
　　个人知识是从辅助的具体意识转向集中的整体意识的过程。波拉尼区分了四种类似的意会知识的结构：具理解力的相面术、技巧的表现、感官的运用以及工具的掌握。尽管波拉尼把个人知识分析为具体的和整体的之间关系的函数——从起点到终点的函数——可能有点机械，但他有关意会知识的概念从经验来看却很吸引人。这与知识的身体表现和身体技能的观点相似，后者也强调知识的个人性、蕴含于身体之中的特性的重要性。请参考 M. Polanyi（1958），*Personal knowledge*. Chicago：University of Chicago Press.

第9章 结　论

教育学与政治的关系

在很多方面,父母和教师是孩子和学生现在与未来之间的调和者,他们对孩子和学生负有责任。然而大人们一定要谨慎行事,不要从年轻人手上打落创造他们自己未来的机遇;教育者们需要警惕,不要强迫年轻人成为未来的牺牲品而不是创造者。

有很多生活方式和对待生活的方式从本质上是与教育学背道而驰的。[①] 首先,认为未来完全没有希望的人生观摧毁了与孩子们建立教育关系的可能性,因为父母与孩子或是教师与孩子的任何关系都是建立在希望的基础上的。其次,对孩子们来到的这个世界拒绝承担起积极负责的态度,这种人生观也是不符合教育学的,因为如果我们拒绝承认对所生活的世界共同负有责任的话,从教育学上说,我们也无法对孩子们负责。第三,拒绝给任何公民提供与社会其他成员一道充分发展其潜力的机会,这种社会观从教育学的角度来说是腐朽的。对政治哲学或计划来说是这样,对研究人类本性的哲学来说也是一样。如果人,尤其是孩子们,只被看做是为经济或社会集体服务的资源,如果个人被否

[①] 朗格费尔德找出了教育学存在的四种可能的人类学假设。在下面的讨论中,他的发现和区分对我有指导作用。请参考 Langeveld (1965), pp. 76 – 77。

认了他或她与众不同的特点及个性,那么,这种观点从教育学角度来看也是该受到谴责的。相反,如果某个政治或哲学观点只注重个体而不承认人只有作为社会的一员才能实现其自我的话,也是违背教育学的,因为他们总是站在一种对他人施加影响的位置上。最后,用这样或那样的标准(出身、国籍、肤色、种族、宗教、性别、天赋、经济条件,等等)来衡量某个个体或群体比别人要优越或低下,也是与教育学相抵触的。人与人之间的差异,永远也不能被用来佐证孩子可以被剥夺在人类的集体中受到教育的关心和作为其中一员的权利。

可以说很多各种各样的政治、经济和哲学观点与教育学是不相容的——然而,这并不意味着教育学(我们的责任是保护和帮助任何一个孩子在一个对孩子们友好的世界里成长)本身就应该变成一种政治理论。"教育学的"不能等同于"政治的",不能被贬低成任何具体的政治计划或理论。有时候,父母和教育者甚至不得不保护孩子们免遭一些政治势力的迫害。然而,教育学,我们对孩子们的关心,常常要求我们积极参与到政治当中去创造孩子们成长的空间、条件和可能性,让他们自己去创造一个世界。

成为一个家长或一名教师常常从根本上影响一个人的人生观、政治意识和道德观。过去对政治相当无动于衷的人因为新体验到对自己孩子们的责任而可能变得对政治感兴趣。即使是那些很少考虑其他地方受压迫者命运的人现在也感到有必要管一管其他孩子和其他人的事情,这就是他们的责任感所产生的直接结果。毕竟,我们希望这个世界是而且永远是一个适合我们的孩子们生活的好地方。我们关心政治哲学、社会计划、经济政策和环境活动,因为这些都威胁到我们留给孩子们的世界的健康。为了孩子们,我们想把这个世界建造成更适合居住的场所。

于是,我们看到作为父亲、母亲或教师,我们对孩子们教育的关心和意图带有政治的含义。我们希望灌输给自己孩子的社会观念和道德标准不能与社会的集体利益相矛盾,不能威胁到我们生活的地球的健康。如果我们教育孩子们形成憎恨、褊狭、偏见、暴力、贪婪,以及对生态环境麻木不仁的观念，那么我们不只是教给了孩子们不道德的行为，同时也使他们成为针对别人，别人又反过来针对他们的消极价值观所产生的社会影响的牺牲品。我们不应当借孩子们之手制造一个我们不希望他们拥有的世界。

　　教育学可能因此而成为政治思想和行动的原动力。而且，对政治观点和计划的评价应当以它们在教育学上能被接受多少为基础。比如说，某项对环境十分有利的政策可能从教育学的基点上看完全不可接受，因为从教育学的观点来看，对孩子们所能得到的遗产和幸福的考虑远远优先于对当前成人生活和经济利益的考虑。所以，教育学机智要求我们具有某种成熟感和道德韧性来维护我们所信仰的政治观点。

　　最后，学校和更大的教育机构的制度化文化也可能在结构上、期望上和政策上具有一些从教育学上看存在问题的特征。面对周围的"教育"官僚体制，教师们常常感到不得不间接地或公开地采取某种政治立场，而不是屈服于、服从于那些不符合教育学的程序。具有讽刺意味的是，学校的管理越来越朝向公司式管理哲学和商业组织理论，以至于对许多教师来说要保持与其所教的学生的教育关系越来越难。

　　各种各样课程领域里不断的政策变化也是使许多教师沮丧的因素，地方、州或联邦政府要求"提供"或教授新的或改良的课程。那种永无休止的压力使得教师们实质上被剥夺了作为某一科目专家的权威。特别是在加拿大和美国，课程变革随着数学、科学、阅读、写作、语言、社会研究、历史、地理、艺术、健康卫生、商业、计算机课程，以及对这些科目需要用什么方式教和学等方面的新观点和优先考虑而不断变化，而且常常是彻底的改变。社会鼓励教师把自己主要看做是教学传递者、知识传授者、由外部因素所确定的课程的技术员而不是教育者、学者和知识分子。

教育学和文化

　　谈到教育学的本质问题——教育、抚养孩子们和年轻人意味着什么，有两种根本不同的出发点。一方面，我们可以从建立一种教育理论着手，然后用这种理论来指导我们的行动。或者，另一方面，从生活本身着手，用在与孩子们和年轻人相处时的反思帮助我们更好地理解教育生活。大多数教育理论走的是第一条路。在此我们已尽可能地尝试从生活本身着手。

但是从生活本身着手，意味着我们必须总是把我们对教育和抚养孩子的反思置于我们生活中一个具体的社会和文化情境之中。毫无疑问，我们对社会文化形势的掌握总是反映在对过去的记忆和对未来的期盼上。当我考虑我那 10 岁的孩子看某部影片的要求时，我无法忘记在我 10 岁时我的父母和他们那一代人认为哪种片子适合我。于是我童年的记忆影响着我对什么适合而什么不适合我的孩子的感觉。

同时我情不自禁地注意到自己的孩子已经生活在未来世界中了——在那样的世界里什么适合孩子已经不像我的父母或我父母的父母看待这个问题时那么清晰牢固了。昨日的家庭价值观建立并稳固在教堂、社团或世俗哲学所倡导的某种方式之上，而今天的观念和价值已远非那么受到限制并且在日常生活中已不那么明确地实施了。在这些对照鲜明的价值观中，在特性越来越模糊的现代价值观中，我们感受到了文化和历史造成的差异。

但是许多观察表明，现代生活比新旧观念之间的差异和冲突更深切地使人不安。比如，成人期和儿童期的界限模糊。教育和抚养孩子的概念是基于这样一种观念：与孩子相对幼稚，缺乏经验和知识相对照，成人相对成熟，拥有智慧和经验。认识到这一点是很重要的。然而，我们看一看 20 世纪最后 10 年的历史，老一代和年轻一代之间的差异似乎在消失与融合。

令人感到奇怪的是，通过教育学的方式与孩子们接触的趋向，总的说来在某种程度上成了社会上的一种普遍趋势。在现代社会各种力量的压力下，成人们似乎比过去更脆弱了，他们自己更像孩子了，所以需要继续教育和个人的成长。相反，对成人来说，孩子们似乎这么快就"成熟多"了。他们似乎过早地"见多识广"了。在他们心理上、生理上日趋成熟的过程中，无处不在的大众媒介留给孩子们自己去探索的秘密寥寥无几。然而，这种早熟是要付出代价的。那就是，孩子们和他们的看护者们一样脆弱。

与几十年前上一代人在某种程度上所经历过的不一样，父母和教师似乎不再自信地认为他们具有某种共识、共同的感觉和一套指导他们抚养教育孩子的价值观。由于越来越难区分孩子和成人之间的界限，对成人们而言要对他们所看护的孩子施加影响也变得越来越成问题。成人们之中是否有一种趋向——希望成为孩子或像孩子一样行事？抑或成人们只是感到时间太少，不能像真正的父母和教师一样对孩子们承担起教育的职责。成人们在给孩子们引导上越来越优柔寡断，使得伙伴们的影响和压力以及商业文化的影响和压力越来越占据了年轻人的生活。

我们不能假定在现代社会中，教育因素仍然在成人与孩子们的日常关系中起主导作用。许多父母感到力不从心或不想成为人父人母。许多教师除了去"教授"要求他们教的东西以外，别无旁顾。在北美的各种社会圈子中，对于应该怎样或不应该怎样对待孩子们已经丧失了共识。

然而我们不一定认为我们已经完全忘却了对自己的孩子们所负有的极大责任。在日常生活中，我们实际上已经在放弃作为父母以及（或者）职业教育者的教育责任感，置孩子们于无所适从之境而不顾，同时也剥夺了我们自己按照教育的激情行动和反思的机会，而这种激情和冲力不只是使我们自己同时也是使孩子们的生活充满意义。

从与孩子们生活的角度来看，教条、虚无的世界观和缺少道德感是与教育学极不协调的。除了建立在本书所提出的"替代父母"观念基础上的教育学外，我们还需要建立一种文化教育学（cultural pedagogy）的理论。

文化教育学可以从不同的角度来研究。首先，文化教育学可以视为在不同的文化背景中或某一特定文化背景中不同的历史阶段对童年和儿童教育实践的文化历史研究（cultural historical study）。因此，文化教育学有助于我们理解"看待"和接近孩子的不同方式。文化历史研究有助于我们理解过去孩子们对我们来说意味着什么，而现在他们对我们来说能够或应该意味着什么。其次，正如20世纪之交在德国人们所认为的一样，文化教育学可以解释为文化的教育学（the pedagogy of culture）。教育学总是从个人或社会的角度来处理教育方面的问题。一个受过教育的人意味着什么，这个问题中包含着我们为什么样的社会培养孩子的问题。所以文化教育学将重心从孩子们的世界转移到了文化的世界，目的在于实现一个道德更加高尚的社会秩序，诸如正义、自由、平等、共有。各种各样的批判社会理论（critical social theory）代表着现代文化教育学的形式。[①] 相关的文化教育学可能需要寻找文化政治形式：政治民主结构、社会协助机构、和平运动、环境政策、公正的性别法规，以及能让世界变得对地球上所有孩子而言更宜居的全球机构。

教育学是自我反思的

无论我们碰巧翻开哪一本教育书籍或杂志，都会注意到每一种教学或教育的新方法，总是以对某种过分的不加批评的教育态度进行抨击的形式出现的。这本身是可以理解的。我们总是想通过排斥我们周围人的不理智行为来提出我们自己的合理观点，包括那些参与我们教育文化的课程话语的人。

不难描述教育和课程论著的不合理性：传统主义者的标准推理被指责为缺乏思想而且沉闷压抑；基要主义者自以为是的推理教条而无批判力；官僚主义者的政策化推理愚蠢而专横；批判理论家的激进推理不切实际而且毫无结果；科学理性主义者的严密推理过于理智而且毫无价值取向；教育批判家指责性的推理不负责任而且自私；后现代主义者游戏性的推理虚无而没有道德；女性主义者引人注意的推理则是责难而且不

---

① 请参考，例如，弗莱雷（Paulo Freire）的著作，如，P. Freire and D. Macedo (1987). *Literacy: Reading the word and the world.* South Hadley, Mass.: Bergin and Garvey.

可预测。关于"什么是合理而能接受的"话语所使用的一种推理,当运用于他人的著作时,总是发现它们过于狭隘或过于泛泛,过于主观或过于客观,过于严厉或过于柔和,过于政治化或不够政治化。

试图暴露他人不合理性的批判性推理其实是一种对权力的争夺。可是批判其他教育方法的不合理性不只是为了反对其他看问题和做事情的方式的影响,同时也是为了寻求合适的标准来解释从教育学角度而言什么是可靠和有力的。在本书中,我试图从教育生活中活生生的实例(example)中确定出教育学标准,因为"实例"这个概念提供了一个与教育学有关的自我反思的结构。

实例的逻辑性不仅注意到了所说的和所写的,而且尤其注意到了所做的和行动的缘由。

举出很好的实例要比批判别人的例子更符合教育学的观点;引导学生注重合理性要比引导学生注重不合理性更具积极意义。可是,我们怎么知道什么是合理的呢?我们怎么知道什么对孩子们或对某个具体的孩子更好呢?从教育学角度看,我们知道没有哪种封闭的理性或道德体系总是能告诉我们与孩子交往时怎么说怎么做才是对的。然而,我们确实拥有许多与孩子们相处时智慧而机智的生活实例。我们能否做到智慧而机智,是一件对孩子们的经历及我们与孩子们相处的经历所具有的教育意义进行反思的事情。这些实践性的事例使我们得以站在自我反思的角度,来对待我们所指向的教育智慧和机智的规范性意义。

因此,对为我们所触动的孩子们的经历,我们应时刻反思其更深层的意义和结果。这一点也意味着我们不应该害怕犯错误,因为我们的举动可能本意是好的,只是有时达到的效果不好。我们甚至也可以说不可能不犯错误,有时候难免会做一些过后会后悔并且希望换一种方式去做的事情。主要的区别就在于受教育意图的激发而不断地努力。

因此,事例榜样的影响是一种广泛的教育形式的影响,它实际上不是主要从外围来批评其他人,而是通过活生生的实例来展示如何生活。教育的理论化包含对生活实例的研究以及对教育行为实例的美德的研究。换言之,教育影响是 *eudaimonic*:旨在达到为了孩子好的目的。因此，教育反思也必须留意其 *in loco parentis*（替代父母的关系）的起源。毕竟，人们希望母亲或父亲的教育影响不是一种说教、引诱、嘲笑和批评，而是通过亲身展示怎样生活的方式来促使孩子成长——虽然在生活中我们都知道，我们与年轻人生活的经历常常就是这样：我们常常觉得似乎不能作出正确的行动，或者在我们就要出错的时刻我们不能控制住自己。

参考文献

Arendt, H. (1978) .*Between past and future*. Harmondsworth:Penguin Books.

Blum, A. (1970) .*Socrates*. London:Routledge and Kegan Paul.

Blum, A.and McHugh, P. (1984) .*Self-reflection in the arts and sciences*.Atlantic Highland:Humanities Press.

Bollnow, O. F. (1982) . On silence—findings of philosophico-pedagogical anthropology.*Universitas*, vol.24, no.1.

——. (1987) .*Crisis and new beginning*.Pittsburgh:Duquesne University Press.

——. (1989) . The pedagogical atmosphere — the perspective of the child. *Phenomenology and Pedagogy*. (Edmonton) , vol.7, pp.47-51.

Bruner, J. (1960) .*The process of education*.New York:Vintage Books.

Bruner, J. (1982) . Schooling children in a nasty climate. *Psychology Today*. January 1982, pp.57-63.

Buber, M. (1970) .*Voordrachten over de opvoeding*.Utrecht:Aula.

Buytendijk, F.J.J. (1947) .*Het kennen van de innerlijkheid*.Utrecht:N.V.Dekker & van de Vegt.

——. (1947/1988) . The first smile of the child.*Phenomenology and Pedagogy*. (Edmonton) , vol.6, no.1, pp.15-24.

Calderhead, J. (1989) . Reflective teaching and teacher education. *Teaching & Teacher Education*, vol.5, no.1, pp.43-51.

Compact Edition of the Oxford English Dictionary. (1971) . Oxford: Oxford University Press.

Dewey, J. (1902) . The relation of theory to practice in education.*The relation of theory to practice in the education of teachers*.Third Yearbook of the National

Society for the Scientific Study of Education. Bloomington, Ind.:Public School Publishing Company, pp.9-30.

——. (1916/1973). Experience and thinking. In J. Dewey (1973), *The Philosophy of John Dewey*.J.J.McDermott, ed. New York:G.P.Putnam's Sons.

Eiseley, L. (1978). *The star thrower*. London:Wildwood House.

Engelen, J.C.M. (1987). *Het gelaat:jij die mij aanziet*.Hilversum:Gooi & Sticht.

Flitner, A. (1982). Educational science and educational practice. *Education*, vol. 25. pp.63-75.

Freire, P. and Macedo, D. (1987). *Literacy: Reading the word and the world*. South Hadley, Mass.: Bergin and Garvey.

Gadamer, H.-G. (1975). *Truth and method*. New York:Seabury Press.

Hawking, S.W. (1988). *A brief history of time: From the big bang to black holes*. New York:Bantam Books.

Imelman, J.D. (1977). *Inleiding in de pedagogiek*. Groningen: Wolter-Noordhoff.

James, W. (1890/1962). *Talks to teachers on psychology*. New York: Dover Publications.

Klein, E. (1971). *A comprehensive etymological dictionary of the English Language*. Amsterdam:Elsevier Scientific Publishing Company.

Langeveld, M. J. (1953). De pubescent en het orde probleem: Enkele aspecten. *Paedagogische Studiën,* vol.30, pp.369-388.

——.(1954). Humor in de paedagogische ontmoeting. DUX, vol.1, no.5, pp.230-233.

——.(1944/65). *Beknopte theoretische pedagogiek*. Groningen:Wolters.

——. (1983). The stillness of the secret place. *Phenomenology and Pedagogy*. (Edmonton), vol.1, no.1, pp.11-17.

——.(1984). How does the child experience the world of things? *Phenomenology and Pedagogy*.(Edmonton), University of Alberta Publication Services, vol.2, no.3, pp.215-223.

Levering, B. (1988). *Waarden in opvoeding en opvoedingswetenschap: Pleidooi voor een uitdagende pedagogiek*. Leuven: Acco.

Levinas, E. (1969). *Totality and infinity*. Pittsburgh:Duquesne University Press.

——.(1981). *Otherwise than being or beyond essence*. The Hague:Martinus Nijhoff.

Litt, Th. (1927/1967). *Führen oder Wachsenlassen*. Stuttgart: Ernst Klett Verlag.

MacIntyre, A. (1978). *Recoiling from reason*. South Bend, Ind.: University of Notre Dame Press.

Marcel, G. (1978). *Homo viator*. Gloucester, Mass.: Smith.

Merleau-Ponty, M. (1964). *The primacy of perception*. Evanston, Ill.: Northwestern University Press.

Miller, A. (1983). *For your own good: Hidden cruelty in childrearing and the roots of violence*. New York: New American Library.

——. (1984). *Thou shalt not be aware: Society's betrayal of the child*. New York: New American Library.

Mollenhauer, K. (1974). *Het kind en zijn kansen: Over de plaats van individu en maatschappij in het opvoedingsproces*. Meppel: Boom.

Muth, J. (1982). *Pädagogischer Takt*. Essen: Verlagsgesellschaft.

Nohl, H. (1967). *Ausgewählte pädagogische Abhandlungen*. Paderborn: Ferdinand Schöningh.

——. (1970). *Die pädagogische Bewegung in Deutschland und ihre Theorie*. Frandfurt am Main: Schulte-Bulmke.

Ondaatje, M. (1979). *There's a trick with a knife I'm learning to do*. Toronto: McClelland and Stewart.

Oxford dictionary of English etymology (1979). London: Oxford University Press.

Perquin, N. (1964). *Pedagogiek*. Roermond: J.J. Romen en Zonen.

Pestalozzi, J. H. (1799/1954). *Ausgewählte Schriften*. W. Flitner (ed.). Düsseldorf/Munich.

Polanyi, M. (1958). *Personal knowledge*. Chicago: University of Chicago Press.

Ricoeur, P. (1966). *Freedom and nature: The voluntary and the involuntary*. Evanston, Ill.: Northwestern University Press.

Rutter, M.; Maughan, B.; Mortimore, P.; Ouston, J. (1979). *Fifteen thousand hours: Secondary schools and their effects on children*. Cambridge, Mass.: Harvard University Press.

Scarbath, H. (1985). What is pedagogic understanding? Understanding as an element of competence for pedagogic action. *Education* (Tübingen), vol.31, pp. 93–128.

Scheler, M. (1970). *The nature of sympathy*. Hamden, Conn.: Archon Books.

Schleiermacher, F. E. D. (1964). *Ausgewählte pädagogische Schriften*. Paderborn: Ferdinand Schöningh.

Schmidt, W. H. O. (1973). *Child development: the human, cultural, and educational context*. New York: Harper & Row.

Schön, D. A. (1983). *The reflective practitioner: How professionals think in action*. New York: Basic Books.

——. (1987). *Educating the reflective practitioner*. San Francisco: Jossey-Bass.

Schubert, W. H. (1982). The return of curriculum inquiry from schooling to education. *Curriculum Inquiry* (Toronto), vol.12, no.2, pp.221-232.

Shorter, E. (1977). *The making of the modern family*. New York: Basic Books.

Smith, S. (1989). *The pedagogy of risk*. Doctoral dissertation, Edmonton: The University of Alberta.

Spiecker, B. (1984). The pedagogical relation. *Oxford Review of Education*. (Oxford), vol.10, no.2, pp.203-209.

Stellwag, H. W. F. (1970). '*Situatie*' en '*relatie*.' Groningen: Wolters-Noordhoff.

Strasser, S. (1963). *Opvoedingswetenschap en opvoedingswi jsheid*. 's-Hertogenbosch: L. C. G. Malmberg.

Van den Berg, J. H. and Linschoten, J. (eds.) (1953). *Persoon en wereld*. Utrecht: Erven J. Bijleveld.

Van Manen, M. (1977). Linking ways of knowing with ways of being practical. *Curriculum Inquiry*. (Toronto), vol.6, no.3, pp.205-228.

——. (1979). The phenomenology of pedagogical observation. *The Canadian Journal for Studies in Education*, vol.4, no.1, pp.5-16.

——. (1979). The Utrecht School: A phenomenological experiment in educational theorizing, *Interchange: The Journal of Educational Policy Studies*. (Toronto), vol.10, no.1.

——. (1982). Edifying theory: serving the good. *Theory Into Practice*. vol.21, no.1, pp.44-49.

——. (1982). Phenomenological pedagogy. *Curriculum Inquiry*. (Toronto), vol.12, no.3, pp.283-299.

——. (1984). Theory of the unique: thoughtful learning for pedagogic tactfulness. In

G. Milburn and R. Enns, eds., *Curriculum Canada*, Vancouver: University of British Columbia(pp.63 – 87).

——. (1986). *The tone of teaching*. Richmond Hill, Ont.: *Scholastic-TAB* (in Canada); Portsmouth, N.H.: Heinemann Educational Books (in U.S.).

——. (1989). By the light of anecdote. In *Phenomenology and Pedagogy* (Edmonton), vol.7, pp.232 – 253.

——.(1990)."*In loco parentis.*" The M.J.Langeveld Lecture, The University of Utrecht, April 26.

——. (1990). *Researching lived experience: Human science for an action-sensitive pedagogy*. London, Ont.: Althouse Press (in Canada); Albany, N.Y.: State University of New York Press (in U.S.).

Verhoven, C. (1980). *Tractaat over het spieken: Het onderwijs als producent van schijn*. Baarn: Ambo.

Waldenfels, B. (1985). *In den Netzen der Lebenswelt*. Frankfurt am Main: Suhrkamp.

Original English Title:
The Tact of Teaching
By Max van Manen
© Max van Manen

All rights reserved.
This Chinese edition is translated and published by permission of PROPRIETOR. The Publisher shall take all necessary steps to secure copyright in the Translated Work in each country it is distributed.

本书简体中文版由权利人授权教育科学出版社独家翻译出版。未经出版社书面许可,不得以任何方式复制或抄袭本书内容。

版权所有,侵权必究

出版人　所广一
责任编辑　何　艺
版式设计　郝晓红
责任校对　贾静芳
责任印制　叶小峰

图书在版编目（CIP）数据

教学机智：教育智慧的意蕴／（加）范梅南著；李树英译.—2版.—北京：教育科学出版社，2014.12（2022.3重印）
（世界教育思想文库）
书名原文：The tact of teaching: the meaning of pedagogical thoughtfulness
ISBN 978-7-5041-8793-2

Ⅰ．①教… Ⅱ．①范…②李… Ⅲ．①教育学—研究 Ⅳ．①G40

中国版本图书馆CIP数据核字（2014）第147897号

北京市版权局著作权合同登记　图字：01-2001-1248号

世界教育思想文库
教学机智——教育智慧的意蕴
JIAOXUE JIZHI——JIAOYU ZHIHUI DE YIYUN

出版发行	教育科学出版社		
社　　址	北京·朝阳区安慧北里安园甲9号	市场部电话	010-64989009
邮　　编	100101	编辑部电话	010-64981252
传　　真	010-64891796	网　　址	http://www.esph.com.cn
经　　销	各地新华书店		
制　　作	北京广联信达文化发展有限公司		
印　　刷	三河市兴达印务有限公司	版　　次	2001年6月第1版 2014年12月第2版
开　　本	720毫米×1020毫米　1/16		
印　　张	13.75	印　　次	2022年3月第16次印刷
字　　数	192千	定　　价	48.00元

如有印装质量问题，请到所购图书销售部门联系调换。